KB144369

아무도 알려주지 않은 1.5도 이야기

아무도 알려주지 않은 1.5도 이야기

2024. 8. 29. 초 판 1쇄 인쇄
2024. 9. 4. 초 판 1쇄 발행

지은이 | 강명구, 김준우, 김형욱, 박나윤, 심상윤, 이승배, 조희래, 최영미
펴낸이 | 이종춘
펴낸곳 | BM (주)도서출판 **성안당**

주소 | 04032 서울시 마포구 양화로 127 첨단빌딩 3층(출판기획 R&D 센터)
     | 10881 경기도 파주시 문발로 112 파주 출판 문화도시(제작 및 물류)

전화 | 02) 3142-0036
     | 031) 950-6300
팩스 | 031) 955-0510
등록 | 1973. 2. 1. 제406-2005-000046호
출판사 홈페이지 | www.cyber.co.kr
ISBN | 978-89-315-8835-4 (13320)
정가 | 20,000원

이 책을 만든 사람들
책임 | 최옥현
교정·교열 | 김해영
본문 디자인 | 임흥순
표지 디자인 | 박원석
홍보 | 김계향, 임진성, 김주승, 최정민
국제부 | 이선민, 조혜란
마케팅 | 구본철, 차정욱, 오영일, 나진호, 강호묵
마케팅 지원 | 장상범
제작 | 김유석

www.cyber.co.kr ★★★
성안당 Web 사이트

이 책의 어느 부분도 저작권자나 BM (주)도서출판 **성안당** 발행인의 승인 문서 없이 일부 또는 전부를 사진 복사나 디스크 복사 및 기타 정보 재생 시스템을 비롯하여 현재 알려지거나 향후 발명될 어떤 전기적, 기계적 또는 다른 수단을 통해 복사하거나 재생하거나 이용할 수 없음.

■ **도서 A/S 안내**

성안당에서 발행하는 모든 도서는 저자와 출판사, 그리고 독자가 함께 만들어 나갑니다.
좋은 책을 펴내기 위해 많은 노력을 기울이고 있습니다. 혹시라도 내용상의 오류나 오탈자 등이
발견되면 "좋은 책은 나라의 보배"로서 우리 모두가 함께 만들어 간다는 마음으로 연락주시기
바랍니다. 수정 보완하여 더 나은 책이 되도록 최선을 다하겠습니다.
성안당은 늘 독자 여러분들의 소중한 의견을 기다리고 있습니다. 좋은 의견을 보내주시는 분께는
성안당 쇼핑몰의 포인트(3,000포인트)를 적립해 드립니다.
잘못 만들어진 책이나 부록 등이 파손된 경우에는 교환해 드립니다.

아무도
알려주지 않은
1.5도 이야기

강명구 | 김준우 | 김형욱 | 박나윤
심상윤 | 이승배 | 조희래 | 최영미 지음

BM (주)도서출판 **성안당**

환경규제 시대의 결정적 전환점

− 2050 탄소중립녹색성장위원회 위원장 **김상협**

　세계는 전례 없는 기온 상승에 직면해 있으며 대부분의 국가가 매년 기록을 경신하고 있다. 파리기후협정 등 전 세계적인 노력에도 불구하고 기후 위기는 계속해서 악화되고 있으며, 전 세계는 최종 해결책으로 법적 집행을 추진하고 있다. 2023년 10월, 유럽 연합의 탄소국경조정제도(CBAM)는 환경 규제의 새로운 시대의 시작을 알리고, 고배출 산업이 탄소 배출 비용을 부담하도록 요구하고 있다. 이러한 변화는 자기 규제만으로는 더 이상 충분하지 않다는 신호이다.

　미국과 같은 국가들도 이에 따라 배출을 억제하기 위해 환경법을 강화하여 어느 나라도 무시할 수 없는 추세를 만들어냈다. 환경 규제가 지구 온난화를 해결하는 유일한 실행 가능한 방법임을 보여준다. 수출 의존도가 높은 우리나라도 철저한 환경관리를 요구하는 이번 규제의 영향을 체감하고 있다. 이런 어려운 시점에서 이 책은 디지털 솔루션, 정확한 측정, 글로벌 표준 준수를 통한 명확한 전략을 제시하여 한국이 이러한 과제를 헤쳐나갈 수 있도록 시기적절한 지침서 역할을 한다.

　제조업의 선두주자로서 한국은 환경 규제를 경제 성장과 기후 리더십을 위한 길로 전환할 수 있는 기회를 갖고 있다. 이 책은 지속 가능한 미래를 건설하기 위해 노력하는 수출 기업, 디지털 솔루션 제공업체, 학생들에게 꼭 필요한 자료이다. 환경 규제의 요구 사항을 충족하는 데 필요한 지식을 미래의 리더에게 제공함으로써 경제적 번영을 촉진하는 동시에 글로벌 발전에 기여할 수 있도록 이 책을 적극 추천한다.

이 책은 글로벌 환경 규제에 직면한 기업들에게 획기적인 로드맵을 제시한다. 디지털 솔루션의 힘으로 수출 기업을 구할 뿐만 아니라 디지털 산업을 변화시킨다. 우리의 미래를 만들어가는 모든 전문가와 학생에게 적극 추천한다.

— 대한적십자사 총재 **김철수**

오늘날의 기후 위기에서는 환경 규제를 이해하고 이에 적응하는 것이 중요하다. 이 책은 기업, 특히 수출 기업이 이러한 과제에 효과적으로 대처할 수 있도록 포괄적인 가이드를 제공한다. 이 새로운 규제 환경을 탐색하는 모든 사람이 꼭 읽어야 할 책이다.

— 환경운동가·지구를 지켜라 범국민운동본부 총재 **유병춘**

이 책은 환경 및 ESG 규제 대응에 있어 디지털 기술과 글로벌 표준화가 핵심이라는 이 시대 꼭 필요한 통찰력을 제공한다. 강화되는 환경 규제를 극복하고 녹색 미래 시대 주역이 되고자 하는 학생, 기업, 기관의 필독서로 강력히 추천한다.

— 前 국가기술표준원 원장·디지털 ESG 얼라이언스 회장·성균관대학교 교수 **최갑홍**

디지털과 환경,
우리의 미래를 잇다

무너지는 1.5도의 약속

2015년 각국 지도자들이 모여 파리 기후변화협정을 맺었다. EU는 하나로 참여하였고, 여기에 전 세계 195개국이 참여하여 총 196개 당사자가 체결한 협약이다. 이후 내부 추인 과정에서 빠진 국가는 이란, 리비아, 예멘뿐으로, 이란 외에 영향이 크지 않은 나라들이다. 물론 미국도 중간에 우여곡절을 겪었다. 트럼프 대통령 때 탈퇴했다가 바이든 대통령 때 다시 가입했기 때문이다. 그 결과 지금 이 순간에는 192개국이 가입한 상태이다. 이 협약의 핵심은 환경 관련해 전 지구적 목표를 달성하는 것이다. 바로 지구의 평균 온도 상승을 산업화 이전 수준 대비 1.5도 이하 상승을 목표로 한다. 지구 온난화는 각종 기상 이변을 야기하였고, 지구가 몸살을 앓고 있다는 공감대가 형성되었기 때문이다. 그동안 빙하가 녹고 해수면이 상승하여 섬이 사라진다는 등의 말은 남의 나라 이야기로 멀게만 느껴졌다. 하지만 최근 폭염, 한파, 폭우, 가뭄 등이 끊이지 않는 상황, 그리고 그것이 온난화 때문이라는 해석은 우리가 환경 문제에 관심을 갖지 않을 수 없게 한다. 지구 온실가스 배출의 98%를 차지하는 대부분의 국가가 협약 참여를 결정한 이유였다.

파리 기후변화 협정의 목표인 1.5도 이하 상승을 달성하려면 2050년에 지구 총 온실가스 배출량이 0이 되어야 한다. 이를 넷 제로라고 표현한다. 온실가스 배출이 0이라는 의미가 아니다. 배출하는 양을 최소화하고, 각종 온실가스 흡수 기술 등을 개발하여 총 발생량이 0이 되게 하겠다는 것이다. 각 국가별로 목표를 정하고 실천하도록 해 달성도를 높이고자 했다. 우리나라도 2030년까지 2018년 대비 40% 발생으로 억제하고, 2050년에는 넷 제로를 달성한다는 목표를 세웠다. 각국은 이처럼 설정한 목표를 잘 달성하고 있을까?

현재 이 약속이 2050년 근처에 근접한 시기가 아님에도 불구하고 선언한 지 9년 만에 무너질 위기이다. 지금 같은 추진 속도라면 2040년 전에 1.5도 상승을 예상하고 있다. 말은 거창하게 하였지만 다들 목표 달성에 어려움을 겪고 있다. 지금처럼 열심히 하지 않다가 정말 되돌리기 힘든 상황을 맞을 수 있다는 위기감이 커지고 있으며, 이를 극복하기 위한 최근의 화두는 규제와 디지털이다.

디지털과 환경, 우리의 미래를 잇다

자발적인 온실가스 배출 감소가 이루어지지 않으면 법으로 만들 수밖에 없다. 최근 각국이 환경과 관련된 강력한 규제 법안을 만들고 있는 이유이다. 법으로 만들면 강제성은 있지만 보다 명확하고 투명한 관리가 필요하다. 억울한 상황이 생기면 안 되기 때문이다. 이를 위해서 디지털 기술이 부각되고 있다. 디지털과 환경은 전혀 다른 분야처럼 여겨졌는데 규제의 시대가 되면서 하나로 이어지고 있다. 아울러 이를 통해 우리 미래의 위험도 낮아지면서 말이다.

사실 우리의 일상은 디지털 기술로 가득 차 있다. 컴퓨터, 스마트폰, 인터넷, 모바일 앱, 인공 지능(AI)은 생활을 편리하게 만들었다. 하지만 이 기술들이 환경 문제 해결에 어떻게 기여할 수 있는지를 아는 사람은 드물다.

이 책 『아무도 알려 주지 않은 1.5도 이야기』에서는 디지털 기술이 환경에 있어 어떤 역할을 할 수 있는지 탐색한다. 지금처럼 환경에 대한 관심이 높은 시기에 디지털이 어떻게 우리의 미래를 더 밝고 건강하게 만들 수 있는지 알아볼 것이다.

또한 디지털 기술을 활용해 에너지를 절약하고, 공급망을 효율적으로 관리하며, 제품의 생산부터 소비까지의 과정을 지속 가능하게 만드는 방법을 소개한다.

환경 문제에 관심이 많은 학생부터 세계를 무대로 활동하는 수출 기업들까지 환경 보호는 우리 모두의 책임이다. 이렇듯 다양한 독자들에게 환경 규제의 이해, 데이터 호환성, 그리고 지속 가능한 자원 사용 같은 중요한 주제들을 쉽고 명확하게 설명하고자 한다.

세계적으로 환경 규제가 강화되고 있는 오늘날, 기업들은 이 규제들을 준수하며 동시에 효율적으로 운영하는 방법을 찾아야 한다. 이 책은 그 해답을 구체적인 전략과 솔루션으로 기업이 글로벌 환경 규제에 어떻게 대응할 수 있는지 구체적인 전략과 기술을 제공하고 있다.

또한 이 책은 우리 모두가 지구를 보호하는 데 필요한 지식과 도구를 제공하며, 이를 통해 우리는 디지털 기술과 환경 보호 사이의 연결 고리를 이해하고, 더 나은 미래를 위한 길을 함께 모색할 수 있을 것이다.

함께 배우고, 성장하며, 지속 가능한 미래를 위한 길을 탐색하자. 우리 모두의 작은 노력이 큰 변화를 만들 수 있을 것이며, 디지털 환경이 우리의 미래를 지속 가능하게 할 것이다.

차례

추천사 2050 탄소중립녹색성장위원회 위원장 김상협 • 004

대한적십자사 총재 김철수 • 005

환경운동가·지구를 지켜라 범국민운동본부 총재 유병춘 • 005

前 국가기술표준원 원장·디지털 ESG 얼라이언스 회장·성균관대학교 교수 최갑홍 • 005

프롤로그 디지털과 환경, 우리의 미래를 잇다 • 006

PART 1 새로운 환경 규제의 시대가 열리다 | 박나윤, 조희래 • 012

CHAPTER 1. 자연의 분노, 삶의 파멸 • 015

CHAPTER 2. 환경 문제를 바라보는 다양한 시각과 이슈 • 026

CHAPTER 3. 글로벌 환경 운동의 역사 • 036

PART 2 환경 문제, 디지털과 표준으로 극복하자 | 김형욱, 최영미 • 076

CHAPTER 1. 그린 워싱, 원인은 부정확한 방법론 • 079

CHAPTER 2. 디지털, 측정과 관리의 방법론 • 094

CHAPTER 3. 표준, 공통의 이해 • 104

PART 3 데이터로 연결된 세계: 공급망과 환경 규제 | 이승배 • 118

CHAPTER 1. 글로벌 환경 규제의 이해 • 121

CHAPTER 2. 공급망의 이해: 원재료에서 소비자까지 • 139

CHAPTER 3. 환경규제와 SCOPE 3 배출의 이해 • 150

<u>PART 4</u>　미래를 위한 디지털 기술: 규제 대응과 데이터 호환 | 강명구 • 164

　　CHAPTER 1. 디지털 기술의 요소와 약속 • 167

　　CHAPTER 2. 글로벌 데이터 호환 생태계 • 180

　　CHAPTER 3. 한국이 가야 할 길 • 209

<u>PART 5</u>　함께 만드는 녹색 미래 | 김준우, 심상윤 • 222

　　CHAPTER 1. 지구 온도를 낮추는 작지만 큰 노력들 • 225

　　CHAPTER 2. 환경도 지키고 돈도 벌고 - 탄소배출권의 이해 • 243

　　에필로그 디지털과 표준을 통한 지속 가능한 미래 구현 • 283

　　부록 | 최영미
　　부록 A. 환경 규제 용어 • 290

　　부록 B. 디지털 표준 기술 관련 용어 • 297

　　부록 C. 각종 환경 교육 자료 링크 • 299

PART 1

새로운
환경 규제의
시대가 열리다

CHAPTER 1. 자연의 분노, 삶의 파멸

CHAPTER 2. 환경 문제를 바라보는 다양한 시각과 이슈

CHAPTER 3. 글로벌 환경 운동의 역사

CHAPTER 1

자연의 분노,
삶의 파멸

우리의 지구는 예측 불가능한 기후 변화로 인해 혼란에 빠졌다. 해수면의 상승으로 해안 도시와 섬나라가 물에 잠길 위기에 놓여 있으며, 극심한 가뭄, 폭염·폭우, 빈번한 허리케인, 산불 등이 전 세계를 강타하고 있다. 이로 인해 수백만 명의 사람들이 생명과 재산을 잃는 피해를 겪고 있다. 또한 농업, 수자원, 에너지 공급 등 다양한 분야에 큰 영향을 받고 있다. 바로 기후 재앙이다.

2024년 2월 유럽 연합(EU) 기후 변화 감시 기구인 '코페르니쿠스' (Copernicus)가 발표한 자료에 따르면, 2023년 2월부터 2024년 1월까지 12개월간 평균 기온이 산업화 이전과 비교하여 섭씨 1.52도 상승하였다. 이는 저지하기로 했던 1.5도를 0.2도 초과한 수치다. 즉, 현대의 인구는 산업혁명

기후 변화로 침몰하는 태평양의 한 섬을 탈출하는 기후 난민들

이 있기전 인류의 연평균 온도보다 1.52도 높은 기후 환경에 있는 것이다. 국제 사회가 기후 재앙을 막기 위한 최후의 저항선으로 목표하였던 기준이 깨진 것이다. 앞서 2015년 국제 사회는 산업화 이전과 비교해 지구 온도가 1.5도 이상 올라가지 않도록 '파리기후변화협정'을 체결한 바 있다.

일부 학자들은 바닷물 온도에 영향을 주는 엘리뇨, 라니냐 같은 자연적인 현상도 지구 온도 상승의 원인중 하나로 보고 있다. 하지만 인류의 산업 활동 자체가 가장 주요한 지구 온난화의 원인인 것을 부인하기는 어렵다. 더욱이 개발 도상국과 저개발 국가의 산업화를 위한 산림 개발과 거대화되는 목축은 지구 온난화를 악화시키고 있다. 선진국의 '사다리 걷어 차기'라는 비판 때문에 이를 강제화로 막는 것도 쉽지 않다.

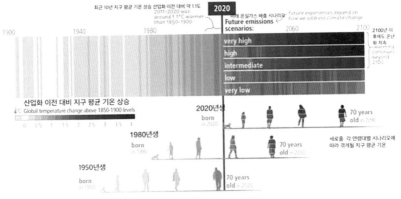

인류의 선택에 따라 현재-미래 세대가 겪게 될 '다른 세상'

2020년 이전은 산업화 이전 대비 기준으로 현재까지의 지구 온난화 경향을 색으로 표현하였고, 2020년 이후에는 각 온실가스 배출 시나리오별 온난화 경향을 표현하였다. 아래에는 태어난 시점에 따라 경험하게 될 기후를 색으로 나타내고 있다. 〈IPCC 제차종합보고서 정책 결정자를 위한 요약본(SPM) 갈무리〉

앞으로의 전망은 더욱 위협적인데, 대다수 전문가들이 이제껏 경험하지 못한 극단적인 기후 변화 위기가 올 것이라는 비관적 전망을 내놓고 있다. 유엔 '기후 변화에 관한 정부 간 협의체(IPCC)'가 9년 만에 펴낸 '제6차 종합 보고서'를 보면 전 세계가 2015년 파리 기후 변화 협약 사국 총회(COP15)에서 세운 목표였던 '전 지구 평균 지표 온도 상승폭 1.5도 제한'이 2030년대가 되면 깨질 것이란 암울한 전망도 함께 내놓았다. 이 같이 어두운 전망이 담긴 것은 그만큼 인류가 처한 기후 위기가 심각하다는 의미이다. 미국 CNN은 4대 환경 지표인 기온, 수온, 이산화탄소, 해빙이 역대 최악을 기록했다고 보도하였는데, 이를 반영하듯 세계 곳곳에는 이미 다양한 문제들이 발생하고 있다.

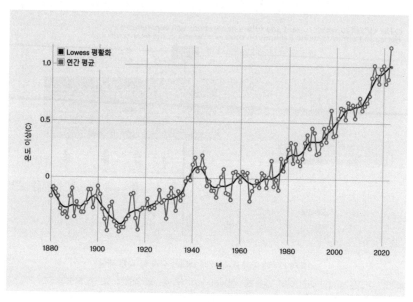

전 세계 육지 – 해양 온도 지수
출처: NASA의 고다드 우주연구소(GISS).

위의 그림은 NASA가 분석한 지구 표면 온도의 변화를 보여 주는 그래 프이다. 육지 – 해양 온도 지수는 지구 표면 전체의 평균 온도를 의미하며, 1951년부터 1980년까지의 평균 온도를 기준으로 계산된다.

그림에서 확인할 수 있듯, 1880년 이후 지구 표면의 평균 온도는 지속적 으로 상승해 왔다. 특히 1950년대 이후 온난화 속도가 급격하게 증가하면 서, 2020년에는 1951년~1980년 평균 온도에 대비하여 1.02℃ 상승하였다. 이는 역사상 가장 큰 폭으로 상승한 기록이었다. 이러한 변화는 단순한 자 연적 현상이 아닌, 인간 활동으로 인한 온실가스 배출 증가가 주요 원인임 을 명백히 보여준다. 특히 최근 10년(2011~2020년)은 지구온도가 기록상 가장 높은 기간이었으며, 이는 지구 온난화가 더욱 심각해지고 있다는 경고이다.

뜨거운 파도, 익사하는 섬나라

오세아니아에 있는 투발루는 점점 가라앉고 있어 '21세기 아틀란티스'라고 불린다. 투발루에서 가장 높은 지점이 해수면 대비 4.6m에 불과할 정도로 투발루는 지구 온난화로 인한 해수면 상승에 가장 빠르게 영향을 받는 나라이다. 2021년에 투발루 외교 장관이 바다 속에서 기자 회견을 한 것은 이런 위기를 강하게 전달한 이벤트였다.

지구 온난화에 따라 해수면이 상승하는 데는 두 가지 이유가 있다. 하나

2021년 투발루 외교장관의 바다속 기자회견

는 지구 평균 기온이 상승하면서 바닷물 온도가 상승하기 때문이다. 물은 온도가 올라가면 부피가 팽창하는데, 이것이 해수면을 끌어올린다. 또 다른 하나는 육지에 있던 빙하와 얼음이 녹기 때문이다. 새로운 물이 바다에 유입되므로 해수면은 상승한다.

해수면 상승은 실제 데이터로도 확인된다. 지구의 해수면은 1960년대 후반부터 상승하였는데, 2019년 IPCC 보고서에는 2015년까지 매년 3.6mm가 상승했다고 적혀 있다. 최근에는 해수면이 매년 4.8mm씩 높아져 해수면 상승이 가속화되고 있다. 이런 속도라면 100년 안에 투발루가 사라지는 것은 피하기 어렵다. 따라서 투발루의 호소가 과장되었다거나 절대로 물에 가라앉지 않을 것이라는 일부 의견은 단순한 희망사항일 수 있다.

먼지로 뒤덮인 메가시티

지구 온난화로 미세 먼지가 확대되는 것도 큰 이슈가 되고 있다. 물론 실제 미세먼지가 온난화의 결과로 악화되는지에 대한 논쟁은 계속 있어 왔다. 하지만 최근 국내 대학 간 공동 연구팀은 과거 고농도 미세 먼지 사례를 바탕으로 기후 변화와 미세 먼지가 관계가 있다는 사실을 밝혀냈다. 연구팀은 기후 변화가 없는 가상의 환경과 비교하였을 때 우리나라 봄철 미세 먼지 농도가 16% 증가하였다는 결과를 얻었다. 기후 변화와 미세 먼지 간 상관 관계가 수치적으로 파악된 것이다. 이 연구를 통해 베이징 미세 먼지의 12%, 일본 남부 미세 먼지의 18%가 기후 변화로 인해 증가된 것으로 파악하였다.

미세 먼지가 온난화로 악화되는 메커니즘은 여러 가지로 설명된다. 일단 미세 먼지와 온실가스는 함께 발생하는 경우가 많다. 석탄의 경우, 이산화탄소와 함께 거의 같은 양의 질소산화물, 황산화물 기반의 먼지가 발생한다. 아울러 온실가스로 인한 지구 온도의 상승은 극 지방과 적도 간에 온도차를 낮춘다. 이로 인해 계절풍은 약화되고 대기는 정체된다. 대기가 안정된 날 미세 먼지 농도가 높아지는 것은 우리가 경험으로 다 아는 사실이다. 같은 지역에서도 낮은 고도와 높은 고도 사이의 온도차가 줄면 대기 상하의 섞임이 적어진다. 이를 통해 역시 국부적인 대기 정체가 나타난다. 이러한 현상들은 모두 미세 먼지 증가를 야기한다. 이처럼 온난화와 미세 먼지의 상관 관계는 다양한 원인으로 설명될 수 있다.

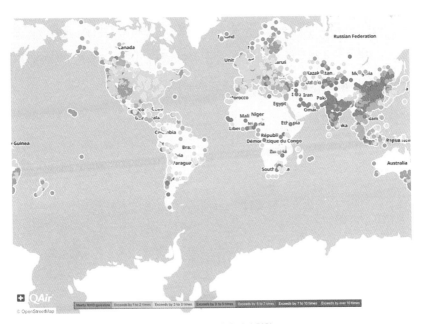

2023년 전 세계 미세 먼지 현황

다음 그림은 세계 미세 먼지 현황을 보여 준다. 녹색과 파란색은 미세 먼지가 양호한 날, 빨간색과 보라색, 고동색으로 갈수록 미세 먼지가 악화된 날이 많음을 의미한다. 이 지도에서 보면 중국과 인도가 심각한 상황이며, 그 옆에 우리나라까지 나쁜 상황임을 알 수 있다. 나라 순서대로 하면 통계에 있는 134개국 중 중국이 19위, 한국은 50위이다. 바로 옆 일본이 96위인 것을 보면 답답한 부분이다. 앞으로 지구 온난화가 심해지면서 미세 먼지가 더 악화된다면 미래에는 우리에게 더욱 심각한 위협이 될 것이다.

이상 기온이 일상이 되다

최근 과거 패턴과 다른 이상 기온이 수시로 나타나고 있다. 이상 기온이라 함은 평소와 다른 폭우, 폭설, 가뭄, 홍수 등이 나타나는 것을 의미한다. 느낌이 아니라 실제 데이터가 이를 보여 준다. 다음 그림은 2022년까지 전 세계의 이상 기후에 대해 원인별로 파악한 것이다.

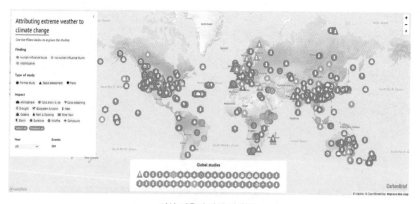

이상 기온의 발생 및 원인

그림에서 우선 빨간색과 파란색을 구분하는 것이 중요하다. 빨간색은 사람의 영향, 즉 온실가스 발생 같은 사유에 의한 것임을 표시한다. 반면에 파란색은 사람의 영향이라 보기 힘든 이상 기후를 나타낸다. 회색은 양쪽 중 어느 쪽으로도 결정되지 못한 경우이다. 그림을 보면 빨간색이 압도적이다. 이상 기후의 원인이 인간인 경우가 대부분이라는 것이다.

한편 '전 지구적 이상 기온' 하면 늘 원인으로 지목되는 것이 엘니뇨이다. 엘니뇨는 어린 남자아이를 뜻하는 스페인어로, 남아메리카의 태평양 동쪽 바다 온도가 따뜻해지는 현상이다. 통상 바다는 따뜻한 단계와 차가운 단계를 반복하는데(이것을 남방진동이라고 부름), 따뜻한 단계를 엘니뇨라고 하고, 차가운 단계를 라니냐라고 부른다. 엘니뇨는 2~7년 주기로 나타나며, 지속 시간은 6개월 정도이다. 엘니뇨가 발생할 때, 전 지구적인 이상 기온을 야기한다고 알려져 있다. 우선 인도네시아, 필리핀, 북 호주 지역 등은 강우가 감소한다. 가장 강했던 1982~1983년의 엘니뇨 때는 타히티로부터 인도까지 가뭄과 산불 등 이상 기온이 발생하여 2천여 명이 숨지는 일이 있었다. 반면에 적도 지역 중앙 태평양과 미국 남동해안, 아르헨티나 해안, 중앙아프리카 동부와 페루는 강우가 늘어난다. 역시 홍수 등 다양한 재해로 이어진다. 엘니뇨로 만들어진 대기의 순환이 이와 같은 비정상적인 기후를 야기하는 것이다.

엘니뇨의 원인은 동쪽에서 서쪽으로 부는 무역풍의 약화로 본다. 일반적으로 무역풍에 의해 따뜻한 바닷물이 동쪽에서 서쪽으로 이동한다. 그 결과 태평양 서쪽, 즉 아시아 지역은 수온이 따뜻하고 수면 높이도 40cm 정도 높다. 표면 물이 이동한 만큼 태평양 동쪽 아메리카 쪽은 차가운 용수가 바다 밑에서 올라와서 수온이 낮다. 이처럼 무역풍이 동에서 서로 불면서 태평양 양쪽의 기온차를 유지하는 역할을 한다. 그런데 어느 순간 무역풍이 약해지면 따뜻한 해수가 서쪽으로 이동하지 못하고 이에 따라 태평양 동쪽에서 차가운 용수가 상승하지 못한다. 바다 전체의 흐름이 약화되는 것이다. 이와 같이 태평양 동쪽의 온도가 올라가면서 서쪽 바다와 기온차가 낮아진다. 이것은 무역풍을 더 약화시킨다. 결국 엘니뇨를 가속화하는 방향으로 나아가는 것이다. 엘니뇨의 시작은 무역풍 약화 때문인데, 이것은 지구 온도 상승에 따른 기압차 저하로 설명이 가능하다. 결국 지구 온난화가 엘니뇨에 영향을 끼치고, 그것이 이상 기온의 일상화로 이어진다고 볼 수 있다.

우리의 선택, 우리의 미래

지구 온도 상승으로 인해 일어나는 환경 문제를 막기 위해서는 지금 당장 행동해야 한다. 지구 환경 악화는 우리 모두에게 다가오는 위협이며, 재앙이다. 우리가 지금 행동하지 않는다면 우리 세상은 앞에서 묘사된 것보다 더 끔찍한 모습으로 변해 버릴 수 있다. 하지만 우리가 함께 노력한다면, 더 나은 미래를 만들 수 있다. 어떤 미래를 만들고 싶은가. 녹아내리는 미래를 되돌리고 지속 가능한 세상을 만드는 것이 우리가 꿈꾸는 미래이다.

물론 당위론에 근거하여 구호적으로 말해서는 지구 온도를 낮출 수 없다. 구체적인 방법론이 필요하다. 앞으로 이 책에서 다룰 내용이다. 우선 세계 각국이 앞다퉈서 만들고 있는 환경 규제 정책에 대해 이해를 할 필요가 있다. 환경 규제는 온실가스를 줄이고 지구 오염을 막는 다양한 요구를 담고 있다. 구체적인 활동과 결과에 대한 보고를 의무화하고, 이에 대해 벌금이나 퇴출 같은 강제 조항도 포함시켰다. 규제가 잘 지켜지면 지구 온도를 낮출 수 있을 것이다. 하지만 어떻게 규제를 만족시킬지에 대한 기술적 대안이 필요하다. 여기에는 디지털 기술과 표준이라는 두 가지 축이 핵심이다. 앞으로 이 부분에 대해 심도 있게 내용을 전개해 갈 예정이다.

CHAPTER 2

환경 문제를 바라보는
다양한 시각과 이슈

지구 환경 문제는 복잡하고 심각하기 때문에 과학적, 기술적, 사회적, 경제적, 정치적 차원에서 다각적인 노력이 필요하다. 특히 국제 사회 간의 협력과 연대 강화, 기후 변화 협약 준수, 기술 및 재정 지원을 통한 노력을 해야 한다. 하지만 현실은 그렇지 않다.

국제적 협력에서 중요한 역할을 담당하고 있는 나라, 그러나 내부 갈등과 정치적 악용으로 인해 오히려 국제적 협력을 어렵게 만들고 있는 나라, 바로 미국을 살펴볼 필요가 있다. 환경 문제가 정치와 결합할 때 어떤 문제가 생기는지를 여실히 보여 준다.

미국은 기후 변화 문제에 있어 정치적으로 심각한 갈등과 분화를 겪고 있다. 과학적 합의에도 불구하고, 기후 변화 문제는 양당 정치의 주요 쟁점으로 악용되고 있다.

그동안 공화당과 민주당, 양당은 기후 변화 문제를 두고 치열한 갈등을 벌였고, 이 과정에서 문제 해결은 더욱 복잡해졌다. 마치 정치적 음모극처럼, 기후 변화 문제는 양당의 정치적 이익을 위해 악용되기 시작했던 것이다.

민주당은 기후 변화가 인간 활동으로 인한 심각한 위협이라고 주장하며 적극적인 정책 개입을 요구하였다. 온실가스 배출 규제 강화, 재생 에너지 투자 확대, 기후 변화 취약 계층 지원 등을 외치며 지구를 지키는 영웅처럼 정의로운 싸움을 벌이는 듯 보였다. 반면 공화당은 기후 변화의 심각성을 부정하거나 인간 활동의 영향을 깎아내렸다. 정부 규제를 반대하고 시장 기반 해결책을 선호하였다. 또한 석탄과 석유 등 화석 연료 산업을 보호하려는 입장을 밝혀 환경 문제 해결과 정 반대 행보를 취하는 것처럼 보이기도 한다.

일부 언론 매체와 정치인들은 기후 변화 관련 정보를 왜곡하거나 조작하여 국민들을 오도하기도 한다. 이는 기후 변화 문제에 대한 대중의 인식을 왜곡하고 올바른 판단을 방해하였다. 마치 선동가처럼 기후 변화 문제를 이용하여 지지 기반을 확보하거나 상대방을 공격하는 데 악용하는 것이다. 이는 미국 사회의 분열을 심화시키고 문제 해결을 위한 협력을 방해하였다. 그 사례를 구체적으로 살펴보자.

"지구 온난화는 음모다"

2024년 여름, 미국은 기록적인 폭염에 시달리고 있었다. 에어컨을 틀어도 시원해지지 않는 무더운 날씨 속에서 사람들이 TV를 켰다. 도널드 트럼프 전 대통령이 또 한 번 뉴스에 등장하였다.

"기후 변화? 그건 거짓말이야!", "그냥 자연스러운 주기일 뿐이라고!" 트럼프는 지구의 기후가 역사적으로 자연적인 주기를 반복해 왔다는 점을 강조하였다. 그는 현재의 기후 변화도 이러한 자연적인 주기의 일부일 뿐이며, 인간 활동과는 무관하다고 주장하였다.

"기후는 항상 변해 왔습니다. 우리는 단지 자연적인 주기의 한 부분을 경험하고 있는 것입니다." 트럼프는 손에 커다란 지구본을 들고 있었다. 그는 손가락으로 북극을 가리키며 말하였다. "여기 보세요! 얼음이 녹는다고? 그건 일시적인 현상입니다. 지구는 스스로 균형을 잡고 있어요."

트럼프가 기후 변화를 사기라고 주장한 것은 이번이 처음은 아니었다. 2018년 11월에도 트럼프는 트위터에 '무자비하고 긴 한파가 모든 기록을 다 갈아 치울 수도 있다. 지구 온난화는 어떻게 된 거냐?'라는 도발적인 글을 올렸다. 당시 워싱턴에는 한파가 이어지고 있었다. 이렇게 온도가 낮은데 무슨 온난화라는 조롱이었다. 이처럼 트럼프는 지속적으로 지구 온난화를 음모라고 주장하였으며, 트럼프가 집권 중에 한 일은 이와 궤를 같이 한다.

트럼프, 산업을 지키기 위해 환경을 버리다

트럼프는 석탄 산업을 지지하며 "미국을 다시 위대하게 만들자!"라고 외쳤다. 그는 환경 규제를 완화하고 기후 변화 협정에서 탈퇴를 한다. 파리 기후 변화 협정은 이산화탄소 배출을 줄이기 위한 국제적인 약속이었으나 트럼프는 이러한 규제로 인해 미국 경제가 위축될 수 있다고 우려하였다. 특히 석탄 산업과 같은 기존 산업 분야에서 일자리 감소와 경제적 어려움이 발생할 수 있다고 주장하였다. 기후 변화 협정보다 미국의 이익과 경제적인 측면을 강조한 것이다. 그는 미국의 에너지 독립을 원하였으며, 이를 위해 석유 및 천연가스 생산을 늘리고 기존 환경 규제를 완화하고자 하였다. 미국이 에너지 자원을 마음껏, 싸게 활용할 수 있도록 하는 것이 목적이었다. 그의 관점에서 볼 때, 유엔의 녹색 기후 기금에 세금을 지출하는 것은 아무

런 의미가 없는 일이었다. 이러한 이유로 트럼프는 2017년 파리협약 탈퇴를 결정하였다.

"석유는 우리 경제의 생명선이야! 일자리를 창출하고, 우리의 에너지를 안정적으로 공급해 준다고!" 트럼프의 지지자들은 그의 말에 열광하였다. 그들은 트럼프가 미국의 경제를 되살리고, 강력한 에너지 정책을 펼치는 지도자라고 믿었다.

펜실베이니아주의 작은 마을. 이곳은 오랜 세월 동안 석탄 산업에 의존해 왔다. 트럼프의 정책 덕분에 석탄 광산은 다시 활기를 띠었고, 광부들은 그의 사진을 벽에 걸어 두고 매일 아침 경의를 표하였다. "트럼프 대통령 덕분에 우리 마을이 살아났습니다. 그가 없었다면 우리는 모두 일자리를 잃었을 거예요." 한 광부가 자랑스럽게 말하였다.

석탄 업계는 활기를 되찾았지만, 환경 악화는 더욱 심각해져 갔다. 물론 그의 정책은 환경 단체와 과학자들의 비난을 받았다. 그들은 지구가 더 이상 우리를 기다려 주지 않을 거라고 경고하였다. 트럼프는 그들을 기후 음모론자로 취급하였지만 말이다.

실제로 트럼프는 환경 보호 규제를 완화하기 위해 여러 행정 명령을 내렸다. 국립공원 내에서의 채굴과 벌목을 허용하고, 해양 석유 시추를 확대하였다. 경제 성장을 위해 환경 보호는 뒷전으로 미룬 그는 이를 통해 일자리 창출과 에너지 자립을 강조하였다.

"환경 규제는 지나치게 복잡하고 기업의 성장을 방해해! 우리는 더 많은 일자리가 필요하고, 강력한 경제가 필요해!"

"우리는 우리 땅에서 나오는 자원을 최대한 활용해야 합니다. 이것이 우리의 경제를 성장시키는 길입니다."

베어스 이어스 국립공원은 유타주에 위치한 광활한 보호 구역으로, 원주민들의 유적과 자연 경관이 잘 보존된 지역이다. 트럼프는 이 지역의 보호구역 지위를 축소하고, 광물과 에너지 자원을 개발할 수 있도록 허용하였다.

"우리는 에너지 독립을 이루어야 합니다. 더 많은 석유와 가스를 생산하여 해외로부터의 의존을 줄여야 합니다."

트럼프는 대서양 연안과 북극 해역에서의 석유 시추를 확대하기 위해 기존의 규제를 완화하였다. 이는 잠재적으로 수십억 배럴의 석유와 천연가스를 확보할 수 있는 기회를 제공하였다.

이처럼 트럼프의 환경 규제 완화 정책은 경제 성장과 일자리 창출에 기여하였지만, 환경 단체들과 많은 과학자들로부터 강한 비판을 받았다. 트럼프는 크게 개의치 않고 밀어 부쳤지만 말이다.

바이든, 환경 정책을 기업 유치와 연계시키다

트럼프의 뒤를 이어 집권한 바이든은 트럼프와 극단적인 반대의 길을 걸었다. 그는 기후 변화를 심각하게 받아들였고, 지구를 구하기 위해 강력한 조치를 취해야 한다고 말하였다. "지구가 뜨거워지고 있어요. 우리가 지금 행동하지 않으면, 우리의 미래는 없을 거예요."

바이든은 파리 기후 변화 협정에 다시 가입하고, 재생 가능 에너지 산업을 적극적으로 지원하기 시작하였다. 그는 단순한 환경 보호를 넘어, 미국 경제의 미래를 환경에 맞게 재편하고자 하였다. 그래서 전 세계 친환경 기술을 보유한 기업들을 유치하기 위해 막대한 보조금을 제공하겠다고 발표하였다. 또한 태양광, 풍력, 전기차 등 청정 에너지를 통해 환경 보호와 함께 일자리 창출 및 경제 성장을 동시에 이루겠다는 목표를 세웠다.

"우리는 지구를 구하면서 경제를 성장시킬 수 있습니다. 이제는 친환경 기술에 투자할 때입니다. 녹색 경제로 전환해야 합니다. 이것이 우리의 미래입니다."

바이든의 환경 정책은 단지 혁신 기술 기업들만을 위한 것이 아니었다. 그는 전통적인 제조업체들도 친환경 기술을 도입하고, 새로운 공장을 미국에 세우도록 장려하였다. 이를 위해 다양한 세제 혜택과 지원금을 제공하였다.

"우리의 목표는 더 많은 공장을 미국으로 유치하는 것입니다. 이를 통해 일자리도 창출하고, 기술도 이전 받을 수 있습니다." 바이든은 선언하였다.

이제 독일의 자동차 제조업체들이 미국에 눈을 돌리기 시작하였다. 그중 하나인 BMW는 최신 전기차 배터리 공장을 미국에 세우기로 결정하였다.

"미국의 지원금은 매우 매력적입니다. 우리는 이곳에서 최첨단 배터리 기술을 개발하고, 미국 시장을 더욱 공략할 것입니다." BMW의 CEO는 말하였다.

바이든의 전략은 단지 공장 유치에 그치지 않았다. 그는 미국이 전 세계에서 가장 앞선 친환경 기술을 보유한 나라가 되기를 원하였다. 이를 위해 공장 유치와 함께 기술 이전을 요구하였다. 바이든의 정책은 성공적이었다. 친환경 보조금은 미국 경제를 재편하였으며, 새로운 일자리를 창출하고, 기

술 혁신을 가속화시켰다. 그의 정책 덕분에 미국은 다시 한번 세계 경제의
중심지로 떠올랐다.

"우리는 함께할 수 있습니다. 우리는 지구를 구하고, 동시에 경제를 성장
시킬 수 있습니다."

바이든은 2조 달러 규모의 기후 계획도 발표하였다. 이 계획은 미국 내
신재생 에너지를 확대해 2035년까지 에너지 분야 탄소 배출을 제로로 만들
고자 하는 것이다. 장기 계획으로 파리 기후 변화 협정에 맞춰 2050년까지
미국 전체 산업의 탄소 중립을 목표로 정하였다. 이를 위해 대규모 인프라
투자를 단행하고 전력망을 현대화하였으며, 녹색 기술 연구 개발에 막대한
자금을 투입하였다. 그러나 이러한 산업의 전환은 쉽지 않은 일이었다. 그
의 정책은 화석 연료 산업 종사자들과 일부 보수주의자들의 반발을 불러일
으켰다. 펜실베이니아주의 석탄 마을에서는 불안감이 커졌다. "우리는 세대
에 걸쳐 이 광산에서 일해 왔습니다. 이제는 어디로 가야 할지 모르겠어요."

한 광부가 절망적으로 말하였다.

바이든은 이러한 문제를 인식하고, 전환 프로그램을 통해 일자리 재교육과 새로운 일자리 창출을 지원하려 하였다. 또한 전기차 배터리 제조, 태양광 패널 설치 등 새로운 산업에 대한 교육 프로그램을 도입하였다.

"우리는 과거의 산업에만 의존할 수 없습니다. 새로운 기술과 산업으로 전환하는 것이 필요합니다." 바이든은 강조하였다.

바이든의 정책이 트럼프와 일치하는 부분은 분명하다. 미국의 이익 극대화이다. 바이든의 환경 정책은 미국에 공장을 짓고 기술을 이전하는 부분을 전제로 한다. 미국의 환경 보조금이 다시 블랙홀처럼 제조업을 빨아들이고 있는 것이다. 환경을 핑계로 전 세계 경제를 황폐화시킨다는 비판이 분명히 따르고 있다.

정치가 환경 문제의 심각성을 희석시킨다

지금까지 미국의 대표적인 두 대통령을 통해 정치가 환경 문제를 어떻게 활용하는지 살펴보았다. 연이어 집권한 두 대통령 앞에 동일한 환경 문제가 존재하는데, 그들의 반응은 정반대였다.

트럼프는 바이든의 기후 계획을 '녹색 뉴딜'이라고 조롱하며, 이를 사회주의적 정책이라고 비난하였다. "바이든의 녹색 뉴딜은 우리 경제를 파괴하고, 중산층을 고통스럽게 만들 것입니다. 그의 녹색 뉴딜은 일자리를 없애고, 우리의 에너지를 불안정하게 만들고 있습니다! 우리는 현실적인 에너지 정책이 필요합니다!"

바이든은 트럼프의 비난에 대해 단호하게 대응하였다. 그는 트럼프의 정책이 단기적인 경제 이익에만 집중하고 있으며, 장기적인 환경 파괴를 초래할 것이라고 반박하였다. "트럼프의 정책은 우리 지구를 위험에 빠뜨리고 있습니다. 그의 화석 연료 정책은 지구 온난화를 가속화시키고, 우리의 미래를 위협하고 있습니다. 우리는 지속 가능한 미래를 위해 지금 당장 행동해야 합니다."

바이든은 일견 환경 문제의 백기사처럼 보이지만 그의 정책도 환경 문제를 글로벌 제조업을 흡수하기 위한 지렛대로 사용할 뿐이다. 트럼프나 바이든이나 환경 문제를 정치의 한 도구로 여길 뿐이다.

이처럼 정치의 도구로 환경 문제를 다루면 환경 문제의 심각성이 희석된다. 대중은 누구의 말이 맞는지 판단하기 어렵다. 각각의 정책 하나하나가 논쟁 거리가 될 뿐이다. 또한 정치 성향에 따라 이전 정책을 손쉽게 파기하기도 한다. 트럼프의 기후 변화 협정 탈퇴가 대표적이다. 정책의 일관성이 깨지면 누구도 정책을 신뢰하지 않게 된다. 정권이 바뀌면 정책이 어떻게 변할지 모르기 때문이다. 환경 문제는 중장기적으로 접근해야 하는데, 정부 정책은 단기적이며 단편적일 수밖에 없게 된다.

앞 장에서 기후 위기의 심각성을 논하였는데, 정치가 결부되면서 희석되었다. 이제 환경 문제는 정치 성향을 배제하고 과학적 근거와 데이터로만 다룰 필요가 있다. 앞으로 우리가 주로 다룰 디지털 기술과 표준이 중요한 이유이다. 정치가들도 진정 후손에게 물려줄 지구 환경에 관심을 갖고 과학적 접근 기반의 정책 마련에 몰두할 필요가 있다. 정치적 이해득실이 아니고 말이다.

CHAPTER 3

글로벌
환경 운동의 역사

환경 문제가 심각해진 것은 최근의 이슈가 아니다. 앞서 살펴본 대로 정치적 유불리에 따라 좌우될 부분도 아니다. 미래 후손에게 부끄럽지 않으려면 기후 위기 등 환경 문제를 해결해야 한다. 이와 같은 위기의식과 사명감이 환경 운동이라는 형태로 만들어져 지속되고 있다.

이 장에서는 환경 위기에 대처하기 위해 노력한 글로벌 환경 운동의 역사를 조망하고자 한다. 이와 같은 역사를 거쳐서 최근에는 보다 과학적으로 환경 문제에 대응할 수 있는 노력들이 이루어지고 있음을 이해하게 될 것이다.

초창기 환경의 가치와 의미 :
개인 또는 집단의 위생 개념

지난 수십 년 동안 지구 온난화와 대기 오염, 방사능 누출 등 다양한 환경 문제가 국제 사회의 주요 화두가 되어 왔다. 하지만 환경이 언제부터 어떻게 중요한 가치가 되었는지, 이를 개선하기 위한 환경 운동의 시작과 발전의 역사는 잘 알려지지 않았다.

먼저 환경이란 무엇일까? 캠브리지 사전은 환경(Environment)을 '사람, 동물, 식물이 살거나 서식하는 공기, 물, 땅'이라고 정의하고 있다. 또한 'Environment'는 라틴어 'environ'에서 유래한 단어로 알려져 있다. 'Environ'은 '주변에 있는', '둘러싸고 있는'이라는 뜻을 가지고 있으며, 프랑스어 'Environer'에서 유래되었다. 즉, 'Environment'는 어떤 것이나 혹은 누군가의 주변에 있는 조건이나 요소들을 의미한다. 일반적으로는 자연환경, 사회적 환경, 또는 특정한 상황이나 조건을 가리킨다. 그런 측면에서 보자면, 환경은 개인에 한정될 수도 있고, 국가 단위처럼 광범위한 개념이 될 수도 있다. 누군가에겐 중요한 요소가 될 수도 있고, 누군가에게는 그리 중요치 않을 수도 있다. 결국 환경에 대한 문제는 주관적일 수 있다는 사실을 무시할 수 없다. 이것을 인지하면 우리가 살펴볼 환경 운동의 역사가 더 쉽게 이해될 수는 있을 것이다.

환경에 대한 관심이 산업화 시대를 맞이하며 처음 대두되었던 것은 아니다. 그리스 시대에는 오염된 공기를 'Miasma'라 불렀다. 그들은 질병 발생의 원인을 공기로 보았는데, 〈히포크라테스 전집〉의 저자이자 그리스의 의학자

로마 시대 당시 사용된 납 파이프

로 잘 알려진 히포크라테스는 〈공기, 물, 장소에 대해서〉를 저술하였다. 이
책에서 그는 질병과 환경인자의 상관관계를 명확하게 정리하였다. 여기에
나타난 사람과 환경의 조화가 중요하다는 관점은 그 후 2천 년 이상 지난
지금도 풍토병이나 유행병에 대한 해석의 이론적 토대가 되고 있다.

　문명이 발달한 로마 시대에는 급수와 배수 시설, 주택 개선과 환기 및 건
축 위생에 관심을 가졌다. 특히 로마는 대규모 광물 자원을 채취하고 금속
제품을 제조하였다. 납으로 만든 금속 파이프를 이용해 상수도 시스템을
최초로 만든 문명이었다. 하지만 납을 대량으로 채굴하고 가공하는 과정에
서 적지 않은 환경 오염을 일으킨 최초의 문명이기도 하다. 이 시대 의학자
인 갈레노스(Galenus)은 건강의 필수 요건이 '걱정과 번뇌가 없는 것', 또는
경제적인 자주독립이라 주장하였다. 여기서 처음으로 '위생학(Hygiene)'이라

는 말을 사용하게 되었다. 이렇듯 과거에는 환경을 생태계 보호나 범지구적 차원으로 접근하기보다, 개인 또는 집단의 질병에 대한 원인을 찾고자 하는 과정에서 위생과 밀접한 개념으로 접근하였다.

산업화 이후 다양한 환경 문제의 발생, 환경운동의 태동으로 이어지다

산업화 시대를 맞이하고 두 차례의 세계 대전이 끝나면서 세계 각국의 발전 속도가 매우 빨랐다. 이로 인해 과거에는 몰랐던 환경 문제가 세계적 이슈로 떠오르기 시작하였다. 대규모 환경 오염을 해결하기 위한 과정에서 각국의 환경 운동과 규제가 시작되었다. 특히 대기 오염과 지구 온난화 등의 심각화는 국제적인 협약 등 범지구적인 노력을 촉발시켰다.

산업화 이후 주요 환경 오염 사건들을 살펴보면, 가장 먼저 런던 스모그 사건을 언급할 수 있다. 런던 스모그는 1952년 12월 5일부터 9일 사이 5일간 런던에서 발생하였다. 이 스모그는 1만 명 이상이 피해를 본 사상 최악의 대규모 대기 오염으로 기록되었다.

사실 런던은 겨울이면 의례 짙은 안개가 발생한다. 19세기 이후 산업혁명과 석탄 연료 이용의 확대에 따라 발생한 연기와 그을음이 이 안개와 섞인다. 이것이 지상에 체류해 만든 오염을 스모그라 부르게 되었다. 스모그는 시민들에게 심각한 호흡기 질환 등을 일으켰다. 1950년대까지 100년간 10번 정도의 거대한 스모그가 발생하였다. 그중에서 피해가 가장 큰 것은 앞서

1952년 스모그로 덮인 런던(출처: 구글 이미지)   스모그에 가려진 넬슨 기념탑(출처: 구글 이미지)

이야기한 1952년이었다. 짙은 스모그 상황에서는 앞도 보이지 않아 운전이 불가능할 정도였다. 특히 런던 동부의 공업 지대와 항만 지역에서는 자신의 발밑도 보이지 않을 정도였다고 한다. 건물 내부까지 스모그의 영향을 받았다. 영화관에서는 "무대와 스크린이 보이지 않는다"는 이유로 공연과 상연이 중단될 정도였다. 주택에도 스모그가 침입하였다. 사람들은 눈이 아프고, 목과 코를 다쳐 기침을 멈추지 못하였다. 큰 스모그가 발생한 이후 한 주간 병원에는 기관지염, 기관지 폐렴, 심장 질환 등의 중병 환자가 차례로 입원하였다. 다른 겨울보다 4,000명 넘는 사망자가 발생하였다.

  이 사건은 영국에서 환경 오염에 대한 경각심을 일깨우는 계기가 되었으며, 그 결과 현대적 환경 운동이 태동하였다. 영국은 1953년에 비버위원회를 설립하여 대기 오염의 실태와 대책을 조사하고 연구하기 시작하였다. 위원회에서 제출한 보고서를 바탕으로 영국 의회는 1956년 청정대기법을 제정하였다.

  한편 1966년 일본에서도 이타이이타이 사건이 발생하였다. 이것은 카드

세베소 사건(출처: https://theqoo.net/square/1061326268)

뮴이 함유된 폐수를 농업용수로 사용하였기 때문에 일어났다. 해당 농지에서 생산된 농작물을 먹은 사람들은 몸에 카드뮴이 축적되었다. 그 결과가 이타이이타이 병이다. '이타이'는 일본어로 아프다는 의미이다. 병의 고통이 얼마나 컸는지를 보여 준다. 산업화의 부산물인 화학 물질에 의해 발생한 대표적인 환경 오염 사건이다.

1967년 이탈리아의 한 화학 공장에서 유독성 가스가 대기로 방출되는 세베소 사고가 발생하기도 하였다. 누출된 가스에는 염소가스 외에도 다이옥신(TCDD)이 함유되어 있었다. 15분 동안의 짧은 누출이었지만, 인근 5km 범위 내 11개 마을로 빠르게 퍼져 나갔다. 4만 마리의 가축이 죽었으며, 300여 가구가 피해를 입었다. 특히 엄청난 독성이 있는 다이옥신으로 인해 수많은 임산부가 유산을 하였다. 유산을 모면하였어도 기형아 출산을 우려하여 낙태를 하는 등 큰 피해가 발생하였다. 이 사고 이후, 세베소 지역 토양에 잔류하는 다이옥신에 대한 연구가 진행되었다. 이 땅에 서식하는 동식물에 미치는 영향을 따져 본 것이다. 이 연구에서 다이옥신이 분해가 어렵다는 점과 발암성 등 독성이 있다는 점 등 중요한 결과가 도출되었다. 이와 유사한 사고를 예방하고자 1982년 세베소 지침이 제정되었고, 1996년 위험 물질을 포함하는 주요 사고 피해 통제에 관한 지침이 만들어졌다.

환경 오염 사건	연도	국가	주요 결과
뮤즈 계곡 사건	1930	벨기에	호흡기 질환으로 60명 사망
요코하마 사건	1946	일본	호흡기 질환자 급증
도노라 사건	1948	미국	호흡기 질환으로 17명 사망
포자리카 가스 누출 사건	1950	멕시코	호흡기 질환자 급증
런던 스모그	1952	영국	호흡기 질환으로 4,000~8,000명 사망
미나마타 사건	1953	일본	환자 111명, 사망자 47명
LA 스모그 사건	1954	미국	호흡기 질환자 급증
이타이이타이 사건	1966	일본	카드뮴 중독 환자 발생
세베소 사건	1976	이탈리아	다이옥신의 대기 중 누출 사고
Love Canal 사건	1979	미국	산업 폐기물 매립으로 인해 주민 이주
Three Mile Island 사건	1979	미국	원자력 발전소의 방사능 누출 사고
보팔 가스 누출 사건	1984	인도	MIC 누출로 2,500명 사망
체르노빌 사건	1986	구 소련	원자력 발전소의 방사능 누출 사고
Woburn 사건	1986	미국	유해 폐기물 투기로 먹는 물 오염 사고

이상과 같이 산업화 이후 세계 곳곳에서 다양한 환경 문제가 발생하였다. 위의 표는 대표적인 사건들을 나타낸 것이다. 이와 같은 환경 사고가 환경 운동과 관련 정책 수립의 트리거 역할을 하였다.

현대적 환경 운동의 태동

이러한 환경 오염 사건의 아픔을 겪은 이후 1970년대부터 세계 곳곳에서 환경 문제를 인식하고 범지구적 해결 방안을 모색하는 노력이 일어났다.

1960~1970년대는 환경 운동의 초기 단계로, 환경 문제에 대한 인식이 퍼져 나가던 시기라고 할 수 있다. 1962년 미국의 해양 과학자 레이첼 카슨은 제1차 세계 대전 이후 미국에서 살포된 살충제나 제초제의 유독 물질이 생태계에 미치는 영향을 분석하였다. 그 결과 출간한 책이 유명한 〈침묵의 봄(Silent Spring)〉이다. 이 책이 발표된 이후 디클로로디페닐트리클로에탄(DDT)을 비롯한 살충제의 무분별한 남용과 그것이 생태계에 미치는 심각한 영향에 대한 대중의 관심이 커졌다. 미국에서는 수많은 환경 보호 단체가 결성되었고, 살충제 사용 문제, 야생 동식물 보호 문제, 대기 및 수질 오염

1970년 지구의 날
(출처 : https://www.earthday.org/)

2024년 지구의 날 포스터
(출처 : https://www.earthday.org/)

문제 등 다양한 환경 문제가 이슈로 등장하였다. 결과적으로 민간 만이 아니라 정부도 광범위한 관심을 가지는 계기가 된다.

카슨의 책은 미국에 환경 운동의 시작을 알리는 획기적인 저작물로 남게 되었다. 그의 영향력은 단지 미국에만 국한되지 않고 유럽을 비롯한 세계 여러 나라에 영향을 끼쳤다. 더욱이 카슨의 경고가 밑거름이 되어 1970년 4월 22일의 제1회 '지구의 날'이 열렸다. 이를 기점으로 미국에서는 환경을 위한 실천적 행동 인식 개선이 본격화되었다.

지구의 날 제정 후, 생태학자 베리 커머너는 방사성 물질에 대한 경고를 날렸다. 핵 개발로 무분별하게 퍼지고 있던 방사성 물질들이 생태계와 인간의 신체에 미치는 영향들을 밝히고 그 위험성을 경고한 것이다. 환경 문제가 과학적 해결만이 아니라 사회적·정치적인 개혁까지 필요한 복합적 위기임을 강조하였다. 타임지는 그의 이러한 선구적인 환경 운동을 주목하며, 1970년 2월 2일 그를 타임지 표지 모델로 선정하였다.

그 다음 해인 1971년 그는 저서 〈원은 닫혀야 한다(The Closing Circle: Nature, Man, and Technology)〉를 출간하였다. 대기와 수질 오염, 농약과 화학 물질의 순환과 축적이 동식물의 생존을 위협한다고 설명하였다. 환경을 오염시키며, 인간의 신체에 치명적 건강 위험을 가져오는 생태학적 메커니즘에 대해 다층적으로 분석한 결과였다.

한편 이탈리아에서는 사업가 아우렐리오 페체이의 제창으로 로마 클럽이 결성되었다. 지구의 유한성이라는 문제의식을 가진 유럽의 경영자, 과학자,

교육자 등이 모인 클럽이었다. 이들은 과학 기술의 진보와 이에 따르는 인류의 위기를 분석하여 그 대책을 세우고자 하였다. 그 결과물로 1968년 인간·자원·환경 문제에 관한 미래 예측 보고서인 〈로마클럽보고서〉를 발표하였다. 이 보고서는 환경 문제 때문에 인류가 직면할 어려움에 대한 경고를 담고 있다.

이후 1972년에는 경제 성장이 환경에 미치는 영향을 설명한 〈성장의 한계(The Limits to Growth)〉라는 연구 보고서를 발표하였다. 자원의 유한성과 환경 파괴에 대한 경종을 울리는 보고서였다. 인구 증가와 인간의 활동이 야기한 생태학적 발자국의 증가가 인류에 끼칠 수 있는 물리적 영향에 대해 시스템 관점에서 탐구하였다. 지속 가능성(지속 가능 발전) 혹은 ESG(환경·사회·거버넌스)에서 가장 중요한 의제인 환경 오염에 대해 공식적으로 문제를 제기한 보고서라고 평가된다.

1970년대 환경 문제 대응을 위한 글로벌 정책의 태동

이러한 환경 운동들은 세계가 정책적 준비를 하도록 압력을 가하였다. 1972년 6월 5일 스톡홀름에서 열린 유엔 인간 환경 회의(UN Conference on the Human Environment, in Stockholm)가 환경 문제에 대한 논의의 시작점이었다. 이 논의는 1987년 유엔의 〈우리 공동의 미래〉 보고서의 발간을 통해 지구가 지속 가능한 발전을 해야 한다는 논의로 확대되었다. 글로벌 화두에 맞춰 각국은 구체적인 정책과 법을 만들었다.

미국에서는 환경 관리와 관련된 정책의 수립, 감시, 평가를 담당하는 환경 보호국(EPA)이 설립되었다. 대기 중 오염 물질을 제어하고 공기를 보호하기 위한 '청정공기법(Clean Air Act)'이 제정되었다. 또한 1972년 '청정수질법(Clean Water Act)'이 제정되었다. 1976년에는 폐기물의 안전한 처리와 폐기물 발생량의 감축을 목적으로 '자원 보전 및 회복법(Resource Conservation and Recovery Act)'이 제정되었다.

유럽에서도 강력한 환경 규제와 정책이 도입되었다. 1972년 스톡홀름 UN 인간 환경 회의 논의를 받아, 1973년에 처음으로 공기 및 물 오염, 폐기물 처리, 자연 보전 등에 대한 강력한 규제를 위한 '환경 행동 계획(European Environmental Action Program)'이 제정되었다.

일본에서도 환경 문제 해결에 정부가 나서기 시작하였다. 1970년에 제정된 '환경 오염의 공동 대응을 위한 법'이 일본 환경 정책의 시작이었다. 대기 중 미세 먼지 및 화학 물질에 대한 규제를 목적으로 '수질 오염 방지법'이 만들어졌다. 아울러 공공 및 산업 부문의 폐수 처리에 대한 규제를 위해 '폐기물 처리 및 청소에 관한 법률'이 같은 해 제정되었다.

우리나라는 1977년 환경 오염으로 인한 위해를 방지하고 자연환경 및 생활 환경의 적정 관리, 보전을 목적으로 '환경보전법'이 제정되었다. 이를 통해 환경 규제의 기본적인 법적 기반을 마련하였다. 환경 문제에 대한 인식이 지속적으로 높아졌고, 1980년 환경청의 발족으로 이어졌다.

한편 해양 오염의 심각성이 대두됨에 따라, 비행기나 선박에서 나오는 쓰레기 투기를 규제하기 위해 1972년 런던에서 런던 협약(London Convention)이 체결되었다. 이를 통해 쓰레기나 기타 물질의 투기로 인해 발생하는 해양 오염을 지키고자 각국의 노력이 시작되었다.

1980년대의 환경 이슈와 규제 :
글로벌 협약의 본격화

1980년대는 고도 성장기였다. 하지만 동시에 1986년 체르노빌 원전 사고 및 1989년 북해 바다표범의 약 85%인 17,000여 마리가 사망한 엑슨발데즈호 원유 유출 사고 등이 일어난 환경의 암흑기로도 불린다. 이 때문에 역설적으로 환경에 대한 과학적 연구가 더욱 강화되는 시기였다. 온실가스의 배출과 기후 영향에 대한 대중의 인식도 높아졌으며, 그 결과 지구 온난화, 오존층 파괴, 유해 폐기물의 국가 간 불법 이동 등의 심각성이 제기되었다. 또한 1970년대의 변화된 환경 인식을 반영하여 각국의 환경 정책들이 구체화되기 시작하였다.

오존층 파괴 문제는 1974년 Mario Molina 교수와 Sherwood Rowland 교수가 공동으로 발표하였다. 프레온 가스나 할론이 대기 중에 방출되어 성층권으로 이동하면서 자외선을 촉매로 화학 작용을 일으킨다. 이를 통해 가스는 염소 분자로 분열되고, 이 염소 분자가 오존층을 파괴하는 화학 메커니즘을 과학적으로 규명한 것이다. 이것은 전 세계적인 관심을 받기에 충분하였다.

이에 유럽 집행 이사회(European Commission) '환경 각료 회의'에서 1980년

3월 프레온 가스의 생산 동결 및 사용량 감축 결의가 채택되었다. 오존층 보호를 위한 국제 협약이 제정된 것이다. 이어 유엔 환경 계획(UNEP)이 세계 기상 기구(World Meteorological Organization, WMO)와 공동으로 '오존층에 관한 조정 위원회(Coordinating Committee on the Ozone Layer)'를 발족하였다. 1981년 실무 작업반을 구성하여 국제 협약 준비를 시작하였다. 그 결과물이 UNEP를 중심으로 세계 122개국이 가입 서명한 '오존층 보호를 위한 비엔나 협약'이었다. 이 협약의 주요 목적은 오존층 파괴로 인한 부정적인 영향을 보다 폭넓게 이해하고 평가하며, 가입국 간에 감시 및 관련 정보의 교환을 촉진하는 것이다. 이 협약을 통해 오존층 보호를 위한 구체적인 부속 의정서 채택에 필요한 법적 근거가 마련되었다. 2년 뒤인 1987년 9월 캐나다 몬트리올에서 24개국과 유럽 경제 공동체(EEC) 간에 '오존층 파괴 물질에 관한 몬트리올 의정서' 가 정식 국제 협약으로 채택되었다.

몬트리올 의정서가 있을 경우와 없을 경우의 2050년 대기 중 오존 농도 예상치 비교. 파란색조가 강할수록 오존이 많이 파괴된 것을 나타낸다. 미국 항공우주국 (출처: https://www.hani.co.kr/arti/science/science_general/1014429.html)

대기 오염 물질 관리를 위한 국제적 노력도 늘어났다. 1950년대부터 북유럽 스칸디나비아 반도의 숲이 사라지고 호수의 물고기가 급속히 감소하였는다. 산성비로 유입된 아황산가스(SO_2)로 인한 것임이 밝혀졌다. 스웨덴은 1972년 4월 스톡홀름에서 개최한 UN 인간 환경 회의(UNCHE)에서 산성비를 구체적 이슈로 제기하였다. 이후 1979년 11월 13일 당시 UN 유럽 경제 위원회(UNECE) 34개 회원국 중 31개국이 '월경성 장거리 이동 대기 오염에 관한 협약(CLRTAP)'에 서명하였다. 이를 통해 여러 국가들이 서명한 다양한 의정서가 만들어진다.

우선 1984년 장거리 대기 오염의 영향을 분석한 유럽 감시 평가 프로그램(EMEP)의 장기 재원을 위해 제네바 의정서가 체결되었다. EMEP에 대한 국제적인 비용 분담 방안을 담고 있으며, 미국과 캐나다를 제외하고 39개 국가별로 상이한 의무 비용 분담률이 결정되었다. 1985년 채택된 '헬싱키 의정서'는 유황 배출의 규제를 구체화하였다. 의정서 2조에서 당사국들은 자국의 연간 유황 배출 또는 월경성 이동(transboundary fluxes)에 대해 1980년 대비 30%의 저감을 늦어도 1993년까지 달성하도록 하였다. 또한 당사국들은 매년 자국의 유황 배출 수준 및 배출 계산 근거를 집행 기구에 제공하도록 하였다(4조). 배출 저감을 위한 수단으로서 국가 프로그램, 정책 및 전략을 고안하고, 목표 달성을 위한 진전 사항을 집행 기구에 보고하도록 하였다(6조). EMEP는 집행 기구의 연차 회의에 앞서 관측 범위의 전년도 유황 배출 및 월경성 이동량을 제공하도록 하였다.

두 가지 의정서 외에도 다양한 의정서가 만들어졌다. 아래 표는 CLRTAP

합의 형태	채택 / 발효 시기	가입국	주요 내용
CLRTAP 협약	1979.11/1983.3	51	– 협약 원칙, 집행기구와 사무국 기능, 서명 및 발효 조건
제네바 의정서	1984.9/1988.1	47	– EMEP의 장기재원에 대한 의정서로서 각 국가별 비용분담률을 명시
헬싱키 의정서	1985.7/1987.2	25	– 각 당사국은 유황배출을 이르면 1993년까지 1980년 대비 30% 감축 – EMEP는 전년도 유황배출 및 월경성 이동량을 계산하여 집행기구에 보고
소피아 의정서	1988.10/1991.2	35	– 질소산화물에 대한 배출에 대해 늦어도 1994년까지 1987년 수준을 달성 – 각 당사국의 기존 및 신규 배출원에 각각 오염통제 조치와 국가배출기준을 적용하도록 명시
제네바 의정서	1991.11/1997.9	24	– 1999년의 휘발성 유기화합물 배출 적용 방안 세가지를 당사국에 제공하고, 의정서 서명서에 명시하도록 요구
오슬로 의정서	1994.6/1998.8	29	– 유황배출의 추가적인 저감을 요구하면서 ① 에너지 효율성 제고, ② 재생에너지 사용, ③ 연료의 유황성분 함유 축소 등의 조치를 취하도록 명시
아르후스 의정서	1998.6/2003.12	34	– 카드뮴, 납, 수은 배출을 1990년 수준 이하로 제한하며 산업 부문, 연소과정, 폐기물 소각에서의 중금속 배출저감을 목표
아르후스 의정서	1998.6/2003.10	33	– 잔류성 유기오염물질(POPs) 배출을 제한
예테보리 의정서	1999.11/2005.5	26	– 네가지(아황산가스, 질소산화물, 암모니아, 휘발성 유기화합물) 오염물질의 국가별 배출상한 설정 – 2012년 개정을 통해 초미세먼지까지 포함하여 2005년 대비 2020년 배출상한 설정

CLRTAP 협약 및 후속 의정서 내용
출처: UNECE, "Air Pollution : Protocols"(온라인 자료, 검색일 : 2017. 11. 7) 기초로 저자 작성

협약을 기반으로 만들어진 의정서들을 나타낸 것이다.

미국에서는 1980년 오염 지역 정화를 위한 '종합 환경대응 배상책임법 (Comprehensive Environmental Response, Compensation, and Liability Act)', 1986년 '비상 계획 및 지역 사회 알 권리법(Emergency Planning and Community Rightto-Know Act)', 1987년 물환경 보호를 위한 '클린워터법(Clean Water Act Amendments)'이 제정되었다.

일본은 1980년 '람사르 조약(물새의 서식지인 습지에 관한 조약)'과 워싱턴 조약에 가입하고, 1984년 제1회 세계 호소 회의를 개최하였다.

우리나라에서는 1983년 환경 보전법에 일산화탄소 등에 대한 대기 환경 기준을 마련하고, 경제적 유인책으로서 '배출부과금제도'를 도입하였다. 1986년에는 환경청에 폐기물관리국이 신설되는 등 정부 조직이 확대되었다.

1990년대의 환경 이슈와 규제 : 전 지구적 관심과 공동 대응의 논의

1990년대는 세계화의 시대였다. 무역과 자본 이동, 민영화, 규제 완화 등이 중요한 가치가 되었다. 이것은 환경 운동과 정책에도 큰 영향을 미치기 시작하였다. 환경 문제에 대해 전 지구적인 관심이 높아지면서 공동 대응의 논의가 시작되었기 때문이다.

1992년에 브라질 리우정상회담에서 각국의 자발적 온실가스 배출 감축을 촉구하는 기후 변화 협약(UNFCCC, United Nations Framework Convention on Climate Change)이 채택되었다. 이를 통해 글로벌 환경 정책 협력이 더욱 강화되었다. 하지만 앞서 소개한 세베소 사건 때 증발한 폐기물 41배럴이 그린피스에 의해 프랑스의 한 마을에서 발견되는 등 국제적인 문제도 대두되었다.

이 시기 산업의 고도화로 발생하는 폐기물의 종류도 다양해졌다. 유해성이 입증되지 않은 폐기물, 처리가 어려운 악성 폐기물 등이 산업 활동에 수반되어 다량으로 발생하였다. 일부 기업체들은 이러한 유해 폐기물을 자국의 엄격한 법을 피해 아프리카 후진국, 동구권 등 개도국에 불법 투기하거나 매립하였는데, 이로 인해 국가 간 분쟁이 야기되기도 하였다.

이에 국가 간 유해 폐기물의 이동 통제 및 처리 감시 체계 구축 필요성이 커졌다. 국제 사회는 UNEP을 중심으로 1987년 6월, 유해 폐기물 안전 관리를 위한 카이로 지침과 원칙을 마련하여 협약의 토대를 마련하였다. 1989년 3월 22일 '바젤 협약'이 공식적으로 채택되어 1992년 발효되었다. 바젤 협약은 병원성 폐기물을 포함한 유해 폐기물의 국가 간 이동 시, 사전 통보 등의 조치를 취하도록 의무화하였다.

해양 환경, 서식지, 생물 자원의 보호에 관한 국제 사회의 접근은 1992년 브라질 '리우 회의'까지만 하더라도 선언적 차원에 머물렀다. '리우 회의 의제21(Agenda 21)' 제17장을 통해 각국의 해양 자원과 공간 이용에 관한 전략

출처: https://www.kmi.re.kr/globalnews/posts/
view.do?rbsldx=32&idx=6642

출처: https://blog.naver.com/komipo_official
/221487252196

과 지침이 제시되었다. 이 시기를 전후하여 해양 환경 관리와 생태계 보호에 대한 관심이, 선박에 의한 해양 폐기물 및 유류 오염 방지에서 해양 투기관리, 생물종 다양성 보호, 선박에 의한 대기 오염 물질, 육상 기인 오염 물질 관리 등으로 확대되었다.

육상 기인 오염 물질이 해양 환경에 미치는 영향에 대한 전문가 그룹의 연구, 지역해 프로그램(Regional Seas Programme)의 육상 기인 오염 물질 관리 의정서 채택 노력, 미국과 일본의 법 제도 정비와 육상 기인 오염 물질 관리 실행 경험 등은 1995년 '육상 활동으로부터 해양 환경 보호를 위한 범지구 실천 계획(Global Programme of Action for the Protection of the Marine Environment from Land-based Activities, GPA)'의 채택으로 이어졌다. 이후 1996년 개최된 유엔 지속 가능 발전위원회(UNCSD)에서 GPA 이행 계획을 제안하였다. UNEP 운영 위원회 결정문 19/14에 따라 1999년 네덜란드 헤이그에 사무국이 설치되면서 GPA의 이행을 위한 기본 체제도 구축되었다.

1992년 9월 22일 파리에서 열린 오슬로·파리 협약 각료 회의에서 북동대서양의 해양 환경 보호에 관한 'OSPAR 협약'이 체결되었다. 이에 앞서, 북해를 포함하는 북동대서양의 해양 오염 방지를 위해 1972년 오슬로 협약과 1974년 파리 협약이 체결되었었다. OSPAR 협약은 종래의 오슬로 협약과 파리 협약을 수정·통합하였고, 해양에 대한 국가의 관할권과 공해의 자유를 인정하였다. 이 틀 안에서 해양 오염의 예방과 제거, 해양 지역의 지속 가능한 관리를 달성하기 위한 국제 환경 정책의 주요 원칙의 적용을 인정한다. OSPAR 협약은 사전 예방의 원칙, 오염자 지불의 원칙, 이용 가능한 최

선의 기술의 원칙(Best Available Technology, BAT), 최고의 환경 관행의 원칙
(Best Environmental Practice, BEP)을 따른다. 또한 OSPAR 협약에는 다음과 같
은 특정 분야를 다루는 일련의 부속서가 포함되어 있다.

  −부속서 I: 육상 오염원의 예방 및 제거
  −부속서 II: 투기 또는 소각에 의한 오염의 방지 및 제거
  −부속서 III: 해양 오염원의 예방 및 제거
  −부속서 IV: 해양 환경의 질 평가
  −부속서 V: 해양 지역의 생태계 보호 및 보전과 생물 다양성에 관한 사항

  OSPAR 협약은 1998년과 1999년에 생태계의 보호 및 보존과 생물학적
다양성, 유해 물질, 방사성 물질, 부영양화, 해양 활동을 위한 환경 목표
와 관리 메커니즘 등 5가지 주요 분야에서 향후 실행하기 위한 전략을 채
택하였다.

  각국에서도 법률 제정을 통해 다양한 환경 정책이 이루어지고 있었다.
미국에서는 기존의 환경 규제를 수정·보완하며 새로운 정책을 도입하는
등의 노력이 이루어졌다. 1990년 대기 오염 물질 감축을 위한 '청정공기법
(Clean Air Act Amendments)', 석유 오염 사고에 대한 대응 및 예방을 위한 '기
름 오염법(Oil Pollution Act)', 1992년 신재생 에너지 및 에너지 효율 증대를 촉
진하고자 '에너지 정책법(Energy Policy Act)'이 제정되었다.
  유럽에서는 1992~1996년까지 자동차에서 발생하는 대기 오염을 줄이기
위한 '오토오일 프로그램(Auto-Oil Programme)'이 도입되었다. 1994년 설립된

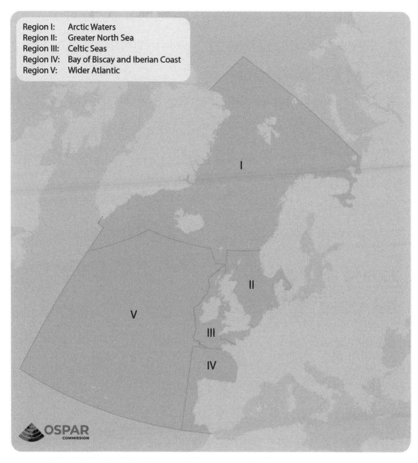

Region I: Arctic Waters
Region II: Greater North Sea
Region III: Celtic Seas
Region IV: Bay of Biscay and Iberian Coast
Region V: Wider Atlantic

OSPAR 해양 지역(총 5개 지역) (출처: https://oap.ospar.org/en/ospar-assessments/quality-status-reports/qsr-2023/synthesis-report/introduction/)

유럽 환경 에이전시(European Environment Agency)가 유럽 전역에서 환경 정보를 수집하고 제공하는 중요한 역할을 수행하였다. 이어 1998년 생물 다양성 보존 및 지속 가능한 사용에 관한 '유럽 생물 다양성 전략(Biodiversity Strategy for Europe)'을 채택하였다.

일본의 경우, 1994년 화학 물질의 안전한 관리와 사용을 목적으로 '화학 물질 관리법'이 제정되었다. 1997년 지구 온난화 방지 교토 회의(COP3)에서 교토 의정서가 채택되었다. 1998년 '가전 리사이클법'이 공포되었고, 1999년 '온난화 대책 추진법'이 시행되었다.

우리나라는 1990년 1월 환경청이 환경부로 승격되었다. 또한 1999년 한강수계의 수질 개선을 위한 '한강수계 상수원 수질개선 및 주민 지원 등에 관한 법률' 및 습지를 효율적으로 보전하기 위한 '습지보전법'이 제정되었다.

2000년대 이후 환경 이슈와 규제 : 환경 규제의 공감대 형성 및 본격화

2000년대 이후 현재까지 전 세계적으로 환경 문제에 대한 인식이 높아지면서 더욱 강화된 국제 협력 및 규제가 도입되고 있다. 특히 기후 변화에 보다 적극적이고 실천적인 환경 정책과 규제가 제기되고 있다. 또한 환경 호르몬, 유해 화학 물질 및 탄소 배출 등 공장 가동에 따른 범지구적 피해를 예방하기 위해 기업이 환경 오염 문제 해결에 직접적으로 참여하도록 하는 규제가 시행되고 있다.

'지속 가능 발전을 위한 세계 정상 회의(World Summit on Sustainable Development, WSSD)'가 2002년 요하네스에서 개최되었다. 189개국 6만여 명이 참여하였다. 정상 회의를 통해 전 지구적 현안인 빈곤, 질병, 생물 다양성 상실 등 환경 악화에 대해 인식을 공유하는 요하네스버그 선언을 채택하였다.

실행부문	실행내용 및 추진목표
빈곤퇴치	– 2015년까지 절대빈곤인구의 절반 감축 – 2015년까지 안전한 식수와 위생시설의 혜택을 받지 못하는 인구의 절반 감축 – 빈곤퇴치를 위한 세계연대기금(World Solidarity Fund) 설립
지속가능하지 못한 생산·소비패턴 개선	– 2020년까지 화학물질의 인체·환경에 대한 부정적 영향 최소화 – 에너지 효율증대와 재생에너지 사용 비율 증대
자연자원 보전 및 관리	– 가능한 2015년까지 고갈어족을 지속가능 수준으로 회복 – 지구온난화방지를 위한 교토의정서 조기 비준 촉구 – 지구환경금융의 중점 지원분야로 토지황폐화방지 추가 권고
이행수단	– 선진국에 대해 공적개발원조(ODA)로 GNP의 0.7% 제공 목표 달성 촉구 – 지속가능발전을 저해하는 보조금 감축 추진
지속가능발전을 위한 제도적 틀	– 개도국에 법치, 민주주의 등 건전한 관리체제 마련 촉구

WSSD 이행 계획서의 주요 합의 내용
(출처: 외교부 및 http://www.un.org/jsummit/html/documents 참조)

화학 물질에 대한 국가 간 환경 규제도 활발히 도입되었다. 1998년 로테르담 협약이 채택되어 2004년 2월 발효되었다. 이는 유해 화학 물질과 농약의 유해한 영향을 방지하고, 국제적으로 거래되는 유해 화학 물질의 유해성을 수출 국가와 수입 국가 공통의 책임으로 대응하도록 하기 위해서였다. 이 협약은 인간의 건강과 자연환경을 보호하기 위하여 유해 화학 물질 및 농약의 국제 교역 시 수출입에 관한 사전 통보 승인 절차를 규정하고 있다.

당사국은 산업용 화학 물질 및 농약을 금지하거나 엄격히 제한하는 규제 조치를 협약 사무국에 통보하여야 한다. 아울러 적용 대상 화학 물질 및 농약에 관한 과학적·기술적·법적인 정보와 국내적 규제 조치에 관한 자료의 교환을 촉진하여야 한다.

또한, 잔류성 유기 오염 물질(Persistent Organic Pollutants, POPs)의 전 지구적 저감과 근절을 목표로 2001년 스톡홀름 협약이 채택되어, 2004년 5월

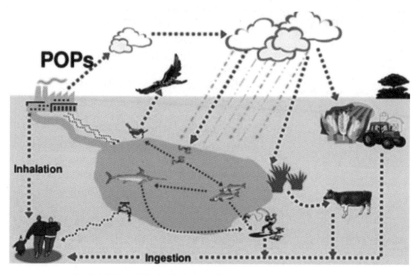

POPs 물질의 생태계 이동 경로(출처: https://news.nate.com/view/20210617n27126)

발효되었다. POPs는 잔류성, 생물 농축성, 장거리 이동성을 가진 유해 물질로 다이옥신, 폴리염화비페닐(PCBs), 디클로로디페닐트리클로에탄(DDT), 과불화화합물(PFCs) 등 총 28종을 총칭하는 물질이다. 주로 유기염소계 농약이 포함되어 있으며, 다염화비페닐(PCBs) 등 산업용 화학 물질과 다이옥신, 퓨란 등 폐기물 소각 또는 산업 공정 부산물도 해당된다. 특히, POPs가 발암성 물질 및 내분비계 장애물질(환경 호르몬)로 알려지며, 각국의 관심이 높은 물질이다. POPs는 국경을 넘어 이동하고 생태계에 오랫동안 남아 큰 피해를 주기 때문에 전 세계가 동참하여야 피해를 줄일 수 있다.

'지속 가능한 발전'이라는 개념이 제시된 1992년 리우 정상 회의 이후 20년 만에 열린 리우+20(Rio+20) 정상 회의는 정부, 민간, NGO 등 기타 단체 등 수 천명이 참가하였다. 더 안전하고 더 공평하고 더 깨끗하고 더 친환경적이고 더 번영하는 세계로의 경로를 정의하였다. 이 회의에서는 녹색 경제 (green economy) 개념이 제시되었다. 녹색 경제란, 탄소 배출량과 환경 오염을 줄이고 에너지와 자원 효율성을 증진시키며 생태계와 생물 다양성 손실을 방지하는 공공·민간 투자를 통하여 소득과 고용의 증가를 달성하고자 하는 것이다. 즉 저탄소·에너지 효율적·사회 공생적(socially inclusive) 경제라 말할 수 있다. '원하는 미래(The future we want)'라는 제목의 정상 선언문도 채택되었다. 정상 선언문은 녹색 경제를 지속 가능한 발전 및 빈곤 퇴치 관점에서 중요한 수단 중의 하나임을 확인하였다.

또한 기존에 UN 차원에서 수립된 '새천년 개발목 표(Millennium Development Goals, MDGs; 2000-2015년)'를 대체할 '지속 가능 발전 목표

"The future we want" 정상 선언문
(출처: https://sustainabledevelopment.un.org/content/documents/733FutureWeWant.pdf)

(Sustainable Development Goals, SDGs)' 선정 절차에 합의하였다. 이후 3년에 걸친 협상 끝에 2015년 제70차 유엔 총회에서 전 세계는 만장일치로 '지속 가능 발전을 위한 2030 의제'라는 이름으로 SDGs를 채택하였다. 여기에는 2030년까지 세계가 함께 실천해야 할 17개 목표와 169개의 세부 목표가 담겼다. 이 17개 목표들이 서로 연계하여 빈곤 퇴치, 인권 보장, 성평등을 최우선 목표로 일관되게 이어질 수 있도록 하였다. SDGs는 MDGs에서 다뤄지지 않았던 불평등, 지속 가능하지 않은 소비 패턴, 취약한 제도적 역량, 환경 파괴 등을 다루면서, 기존의 정치·경제·사회 제도와 구조 문제들을 해결하고자 한다는 점에서 진정한 '인류 모두를 위한 약속'이라 할 수 있다.

지속 가능 발전 목표(SDGs)
(출처: https://www.unesco.or.kr/data/unesco_news/view/764/1094/page/0)

이러한 환경 개선의 노력은 각국의 정책뿐 아니라, 기업의 경영에도 깊숙이 들어가게 된다. 지속 가능 발전 목표(SDGs)는 2016년부터 2030년까지 선진국 및 개도국의 공공·민간·시민 사회가 지속 가능한 경제·사회·환경을 위한 목표 달성에 동참할 것을 요구하였다. 이에 SDGs 달성을 위해 각국 정부는 각자 정책을 만들어 기업과 민간 투자자에 대한 환경·사회적 책임 이행 압력을 강화하게 되었다.

2015년 12월 채택된 파리 기후 변화 협정은 2021년부터 적용되는 신기후체제로 선진국·개도국 등 모든 당사국이 참여하였다. 유럽 집행 위원회는 지속 가능 발전과 기후 변화 대응을 위한 지속 가능 금융 추진의 중요성을 강조하며 2018년 3월 'EU 지속 가능 금융 10대 행동 계획'을 수립하였다.

동시에, 유럽 집행 위원회의 요청으로 2018년 1월 '지속가능한 금융을 위한 고위급 전문가 그룹(HLEG, High-Level Expert Group on sustainable finance)'이 구성되었다. EU의 지속 가능 금융 추진 전략을 제시하는 역할이었다. 이 추진전략을 토대로 유럽 집행 위원회는 지속 가능 금융 10대 행동 계획을 수립하였다. 이행에 필요한 세 가지 규정(분류 체계 규정, 저탄소·탄소 영향 벤치마크 규정, ESG정보공시 규정)을 제정하였다.

그중 EU 분류 체계 규정은 지속 가능 금융 확대의 제도적 기반이 되고 있다. 예를 들어 2021년부터 시행 중인 금융 기관 및 기업의 ESG 의무 공시 기준이나 기업과 투자자가 ESG 기반한 의사결정을 할 수 있는 근거로 활용된다. 이를 통해 민간 금융이 지속 가능 발전과 탄소 중립에 기여하도록 유도하고 있다. 은행 산업의 경우, EU 분류 체계 도입을 통해 신뢰도를 높이고, 지속 가능성의 관점에서 고객을 파악할 수 있다. 지속 가능 금융과 관련된 새로운 비즈니스 기회를 확보하고, 환경 사회 리스크 관리 체계를 수립·정비할 수 있다.

환경목표	판단조건

❶ 기후변화 완화(mitigation, 온실가스 감축)
❷ 기후변화 적응(adaptation)
❸ 수자원, 해양자원의 지속가능한 이용 및 보호
❹ 순환경제로의 전환
❺ 오염 방지 및 관리
❻ 생물다양성과 생태계 보호 및 복원
	1) 하나 이상의 환경목표 달성에 상당한 기여
	  (**SC** : **S**ubstantial **C**ontribution)
	2) 다른 환경목표에 중대한 피해를 주지 않을 것
	  (**DNSH** : **D**o **N**o **S**ignificant **H**arm)
	3) 최소한의 사회적 안전장치[주] 준수
	  (**MSS** : **M**inimum **S**ocial **S**afeguards)
	※ 상기 조건은 기술선별기준(**TSC** : **T**echnical **S**creening **C**riteria)에 의거 판단

주   : OECD 다국적 기업 가이드라인, UN 인권과 기업의 책임에 대한 지침 등
자료 : EU TEG(2020.3), "Technical Report, Taxonomy: Final Report"

EU 분류 체계의 환경 목표 및 판단 조건
(출처: 임수빈, "EU 분류 체계의 은행 산업 적용과 시사점", KDB미래전략연구소, 2021.4, 제785호)

유럽 및 미국을 중심으로 한 최근 환경 규제 동향 : 다각적인 환경 규제의 도입

EU는 기후 및 환경 위기를 기회로 전환시켜 EU 경제를 지속 가능하도록 만들고자 하였다. 이를 위해 정책 방향과 실행 계획을 담은 로드맵이자 정책 패키지인 'European Green Deal(이하, EU 그린딜)'을 2019년 12월에 발표하였다. 이어서 EU 집행 위원회는 지속 가능한 활동으로 자금이 흘러갈 수 있도록 지원하는 것이 중요함을 판단하고, 지속 가능한 금융 전략 (Sustainable Finance Strategy)을 마련하였다. 동 전략의 추진 과제 중 하나가

바로 '기업 지속 가능성 보고 지침(Corporate Sustainability Reporting Directive, 이하 CSRD)'이다. EU 집행위는 2021년 4월 CSRD 초안을 제안하였고, 긴 협의 끝에 2022년 11월 28일 EU 이사회로부터 최종 승인을 받았다. 12월 16일에 EU 공식 관보에 게재된 후 20일이 지난 2023년 1월 6일 최종 효력이 발생하였다. CSRD는 장기적으로는 기업의 지속가능성 보고를 재무보고와 동등한 수준으로까지 발전시키는 것을 목표로 하고 있다. 이어 CSRD의 구체화된 정보 공개 표준(공시항목)인 EU의, '기업 지속 가능성 보고 표준(European Sustainability Reporting Standards: ESRS)' 초안을 2022년 4월 발표하였고, 2023년 7월 31일 위임법안(Delegated Act)을 채택하였다. 현재까지 발표된 First Set6은 공통 기준 2가지(ESRS 1, ESRS 2)와 10가지 주제별 기준(환경(E), 사회(S), 지배 구조(G))를 포함한 총 12개의 기준으로 구성되어 있다.

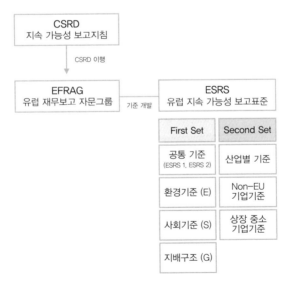

CSRD 및 ESRS 개요
(출처: 임수빈, "EU 분류체계의 은행산업 적용과 시사점", KDB미래전략연구소, 2021.4, 제785호)

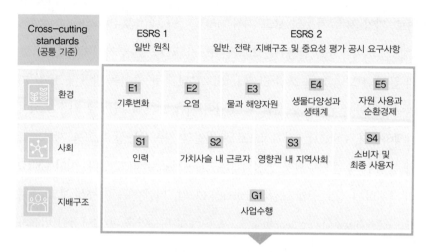

Cross-cutting standards (공통 기준)	ESRS 1 일반 원칙	ESRS 2 일반, 전략, 지배구조 및 중요성 평가 공시 요구사항			
환경	E1 기후변화	E2 오염	E3 물과 해양자원	E4 생물다양성과 생태계	E5 자원 사용과 순환경제
사회	S1 인력	S2 가치사슬 내 근로자	S3 영향권 내 지역사회	S4 소비자 및 최종 사용자	
지배구조		G1 사업수행			

ESRS 2에 명시된 중요성 평가 기준에 따라
해당 토픽의 중요성을 평가하고 중요한 항목에 대해 우측 보고 영역을 공시

ESRS 기본 구성
(출처: 임수빈, "EU 분류체계의 은행산업 적용과 시사점", KDB미래전략연구소, 2021.4, 제785호)

2022년 2월 기업의 인권 및 환경 관리에 관한 '기업 지속 가능성 실사 지침(CSDD)' 초안이 언급되었다. 이는 EU 역내 대기업 및 가치사슬 공급망 협력사 대상으로 실사 의무를 부과하는 규제이다. 적용 대상 기업은 회사 정책에 인권·환경 실사 정책을 통합하여 수립 및 실사한다. 정책 실행 관련해 연 1회 이상 주기적 모니터링하여 웹사이트를 통해 공개하여야 한다. 또한 위반 기업에 대해 행정·민사적 책임이 부과된다.

현재까지 유럽을 중심으로 많은 글로벌 환경 규제가 도입되어 왔고, 앞으로도 기존 환경 규제의 범위와 대상이 넓어지고 기준이 강화될 전망이다. EU는 2019년 발표한 '그린딜(Green Deal)' 전략에 따라 기존 환경 규제의 적용 대상과 기준을 대폭 확대·강화하고 있다. 특히 탄소 과다 배출로 인한 기후 문제 및 환경 문제를 해결하고자 2000년대 이후 기업을 대상으로 엄격한 기준을 제시하고 있다. 이에 철강업·조선업 등 다양한 산업 분야별로 기업 경영에 큰 영향을 주는 제도와 규제를 쏟아 내는 상황이다. 다만, 이러한 규제로 인해 규제 당사 국가의 무역 경쟁력 저하 및 기업의 생산성 향상 의지 감소 우려 등 풍선 효과가 발생할 우려가 있다. 이와 같은 문제에 대비하고자 규제가 복잡해지고 있는 추세이다.

EU는 2030년까지 탄소 55% 감축(1990년 대비)을 위해 기후 대응 패키지인 'Fit for 55'를 2021년 7월 발표하였다. 하지만 그 결과 탄소 다배출 산업이 환경 규제가 약한 국가로 생산기지를 이전하여 온실가스 배출 규제 효과를 감소하는 탄소 누출이 발생하게 된다. 이에 EU는 EU 회원국 기업들의 경쟁력 보호와 탄소 중립 촉진을 위해 2021년 7월 '탄소 국경 조정 제도(이하 CBAM)'를 발의하게 된다. 탄소 배출 규제가 약한 국가의 기업들이 탄소 배출 규제가 강한 국가의 기업들을 상대로 재화 등을 수출할 경우, 추가 비용을 지불하거나 수출 과정상 배출되는 탄소량을 감축하도록 규정하였다.

2023년 10월부터 일부 재화에 대한 무역 행위에 시범 적용하는 기간인 '전환기관'을 설정해 운영 중이다. 2026년 1월부터는 적용 대상 재화를 추가해 본격적으로 '확정기간'을 시행하기로 의결하였다. 전환 기관의 경우, 대상 산업은 시멘트, 전기, 비료, 철강, 알루미늄 및 수소로 총 6개로 지정되었다. 위의 원료가 가공되어 수출된 재화를 수입한 EU 회원국 기업은 수입상품 정보, 내재 배출량 정보, 간접 배출량 정보 등을 EU 집행 위원회에 보고

할 의무를 지닌다. 수출업자인 비 EU 회원국 기업은 이에 관한 협조 의무가 부여된다. 만일 보고 의무를 이행하지 않는다면 보고되지 않은 내재 배출량(제품의 생산과정에서 배출되는 온실가스의 양) 1톤당 10~50유로의 과태료가 부과된다. '확정기간'으로 나아갈 경우, 적용 품목이 늘어나고, CBAM 인증서를 구매에 따른 비용 납부가 발생하며, 과태료 산정 체계 또한 CBAM 인증서를 발급받지 않은 자들을 대상으로 진행된다.

CBAM 인증서는 가장 화두가 되고 있는 제도로, EU 회원국 기업이 EU로 수입되는 제품을 생산 시 배출된 탄소량에 상응한 양(탄소 배출량 1톤당 인증서 1장 발급)만큼 중앙당국이 발급한 인증서를 구매한 후에, 이를 중앙당국에 제출해야만 탄소 배출에 따른 추가 과금을 부담하지 않아도 되는 제도

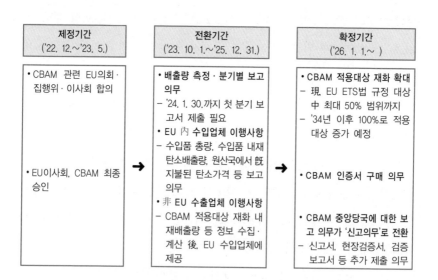

EU 탄소 국경 조정 제도(CBAM) 도입 흐름 및 비교 분석 정리도표
(출처: 법무부, 해외규제 모니터링 제2호 – EU 탄소국경조정제도)

이다. CBAM 인증서 구입 가격은 EU ETS법이 규정한 탄소 배출권 가격에 상응하여 책정된다. 2024년 3월 기준으로 현재 EU의 탄소 배출권 1장의 시장 가격은 약 60유로(한화 약 9만원)로 측정된다. 기업 입장에서 일종의 탄소세가 발생하게 되는것이다.

해양 환경 부문에 있어서도 다양한 규제가 도입되고 있다. 앞서 소개한 EU의 기후 대응 패키지 'Fit for 55'를 통해, EU ETS법이 2023년부터 해상 운송을 포함시키기로 결정하였다. 2024년부터 EU에 기항하는 5,000톤 이상의 선박은 EU 회원국 역내 배출량의 100%, 역외 배출량의 50%에 대해 탄소 배출권을 구매하여 EU 당국에 제출 및 지불하게 된다. 또한, 온실가스 집약도를 낮추기 위해서 ReFuelEU(선박연료 내 지속 가능 연료 의무 혼합 비율 설정)이 적용되면서, 5,000톤 이상 선박에 대해 친환경 연료 사용을 확대해 2050년까지 지속 가능 연료(그린수소와 폐기물 기반 바이오 연료)를 선박 연료 전체 믹스의 75% 이상을 구성하도록 하고 있다.

국제 해사 기구(International Maritime Organization, IMO)는 해양 환경 부문의 중심 역할을 수행하며 조선사와 해운사의 환경 경영을 강력히 요구하고 있다. 다양한 국가 운항, 선박 등록 국가와 실선주 및 선박 이용 주체가 상이함에 따라 IMO에서 규제를 주관할 필요가 있다. IMO는 2000년대 이후부터 본격적인 해양 환경 및 온실가스 감축을 위한 규제를 주도하고 있다. 규제로 인해 조선 및 해운 시장의 패러다임 변화와 선박에서 화학 물질 NOx(질소산화물)과 SOx(황산화물) 배출 축소가 가속화될 전망이다. 2020년부터 연료유 내 황함유량이 4.5%에서 0.5% 이하로 기준이 강화된다.

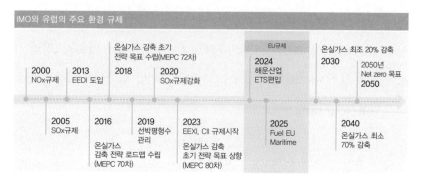

IMO와 유럽의 주요 환경 규제
(출처: https://www.pwc.com/kr/ko/insights/industry-focus/shipbuilding-examining.html)

또한 기술적 규제인 에너지 효율 설계 지수(Energy Efficiency Design Index, EEDI)와 현존 선박 에너지 효율 지수(Energy Efficiency eXisting ship Index, EEXI), 그리고 운항상 규제인 탄소 집약도지수(Carbon Intensity Index, CII)가 도입되어 현재 시행하고 있다. 2030년까지 2008년 대비 탄소 집약도 40% 감축과 온실가스 배출량 최소 20%, 목표 30% 감축, 그리고 Zero-Emission 연료 최소 5%, 목표 10% 보급이라는 구체적인 목표가 있다. 2050년까지 온실가스 배출 Net-Zero 달성을 지향한다. 이에 따라 무탄소 연료, 선상 내 탄소포집 등 Net-Zero 달성을 위한 관련 기술 연구가 지속될 전망이다.

기존 시행중이던 친환경 배터리 지침(Directive 2006/66/EC)을 대체하는 신규 배터리 규정(Regulation (EU) 2023/1542)도 2023년 7월 최종 승인하였다. 법은 8월 17일 발효되었고, 2024년 2월 18일부터 본격 시행되었다. 배터리 규정은 탄소 국경 조정 제도(CBAM), 에코 디자인과 더불어 국내 산업과 수출에 가장 큰 영향을 미칠 규제이다. 주된 내용은 배터리의 전 주기 탄소배출량 측정을 의무화하고 기준 배출량을 초과하면 2028년부터 EU에서 해

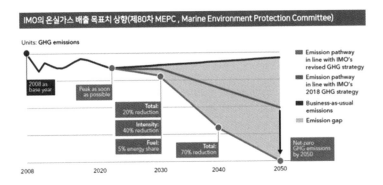

IMO의 온실가스 배출 목표치 상향
(출처: https://www.pwc.com/kr/ko/insights/industry-focus/shipbuilding-examining.html)

당 배터리의 판매를 제한한다. 시장에서 퇴출된다는 의미이다. 아울러 코발트, 납, 리튬, 니켈 물질의 재활용 원료 사용을 일정 비율 이상으로 의무화하고 있다. 탄소 발자국·내구성·용도 변경·재활용 이력 등이 포함된 라벨과 QR 코드(일명 배터리 여권) 부착을 의무화한다. 지침(Directive)이 아닌 규정(Regulation)이기에 EU 회원국의 별도 이행 법률 제정 없이 회원국 모두에 일괄 적용된다. 또한 EU 시장에 출시되는 모든 종류의 배터리에 대해 원산지에 관계없이 적용된다. 규정 미준수에 대한 처벌이 따르기에 기업의 주의가 필요하다. 2026년까지 발생량 신고 의무가 있고, 그 이후 이를 기반으로 퇴출 기준선이 정해질 예정이다.

이 외에도 EU가 순환 경제 촉진을 위한 '에코 디자인 규정'과 '신 배터리 규정'도 올해 중 발효 예정이다. 일부 유럽 회원국에서는 '플라스틱세'를 부과할 계획이다. 에코디자인 규정은 제품의 생애 주기에서 내구성·재사용 가능성·수리 가능성·환경 발자국 등의 조건을 지키도록 하고 있다. 디지털 제품여권을 발급해 공급망과 생애 주기를 추적 관리하고, 소비자가 사전에 해당 정보를 알 수 있도록 할 방침이다.

구분	내용	조항

요구조건	• (기능조건) 제품의 생애주기에서 아래의 조건들이 지켜지도록 함
	  – 내구성(durability), 재활용가능성(reusability), 수리가능성
	  (reparability), 재활용 원재료 비율(recycled content), 환경발자국
	  (environmental footprint) 등
	• (표기조건) 제품의 기능조건과 관련된 정보가 포장, 라벨, 웹사이트 또는 설명서에 제공되어야 함
		5, 6항

적용품목	• 시장에서 판매되는 모든 물리적 품목에 적용 (음식, 의약품, 수의약품, 동식물 및 유기물 등의 품목은 예외)	1항
'디지털 제품 여권' (Digital Product Passport)	• 품목별로 해당 품목의 에코디자인 관련 정보들을 담는 전자표식 부착 • 소비자들은 표식을 통해 상품의 공급망 내 지속가능성(sustainability)과 연관된 정보를 사전에 파악하고 구매	8~13항
무분별한 재고처리 규제	• 판매되지 않은 제품을 폐기하는 기업은 연간 폐기 제품의 양을 공개하고 폐기에 대한 이유를 밝혀야 함(중소기업은 예외)	20항
자율규제 조치	• 생산·유통·판매자는 필요시 집행위에 규정 적용을 갈음하는 자율규제안을 제출할 수 있음 • 자율규제안에는 객관적인 관리·감독 방안이 포함되어 있어야 함	18항

EU 에코 디자인 규정 주요 내용
(출처: 한국 무역협회, 통상이슈 브리프, 2022. 06. 03)

화학 물질과 관련해서는 '화학 물질 분류·포장 규정'(CLP)이 개정 시행될 예정이며 '신화학 물질 관리 제도(REACH)'와 '특정 유해 물질 사용 제한 제도 (RoHS)'에 적용을 받는 규제 물질이 연내 확대될 전망이다.

최근 미국도 연방 의회가 초당적 합의로 '청정경쟁법(Clean Competition Act, "CCA")'을 통과시켜 2024년부터 단계적으로 시행 중이다. 청정경쟁법은 EU 의 CBAM과 같이 탄소 배출량에 따라 일종의 탄소세가 부가되는 법이다. 주 (州) 단위로도 '23. 10. 캘리포니아주가 '기후기업데이터책임법(Climate Corprate Data Accountability Act)' 등 관련 법안을 채택해 미국 현지에서 탄소를 배출하는 기업의 정보를 공시하도록 의무화하고 있다. 주요 선진국들이 위와 같이

'탄소 중립'과 '자국 산업 보호'라는 목표를 동시 실현하고자 하는 법안을 발효하는 중이다. 수출 중심의 국내 기업들은 이와 같은 규제를 조속히 파악 하고 숙지한 후 영업 손실을 최소화할 수 있는 대책을 수립할 필요가 있다.

2023년에는 세계 최대 규모의 기후 정상 회의인 제28차 유엔 기후 변화 협약 당사국 총회(Conference of the Parties, 이하 COP)가 아랍에미레이트 두바이에서 개최되었다. COP는 기후 변화에 대응하기 위해 매년 개최되는 국제 기후 정상 회의로 UN 기후 변화 협약(UNFCCC) 출범 이후 30년 동안 매년 회원국을 소집하여 기후 변화 대응의 의지와 책임을 표명하고 기후 관련 정책을 파악하고 평가해 왔다.

이번 회의에서는 지구 온도 상승 억제 1.5도 목표 달성을 위해 2030년까지 '에너지 부문에서 화석 연료로부터의 전환(transitioning away from fossil fuels in energy systems)'을 가속화한다는 내용이 담긴 'UAE 컨센서스'를 채택하였다. 또한 2030년까지 전 지구적으로 재생에너지 용량을 3배로 확충하고 에너지 효율을 2배로 증대하기로 결정하였다. 원자력 및 탄소 포집 활용·저장(CCUS) 등 저탄소 기술을 가속화하는 내용에도 합의하였다. 파리 협정 이후 처음으로 협정 제14조에 따른 전 지구적 이행 점검(Global Stocktake, GST) 결과가 도출되었다. 이를 위하여 장관급 회의를 감축(Mitigation), 적응(Adaptation), 이행 수단 등 각 부문별로 진행하였으며, 그동안의 이행 상황을 검토하였다. 또한 이를 바탕으로 당사국들의 향후 방향을 제시하는 총 21페이지 196문항의 결정문을 채택하였다. COP 28 합의에 따라, 우리나라를 포함한 약 130개국이 2030년까지 재생에너지 용량을 3배로 확충하고 에너지 효율을 2배로 증대하는 목표에 동참하게 되었다.

우리나라는 국제적으로 국가적 기후 대응 수준이 저조한 것으로 평가받은 바 있다. 전 지구적 에너지 전환의 요구가 거세지고 GST를 통해 각 국의 온실가스 감축 목표 이행 점검이 이루어짐에 따라 우리나라도 에너지 전환 대응 및 탄소 중립 목표 달성을 위한 구체적 수단과 관련 규제를 확대할 수밖에 없을 것으로 전망된다.

적응에서는 전 지구적 적응 목표 수립과 함께 향후 글로벌 단위의 적응이 나아갈 종합적인 방향을 제시하였다. 그동안 적응 관련 사항이 여러 의제를 통해 논의되면서 전 지구적 현황을 점검할 창구가 부재하였는데, 전지구적 이행 점검을 통해 전 지구적 적응의 종합적인 현황 점검과 구체적인 노력 방향을 제시하였다. 이행 수단에서는 개도국의 지원 강화를 위한 기술 이행 프로그램의 설립이 결정되었고, 손실과 피해 관련 격년 투명성 보고서에 포함된 손실과 피해 정보를 바탕으로 사무국이 정기 종합보고서를 마련하기로 하였다.

또한 전 지구적 이행 점검의 결과를 확인에서 끝내지 않고, 더 강력한 기후 행동을 가속화하는 후속 조치로 2025년 당사국 총회부터 연간 GST 대화체를 개최할 예정이다. GST의 결과가 어떻게 당사국의 NDC 정보를 공유하고, 사무국은 관련 보고서를 발간할 예정이다.

요약하면 우리는 기후 변화에 대한 국제적인 대응과 이에 따른 환경 규제의 강화에 대한 관심이 그 어느 때보다 고조된 시기에 살고 있다. 특히 '탄소' 배출 관련 규제들은 에너지 시장을 넘어, 전 경제 주체들의 생활에 심대

제28차 COP 회의(출처: https://m.yonhapnewstv.co.kr/news/MYH20231212013000032)

한 영향을 미칠 것으로 예상된다. 국제적으로 새로운 기후 체제 출범의 기폭제가 되고 있다.

2020년을 기점으로 기존 국제 사회의 기후 변화에 대한 대응 근거였던 교토의정서가 만료되었다. 그리고 2021년부터 파리 기후 변화 협정이 이를 대체하고 있다. 전통적으로 환경 문제에 적극적인 유럽의 주요 국가들은, 2050년까지의 탄소 중립을 선언하였을 뿐 아니라, 2030년까지의 구체적인 온실가스 감축 목표와 실행 계획도 제시한 상태이다. 파리 기후 협정에서 탈퇴했던 미국도 바이든 대통령 취임과 함께 복귀하였다. 전 세계에서 가장 많은 탄소를 배출하는 중국도 2060년까지 탄소 중립을 선언한 상태이다. 교토 의정서보다 참여 대상 국가가 확대되었고, 만료 시점에 관한 규정이 없다는 파리 기후 변화 협정의 특성이 개별 국가들의 적극적인 참여와 합쳐지면서, 오히려 과거보다 더욱 강력하고 지속 가능한 상황이 조성된 것이다.

지구 온난화 이슈를 비롯하여 기후 변화의 심각성과 환경 보호에 대한 목소리는 과거에도 존재하였고 당위성 또한 현재 새롭지 않다. 그럼에도 불구하고 기업과 각국의 시장은 과거 어느 때보다 진지하게 기후 변화 대응과 규제 강화를 바라보고 있다. 그 이유는 일부 선진국들이 에너지 전환 자체를 신규로 고용을 창출할 수 있는 새로운 산업으로 접근하고 있기 때문이다. 아울러 강화된 환경 규제를 통해 선진국 내 제조업체들과 신흥 국가 내 후발 기업들 사이에 기술적 진입 장벽을 만들어 주는 효과를 기대하고 있

국가	탄소 중립 목표 시기						
	2030	2035	2040	2045	2050	2055	2060
노르웨이	O						
핀란드		O					
오스트리아			O				
아이슬란드			O				
스웨덴				O			
미국					O		
캐나다					O		
칠레					O		
덴마크					O		
유럽연합					O(2019)		
일본					O(2020)		
뉴질랜드					O		
남아프리카공화국					O		
대한민국					O(2020)		
중국							O(2020)

국가별 탄소 중립 목표 시기(출처: 삼성증권 / 참고: 괄호 안의 연도는 탄소 중립 목표를 발표한 시점)

다. 따라서 글로벌 환경 규제는 지속적으로 강화될 것으로 보이며, 이에 따라 각 산업에 대한 요구하는 환경 기준도 엄격해질 수 밖에 없다.

환경 규제에 대한 적극적인 대응이 필수

지금까지 주요 환경 이슈들과 이에 따른 환경 운동, 각국의 관련 정책·규제 등을 살펴보았다. 역사적으로 살펴보면, 원래 의도와 취지가 무엇이고, 어떤 사유로 정책 현안이 부각되어 규제로 이어졌는지 볼 수 있다. 그래서 앞으로 정책과 규제가 어떤 방향으로 뻗어 나갈 것인지를 파악하기 쉽다.

환경 운동과 규제는 역사적으로 환경 사고가 발생하거나 정치적 결단 등을 통해 개별 국가 단위에서 시작되었다. 하지만 지금 탄소 중립으로의 전환에 관해서는 전 지구적인 대응책이 마련되고 있다. 상당히 빠른 기간 내에 강력한 법제화를 통한 기술 무역 장벽이 되고 있는 실정이다. 환경 문제는 더 이상 물러날 수 없는 거대한 현실의 장벽으로 우리 눈앞에 서 있다. 기업들은 지금부터라도 적극적으로 대응해야 한다. 시간이 지날수록 거대하고 단단한 방패로 느껴지고, 종국에는 시장에서 버티기 힘들어질 것이기 때문이다. 지금부터라도 지속적인 실시간 규제 동향 모니터링 및 복잡다단한 규제의 실타래를 해석하여 해당 기업 내에 솔루션을 적용시킬 수 있는 내부 역량 강화에 집중해야 한다. 전문가 집단을 통한 대응책 마련을 통해 지속 가능한 비즈니스 모델을 구축하여 미래의 경쟁력을 준비해 나가야 할 것이다. 이 책에서 그 실마리를 찾으리라 기대한다.

PART 2

환경 문제, 디지털과 표준으로 극복하자

CHAPTER 1. 그린워싱, 원인은 부정확한 방법론

CHAPTER 2. 디지털, 측정과 관리의 방법론

CHAPTER 3. 표준, 공통의 이해

PART 1에서는 지구환경 악화와 이를 바라보는 다양한 관점, 환경 문제 해결을 위한 환경 운동의 역사에 대해 살펴보았다. 이러한 논의로 당면 과제의 심각성과 복잡성을 알 수 있었다. 아울러 혁신적인 솔루션의 필요성이 대두되고 있다. 이 책이 강조하는 부분이지만 그것은 디지털과 표준이다.

우리는 급속히 발전하는 디지털 기술 시대에 살고 있다. 디지털 기술은 환경문제를 해결할 수 있는 전례없는 기회를 제공할 수 있다. PART 2는 디지털 기술이 환경 문제에 왜 필요한지 그린워싱 사례를 검토하는 것에서 시작한다. 더 정확하고 효율적인 환경 영향 측정, 모니터링 및 관리 방안, 측정한 데이터의 공유 측면에서 디지털 기술은 필수가 되고 있다. 아울러 기업과 국경의 경계를 넘어 환경 문제를 함께 해결하기 위해 측정과 데이터 수집 관점에서 표준의 중요성은 커질 수 밖에 없다.

CHAPTER 1

그린워싱,
원인은 부정확한 방법론

환경을 세탁하다, 그린워싱

그린워싱은 녹색(Green)과 세탁(White washing)의 합성어이다. 녹색 분칠로 번역될 수 있다. 녹색이 아닌데 녹색으로 가장하는 것을 의미한다. 실제로는 친환경적이지 않은 제품을 친환경적인 것처럼 위장하는 행위를 일컫는다. 그린워싱은 우리가 잘 모르는 사이에 광범위하게 확산되고 있다. 기후 위기가 확산되는 오늘 날 환경친화적인 이미지를 홍보하는 그린 마케팅(Green Marketing, 녹색경영)이 기업 이미지에 큰 도움이 되기 때문이다. 기업들은 친환경이라는 타이틀을 활용해 이미지를 좋게 포장하려는 유혹에 쉽게 빠진다. 유혹에 빠지더라도 실제는 아닌데 친환경이라고 포장하는 행위는 일종의 사기다. 따라서 일반적 기업이라면 그렇게 하지 않을 것이라 믿게 되지만, 이에 반하는 충격적인 통계가 있다.

- 72%의 미국 기업이 그린워싱을 하고 있다고 시인했다.
- 58%의 글로벌 기업이 그린워싱을 시인했다.
- 88%의 MZ 세대는 친환경적이라는 기업 광고를 신뢰하지 않는다.
- 42% 기업의 친환경 광고가 잘못되었거나 거짓으로 판명되었다.
- 53%의 EU 기업의 친환경 주장은 거짓이거나 잘못되었다.
- 50% 이상의 기업은 자신이 주장하는 친환경 요소에 대해 정확한 설명을 못한다.
- 36%의 기업만이 친환경 활동을 제대로 측정하고 있다.

위 통계를 보면, 친환경을 언급하는 기업은 우선 의심부터 해야 한다. 탄소 발생의 주역인 기업이 탄소 배출을 줄이기보다 소비자를 속이는 그린워싱에 몰두한다면 지구 환경 문제 해결은 요원하다.

그린워싱의 역사

그린워싱의 기원으로 언급되는 사례가 있다. 1953년 음료회사들이 시작한 'Keep America Beautiful(미국을 아름답게 유지)' 캠페인이다. 이 캠페인은 쓰레기를 줄이고 재활용을 늘리자는 메시지를 전했다. 표면적으로는 기업의 환경적 책임을 향한 칭찬할 만한 노력처럼 보였다.

Keep America Beautiful의 1971년 광고 캠페인은 이탈리아계 미국인 배우 아이언 아이즈 코디(Iron Eyes Cody)가 "우는 인디언(Crying Indian)"으로 등장하여 종종 그린워싱(greenwashing)으로 묘사되었다.

2021년 Keep America Beautiful 정화 자원봉사자

하지만 이 캠페인은 그린워싱으로 지목받으며 비판을 받았다.

캠페인에서는 회사가 환경을 보호하기 위해 중요한 조치를 취하고 있는 것처럼 메시지를 전했다. 그러나 실질적인 조치나 결과에 대한 명확한 증거가 없었다. 단지 보여주기 위한 것이 대부분이었다. 그래서 메시지가 모호했다. 긍정적이지만 모호한 언어를 사용해야 증거를 요구받지 않고 기업이 환경 보호에 전념하고 있다고 믿게 만들 수 있기 때문이다.

또 이 캠페인이 장기적인 환경 운동에 방해요소가 되었다는 비판도 받았다. 시급한 환경 문제 해결을 위해서는 특정인이 아니라 사회 구성원 스스로가 환경 보호의 짐을 나눠져야 한다. 이 캠페인이 긍정적 변화에 대해 강조하면서, 대중은 자신의 역할에 대한 부담을 덜게 된다. 누군가 환경 보호를 해 주고 있기 때문이다. 결과적으로 사회 전체적인 변화에 악영향을 끼쳤다고 평가되었다.

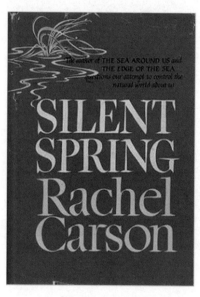

침묵의 봄 초판 표지

1960년대는 환경 문제에 대한 관심이 높아지기 시작한 시기이다. 앞에서 언급한 레이첼 카슨의 책 "침묵의 봄(Silent Spring, 1962년)"이 환경 문제에 대한 경각심을 불러일으켰다. 사람들은 깨끗한 공기와 물, 건강한 자연환경의 중요성을 알게 되었다. 이때부터 기업들은 친환경 이미지를 만들기 위해 본격적으로 노력하기 시작했다. "침묵의 봄"이 환경문제를 부각한 역작이지만, 역설적으로 기업의 그린워싱 동기가 커진 것이다.

1970년대 미국에서는 환경 보호국(EPA)이 설립되면서, 국가 차원의 환경 규제가 가능해졌다. 기업들은 규제 대응 측면에서라도 '친환경' 이미지를 강조해야 했다. 하지만 이것이 가식임은 1970년 4월 22일에 열린 "지구의 날" 행사에서 여실히 드러난다. 대부분 기업들은 "지구의 날" 행사에 적극적으로 참여하지 않았다. 친환경은 말 뿐이고 기업의 중요한 아젠다가 아니었던 것이다. 그럼에도 기업들은 자신들이 친환경적인 기업이라는 것을 광고하는 데 많은 돈을 썼다. 이는 실제로 환경 오염을 줄이기 위한 연구비의 8배나 되었다고 한다.

1970년 제정. 지구의 날. 미시간대학교의 1970년 환경교육기간 동안 학생들이 Diag 집회에 모여 있다.

피지의 호텔 객실내 안내문

그린워싱의 사례는 1950년 대까지 올라가지만, 그린워싱이라는 용어는 환경운동가였던 제이 웨스터벨트(Jay Westerveld)가 1986년 피지의 호텔업체에서 객실 내 고객에게 바다의 산호초 보호를 위해 수건을 재사용해달라고 요청하는 것을 비판할 때 쓰기 시작하였는데, 이를 '환경 보호'라고 광고하는 것을 문제로 지적했다. 실제로는 세탁 비용을 절약할 목적으로 포장한 것이라고 보았기 때문이다. 그는 이런 식으로 기업이 하는 행동을 '그린워싱' 이라고 정의했다. 그리고 1999년에 '옥스퍼드 영어사전'에 추가되었으며, 2022년에 메리엄웹스터 사전에도 공식 등록되었다.

1990년 대와 2000년 대에 걸쳐 친환경 광고를 한 많은 제품이 그린워싱 사례로 발각되었다. 예를 들어, 석유회사들이 '우리는 친환경 에너지를 사용합니다'라고 광고했지만 그들 제품은 실제로 환경을 파괴했다. 1992년 리우데자네이루에서 열린 지구정상회담에서 그린피스는 '그린워싱' 사례를 소개한 책을 발간하기도 했다. 2002년 요하네스버그에서 열린 지속가능발전 세계정상회의에서는 '그린워싱 아카데미 어워드'가 열리기도 했다. 어워드에서 BP, 엑손모빌, 미국 정부 등이 정교한 그린워싱 광고를 했다는 사유로 상을 받았다.

이와 같이 그린워싱이 늘어나자, 2010년에 들어서 이에 대한 규제가 강화되었다. 여러나라에서 환경 친화적이라고 주장하는 제품의 명확한 근거를 요구하기 시작했다. 소비자들은 과거와 같이 일방적으로 속지 않고 기업의 친환경 근거를 더욱 신중하게 검토하고 있다. 그럼에도 그린워싱의 추세는 약화되지 않고 있다.

대표적으로 그린워싱 아카데미 어워드를 수상한 BP는 'Beyond Petroleum'이라는 캠페인을 통해 친환경 이미지를 지속적으로 부각시켰다. 하지만 정작 2010년에 큰 석유 유출 사고를 일으켜 많은 비판을 받았다. 폭스바겐은 2015년 디젤 엔진의 배출 가스 테스트를 조작한 사실이 드러나 큰 논란이 되었다.

그린워싱의 종류

비영리 금융 싱크탱크인 플래닛트래커(Planet Tracker)는 기업 및 금융의 그린워싱 행동을 여섯 가지 유형으로 분석하였다. 그린라이팅, 그린라벨링, 그린크라우딩, 그린린싱, 그린허싱, 그린시프팅이다. 각 용어의 의미를 분석하고 몇가지 예를 들어 보겠다.

그린라이팅(Greenlighting), "녹색만 강조하기"이라고 알려진 이것은 회사가 다른 곳에서 일으키는 환경피해로부터 주의를 돌리기 위해 제품이나 운영의 일부 친환경적 측면을 강조할 때 발생한다. 예를 들어, HSBC는 화석 연료 회사에 투자하는 동시에 나무 심기를 장려했다. 영국 광고 표준 기관은 HSBC가 자신을 친환경적이라고 오해의 소지가 있게 묘사했다고 비판했고, 이로 인해 그린워싱 광고가 금지되었다.

그린 라벨링(Greenlabeling), "네이밍 그린, 녹색 명명하기"는 마케팅에서 '친환경', '탄소 오프셋', '에코'와 같은 용어를 사용하는 것을 말한다. 이러한 용어는 종종 근거가 없거나, 사실이 아니거나, 부분적으로만 사실인 방식으로 홍보된다. 예를 들어, 일부 회사는 오해의 소지가 있음에도 불구하고 인공 가죽을 '친환경 비건 가죽'으로 마케팅하는 경우다.

그린크라우딩(Greencrowding, 군중 속에 숨기)은 개별 기업이 이니셔티브·연합 등 친환경 그룹에 숨어서 지속가능한 정책을 느리게 실천하는 것을 정당화할 때 발생한다. 예를 들어, 플라스틱 폐기물 종식 연합(AEPW)은 50개 대기업이 플라스틱 폐기물을 해결하기 위해 설립했다. 그러나 많은 회원은 또한 세계 플라스틱 오염 조약에 반대하는 미국화학협의회(ACC)에 속해 있다. 이러한 행동은 연합의 목적과 모순되며 기업의 지속 가능성에 대한 진정한 의지 부족을 숨기게 되는 것이다.

그린린싱(Greenrinsing, 상습적 변경하기)은 기업의 ESG(환경, 사회, 지배구조) 목표를 발표한 후, 종종 목표를 달성하기 전에 자주 변경하는 관행을 말한다.

예를 들어 코카콜라와 펩시코는 각각 2009년과 2010년에 플라스틱병(PET) 재활용 목표를 세웠다. 그러나 두 회사는 목표 날짜를 여러 차례 연기하는 등 목표를 반복적으로 변경했다.

그린허싱(Greenhushing, 감추기)은 친환경을 뜻하는 그린에 허싱 '침묵'의 개념을 결합한 것이다. 이러한 관행에는 환경 지속가능성, ESG 경영 및 전반적인 친환경성과 관련된 목표와 성과를 의도적으로 과소하게 보고하거나 숨기는 것이 포함된다. 기업은 투자자와 당국의 조사 등을 피하기 위해 이렇게 한다. 예를 들어 BlackRock과 같은 자산관리자는 지속가능한 투자에 초점을 맞춘 제9조에서 지속가능성을 장려하지만 이를 주요 목표로 우선시하지 않는 제8조로 펀드로 재분류하였다.

그린시프팅(Greenshifting, 책임을 전가하기)은 기업이 기후 변화와 환경 피해에 대한 책임을 소비자에게 전가하는 전략이다. 예를 들어, 미국 석유회사인 엑슨모빌(ExxonMobil)은 외부 커뮤니케이션에서 '소비자', '수요', '에너지 효율성'과 같은 용어를 자주 사용하여 소비자가 이러한 환경 문제에 책임이 있음을 암시하고 있다.

그린워싱의 대표 사례, 폭스바겐 디젤게이트

우리가 피부로 느낀 그린워싱의 대표적인 사례가 폭스바겐에서 나왔다. 2015년 9월, 폭스바겐발로 충격적인 뉴스가 전해진다. 디젤게이트라고 명명된 스캔들이다. 세계에서 가장 신뢰받는 자동차 제조업체 중 하나인 폭스바겐이 행했다는 점에서 모두를 경악하게 했다.

폭스바겐은 평소에 자사의 디젤 자동차가 "깨끗하고" 환경 친화적이라 광고했었다. 인상적인 성능과 연비를 제공하면서 엄격한 배기가스 배출 기준을 충족한다고 주장했다. 독일 자동차 산업의 명성, 비틀을 시작으로 오랜 역사의 폭스바겐 스토리가 이 광고의 신뢰성을 높였다.

그러나 이것은 거짓이었다. 폭스바겐은 배기가스 배출량 데이터를 고의적으로 속였다. 이를 위해 만들어진 정교한 측정 소프트웨어를 수백만 대의 디젤 차량에 설치했다. "저감 장치"로 알려진 이 소프트웨어는 자동차가 배기 가스 테스트를 받는 시기를 감지했다. 테스트 시기가 되면, 법적 기준을 충족하도록 일시적으로 배기 가스를 줄였다. 테스트가 끝나면 자동차는 정상 모드로 돌아가 법적 기준치보다 최대 40배나 높은 수준의 오염물질을 배출했다. 이러한 속임수는 미국 환경 보호국(EPA)에 의해 적발됐다. 조사 결과 전 세계 1,100만 대의 폭스바겐 자동차에 이러한 저감 장치가 사용되고 있었다. 이로 인해 회사의 명성은 산산조각이 났다. 디젤게이트는 기업의 부정직함과 그린워싱의 대명사가 되었다.

디젤게이트의 파장은 매우 컸다. 가장 큰 것은 환경오염이었다. 영향을 받은 1,100만 대의 자동차는 위험할 정도로 높은 수준의 질소산화물(NOx)을 배출하고 있었다. NOx는 대기 오염의 주요 원인이며 호흡기 문제, 심장병, 조기 사망 등 심각한 건강 문제를 일으킬 수 있다. 이러한 배출로 인한 환경 피해는 광범위했다. 대기 질을 저하시키고 생태계가 손상되는 심각한 환경문제를 유발했다.

다음은 경제적 파장이었다. 디젤게이트는 폭스바겐에게 재앙이었다. 회사는 수십억 달러의 벌금과 보상 비용에 직면했다. 대상 차량을 회수하고 수리하라는 리콜 명령을 받았는데 그 비용은 막대했다. 아울러 소비자들의 신뢰를 잃어 사업 손실로 이어졌다. 회사 신뢰 회복에 많은 시간이 필요했다. 폭스바겐만 아니라, 폭스바겐에 납품하는 부품 제조사와 딜러, 그리고 자동차 시장 전반에 큰 손실을 끼쳤다. 주가 하락, 판매 감소, 신뢰 상실 등으로 인한 경제적 손실이 실로 막대했다. 손실 총 비용이 300억 달러가 넘는 것으로 추산되기도 했다.

폭스바겐은 막대한 벌금도 물어야 했다. 여러 나라가 법과 규제에 따라 벌금을 부가한 것이다. 이에 대응하기 위해 소송 비용도 막대했다. 미국에서만 약 150억 달러에 달하는 벌금을 부과받았다. 다른 나라에서도 여러 소송과 합의를 해야 했다. 이는 기업의 법적 책임과 윤리적 경영의 중요성을 부각시켰다. 아울러 배출가스 테스트의 허점도 드러냈다. 기존 테스트 방법은 실제 주행 조건을 제대로 반영하지 못했고, 이는 폭스바겐이 테스트를 조작할 유혹에 빠지게 만들었다. 이후 여러 나라에서 배출가스 테스트 방법을 실제 주행 조건에 일치하도록 규제를 강화했다.

디젤게이트는 자동차 산업 전반의 신뢰도에도 영향을 끼쳤다. 다른 제조사들도 비슷한 방식으로 배출가스 테스트를 조작했을 가능성이 있다는 의혹이 제기되었다. 이 때문에 전 세계 자동차 제조사들이 배출가스와 연비 성능에 대해 더욱 엄격한 규제를 받게 되었다. 아울러 기업 윤리와 문화에 대한 중요성도 부각시켰다. 폭스바겐 내부의 윤리적 태도와 기업 문화가 스캔들을 만들었다고 본 것이다. 이러한 조작이 오랫동안 이루어졌지만, 회사 내부 누구도 문제삼지 않았는데, 이는 문제를 제기하기 어려운 기업 문화 때문이라고 여겨졌다. 이 스캔들은 산업 전반에 걸쳐 기업 조직의 투명성과 윤리적 경영의 필요성을 강조하게 만드는 계기가 되었다.

결론적으로 폭스바겐 디젤게이트는 단순한 사기 사건이 아니라, 환경, 소비자 신뢰, 법적 책임, 규제 허점, 산업 신뢰, 기업 윤리 등 다양한 문제를 포함한 복합적인 사건이었다. 이 사건을 통해 기업들은 더욱 투명하고 윤리적으로 경영해야 한다는 중요한 교훈을 얻었다. 그린워싱은 기업 존망까지 흔들 수 있음도 보여주었다. 하지만 지금도 기업은 그린워싱의 유혹에 빠지고 있다. 그러므로 이를 규제하고 관리할 방법론이 필요하다.

핵심은 디지털과 표준

디젤게이트 등 이전 사례의 교훈을 통해 많은 기업이 그린워싱에 대한 경각심을 갖게 되었다. 그리고 지금은 기업들이 친환경 주장을 하려면 신뢰할 수 있는 근거를 제시해야 한다. 정부가 적절한 규제를 통해 그린워싱을 근본적으로 막고자 하기 때문이다. 하지만 규제와 신뢰할 수 있는 근거의 기반에 몇 가지 필요한 요소가 있다.

우선 친환경 주장을 증명할 방법론이 필요하다. 구체적인 근거 없이 '친환경', '천연' 등 모호한 용어를 사용하면 신뢰성을 얻기 어렵다. 중립적인 인증 기관에 의해 친환경 제품이라는 인증을 받으면 신뢰를 줄 수 있다. ENERGY STAR, 공정 무역, USDA Organic과 같은 많은 기관과 회사에서 실사를 거쳐 제 3자 인증 서비스를 제공한다.

아울러 기업은 친환경에 대한 명확하고 자세한 데이터를 보관하고 요청 받게 되면 바로 제시할 필요가 있다. 투명성이 부족하거나 검증 가능한 데이터를 제공하지 못하면, 그린워싱 의심이 커진다. 사실 소비자가 그린워싱을 식별할 다양한 방법이 있다. 환경 보호국(EPA)과 같은 조직과 그린피스, 세계 야생 동물 기금(WWF)과 같은 비영리 단체가 기준을 제공하기도 한다. 때문에 기업은 자신의 환경 관련 주장을 뒷받침하기 위해 기준에 부합한 데이터를 확보하고, 투명한 보고와 독립적인 감사 체계를 유지해야 한다.

중장기적으로 기업 전략과 문화의 개선도 필요하다. 기업은 환경 보호를 기반으로 하는 지속 가능성을 핵심 비즈니스 전략에 추가해야 한다. 지금까지 기업은 가격과 품질을 최우선에 두었다. 그린워싱 마케팅 외에 환경을 위한 기술 투자는 후순위였다. 최근 환경 오염을 줄여 지속 가능한 미래를 만드는 것은 가격, 품질 못지않게 중요한 요소가 되었다. 지속 가능성 없이 싸기만 한 제품은 시장에서 퇴출될 상황이다. 지속 가능성에는 탄소 배출 감소, 물 절약, 폐기물 최소화 등 측정 가능한 목표 설정이 포함된다. 그리고 핵심은 투명성이다. 기업은 정기적으로 이러한 목표를 향한 진행 상황을 공개적으로 제공해야 한다. 신뢰할 수 있는 환경 단체와의 파트너십을 통해 합법성을 강화하고 영향력 있는 변화를 주도할 수도 있다.

정부의 역할도 필요하다. 정부는 기업이 환경 관련 주장을 입증하도록 요구하는 엄격한 규정을 만들어야 한다. 허위 주장에 대한 처벌은 그린워싱을 억제할 수 있을 만큼 충분히 커야 한다.

기업이 지속 가능성 지표에 대한 표준화된 보고가 가능하도록 제도를 만들 필요도 있다. 이는 개별 기업과 산업 전반에 걸쳐 환경 데이터의 일관성과 비교 가능성을 보장하는 데 도움이 될 수 있다.

아울러 정부가 소비자 대상 그린워싱 교육 과제도 추진할 필요가 있다. 소비자가 친환경 제품 식별법을 아는 것이 중요하다. 정보를 갖춘 소비자는 더 나은 선택이 기업의 그린워싱 시도를 의미 없게 만들 것이기 때문이다.

앞에서 여러 가지 이야기를 했지만 이제 핵심으로 다룰 디지털과 표준을 생각할 시점이다. 근본적으로 그린워싱의 신뢰성을 확보하려면 지속적인 모니터링과 개선이 필요하다. 기업은 강력한 환경 관리 시스템을 채택하고 정기적인 제3자 감사를 받아야 한다. 측정과 감사를 제대로 하기 위해 이른바 MRV(Measurement, Reporting, and Verification) 체계가 필요하다. MRV는 측정, 보고, 인증이라는 세 가지 단어의 합성이다. 일반적으로 정확히 측정하고 보고하고 검증받아야 하는 많은 분야에 사용된다. 특히 환경 관련 프로젝트나 활동에서는 온실가스 배출량 또는 친환경 행위의 효과를 정확히 측정, 보고, 검증하는 MRV 절차가 확실하게 만들어져야 한다. 이것은 투명성을 높이고, 환경 성과에 대한 신뢰성을 제공함으로써 기업이나 정부가 제시하는 친환경 주장의 진정성을 검증할 수 있게 한다. 그린워싱은 이 세 가지 과정에서 부족함이 있을 때 발생한다. 그린워싱 회사들은 제품의 전체 생애주기를 제대로 측정하지 않고, 환경영향에 대한 정보를 투명하게 공개하지 않으며, 독립적인 검증도 받지 않았다. 최근 MRV는 국제적으로 온실가스 배출 감축 목표 달성을 위한 핵심요소로 인정받고 있으며, 실제 환경 보호 활동과 그린워싱 사이의 구분을 명확히 하는데 중요한 역할을 한다.

MRV에 있어 중요한 요소가 디지털 기술과 표준이다. 디지털 기술은 정확한 데이터 측정과 보관 및 공유 기술을 제공해서 그린워싱을 방지하는 데 중요한 역할을 한다. 예를 들어, 블록체인과 같은 디지털 기술은 데이터 위·변조가 없다는 기록을 제공하여 친환경 데이터의 투명성을 향상할 수 있다. 빅 데이터 분석과 인공 지능을 사용하면 환경 성과를 추적하고 확인하여 문제를 더 쉽게 식별할 수 있다. 또한 디지털 데이터 호환 기술은 실시간 보고를 촉진하고 기업과 소비자 간의 더 나은 의사소통을 촉진할 수 있다. 아울러 PART 3과 PART 4에서 자세히 다룰 공급망 데이터 호환 측면에서도 필수적 요소가 된다. 그 근간에는 표준화가 필수이다. 표준에 따라 측정하고 표준 기술에 따라 제공한 데이터가 전체 신뢰성을 높인다.

결론적으로 신뢰성을 확보하고 그린워싱을 넘어 환경 문제를 해결하기 위해 기업은 진실되고 검증 가능한 친환경 노력에 전념해야 한다. 그린워싱을 식별 및 퇴치하고, 신뢰할 수 있는 소스에 의존하고, 강력한 조치를 구현하고, 진정한 지속 가능성을 촉진할 필요가 있다. 앞으로 디지털 기술과 표준이 환경 문제와 어떻게 연결되는지 더 자세히 살펴볼 것이다. 이를 통해 우리는 신뢰가 예외가 아닌 표준이 되는 지속 가능한 미래를 만들 수 있다.

CHAPTER 2

디지털,
측정과 관리의 방법론

환경 문제의 심각성에도 불구하고 우리는 이를 심각하게 대응하지 않고 있다. 앞서 보았던 그린워싱이 이를 대변한다.

기업이 환경을 위하는 척 하면서 시장을 속이는 것이다. 실제로는 오염시키면서 말이다. 어느 누구도 이처럼 속이지 못하게 하는 것이 급선무이다. 그 핵심에 디지털과 표준이 있다.

디지털은 환경과 관련된 데이터를 정확하게 측정하고 전달하게 도와 준다. 물론 전달이 된다 해도 데이터에 대한 이해가 정확하지 않으면 문제가 된다. 이 문제를 표준이 해결할 수 있다. 지금부터 디지털과 표준에 대해 더 자세히 이야기하고자 한다.

신이 만든 아날로그, 인간이 만든 디지털

주변에서 흔히 볼 수 있는 자연물이나 현상을 보면 대부분 곡선 또는 불규칙적인 면으로 존재한다. 반면 인간이 창조한 창조물은 대체로 직선적이거나 매끈한 평면을 가지고 있다. 결국 신은 아날로그를 창조하였고 인간은 디지털을 만들었다고 할 수 있다.

1차 및 2차 산업혁명은 증기 기관과 전기 에너지를 통해 노동력과 동력에 대한 제약을 없앴다. 이에 반해 3차 산업혁명은 컴퓨터를 비롯한 디지털 기술을 기반으로 하는 정보 산업혁명이었다. 현재는 빅 데이터와 인공지능으로 대표되는 4차 산업혁명 시대이다. 디지털 기술이 인간의 사고력과 창조력까지 확장하는 시대이다. 3차와 4차 산업혁명을 가능하게 한 원동력은 디지털 기술이다.

서두에 이야기한 것처럼 신이 만든 세계는 기본적으로 아날로그 신호로 가득 차 있다. 예를 들어, 온도, 조명의 밝기, 소리나 소음 등이다. 인간은 대부분 아날로그 신호를 직접 측정할 수 있는 기술을 갖고 있다. 아날로그 신호는 값의 변화가 무한하며 연속적이다. 즉, 연속적으로 측정되는 아날로그 신호 값은 실시간 정보를 정확하게 반영할 수 있다.

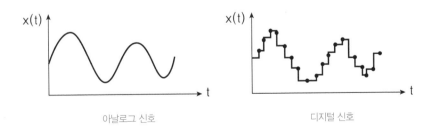

아날로그 신호   디지털 신호

이에 반해 디지털 신호는 0과 1로만 표현되는 이산적인 값이다. 측정된 아날로그 신호를 샘플링하고 양자화하여 디지털 형태로 정보를 변환한다. 이러한 특성 때문에 디지털 신호는 정보를 저장하고 전송하는 데 있어 아날로그 신호보다 훨씬 효과적이다. 하지만 단점도 있다. 풍부한 아날로그 데이터가 디지털로 바뀌면서 손실된다는 점이다. 물론 샘플링의 간격을 좁혀가면 디지털과 아날로그는 유사해진다. 그럴수록 처리하는 부담은 커지지만 현실과의 정합도는 높아진다.

이렇게 보면 인간 능력의 한계 때문에 신이 만든 아날로그 신호를 간편하게 만든 것이 디지털이라고 할 수 있다. 디지털의 장점은 저장과 전송이 편하다는데 있다. 같은 신호를 반복해 만들어도 동일한 특성을 보인다. 그래서 안정성이 크다. 아날로그 신호는 외부로부터의 노이즈에 취약하다. 이로 인해 신호 정보의 측정과 보관에 어려움이 크다. 처리 속도도 디지털에 비해 느릴 수 밖에 없다.

신호는 곧 데이터이다. 존재하는 수많은 디지털 신호 중에서 내가 필요로 하는 데이터를 얻기 위해 유용한 정보를 추출하고, 저장 및 전달을 하기 위한 기술이 신호처리(Signal Processing)이다. 디지털 시대 전까지는 아날로그 신호를 처리하는 기술이 대부분이었다. 설명한대로 아날로그는 주위 온도나 환경에 대해 불안정성을 갖기 때문에 온전한 신호처리에 어려움이 컸다.

디지털이 나온 이후에 발전한 디지털 신호 처리(Digital Signal Processing, DSP)는 고정도화, 다중화, 적응, 비선형 처리 등 다양한 기술이 포함된다. 이와 같은 기술을 통해 신뢰성 있게 원하는 데이터를 추출할 수 있다. 추출된 데이터는 디지털 소프트웨어를 이용해서 간단하고 쉽게 분석할 수 있다. 디지털 신호는 여러 번 복제해도 동일한 특성을 가진다. 아울러 기록매체만 안전하다면 영원히 훼손되지 않고 보관할 수 있다. 그래서 인류는 아날로그에서 디지털로 기술을 발전시켜 왔다. 이 과정을 소리와 영상 관점에서 보면 재미있다.

소리 재생의 역사, 아날로그에서 디지털로

소리를 저장, 재생하는 기술의 역사는 짧지 않다. 1877년에 발명가 에디슨이 축음기를 처음 발명한 때가 시작이다. 그는 원통형 수지에 홈을 파서 소리를 기록하고 재생하였다. 소리를 들으려면 사람이 태엽을 감아 동작시켜야 했다. 1948년에 콜럼비아 레코드사에서 개발한 원판 형태의 LP레코드판이 아날로그 매체의 주역이 되었다. 함께 발전한 앰프와 오디오 시스템과

에디슨(Edison)과 그가 발명한 축음기

결합되어 더 원본에 가까운 소리를 재생했다. 오디오 기기의 발전은 고품질의 미세한 소리를 추구하는 하이엔드 시장으로 발전하게 되었다. 1960년대에 자성을 띤 테이프와 1979년에 소니에서 개발한 워크맨으로 대표되는 소형 카세트 재생 기기가 음향 신호 재생의 대중화를 이루었다. 그 이전에 음악은 집안이나, 음악 다방 또는 큰 공연장에서만 들을 수 있었던 것에 비해 그 공간상의 제약이 없어진 것이다.

한편 1982년에 소니와 필립스에서 디지털 기술을 적용한 광디스크 CD를 발표하였다. 음향의 디지털화가 시작된 것이다. 더 나아가 1995년에 DVD가 개발되면서 소리와 영상의 저장 능력이 획기적으로 향상되었다. 이후에 독일 브라운호퍼 연구소에서 1997년에 MP3를 공개하였다. 디지털 파일 압축 저장방식의 표준으로 인정받아 2000년대를 거치면서 크게 확산되었다. 음향의 디지털 처리 기술과 이를 재생하는 MP3 플레이어와 같은 디지털 음원 기기의 발전이 아날로그 기기를 몰아냈다. 특히 3차 산업혁명의 산물인 인터넷과 스마트폰의 발전이 더 큰 기폭제가 되었다. 아날로그 기기에서 음원을 보내려면 테이프를 복제한 후 전달하는 수 밖에 없었다. 불편하고 불특정 다수에게 제공할 수 없는 방식이다. 디지털화된 음원은 인터넷 망을 통해 보낼 수 있다. 하나의 파일을 수도 없이 복제해도 동일한 품질의 음향을 제공한다. 소리바다나 아이튠즈와 같이 이를 사업화하는 시도가 나타난 것은 당연했다. 구독료를 받고 인터넷을 통해 음악을 서비스하는 시대가 된 것이다. 음반 가게에서 음악을 소비하던 시장 형태가 순식간에 붕괴되었다. 아날로그보다 훨씬 편리하며 안정적인 디지털 기술이 시장에서 선택되었기 때문이다.

영상 기술의 디지털화, 한국이 수혜를 입다

영상 기술도 아날로그에서 디지털로 전환되었다. 우리나라는 그 과정에서 가장 큰 수혜를 입은 나라이다. TV 시장에서 그것을 여실히 볼 수 있다. 아날로그 기술의 TV가 주류이던 시기에 한국은 변방 TV 제조국이었다. 하지만 디지털 기술의 TV 시장이 열리면서 한국은 일약 세계 시장의 리더로 등극했다. 그 내용을 보면 디지털 기술의 상점을 더 잘 이해하게 된다.

우선 TV 기술의 발전사를 볼 필요가 있다. 아래 그림은 기술별 TV 시장의 점유율을 표시한다. 그 동안 두 개의 기술이 시장을 지배했다. 하나는 CRT이고 나머지는 LCD이다. 물론 최근 LCD보다 발전한 OLED가 등장하였다. OLED는 발광층 기술이 다를 뿐이지 디지털 신호의 구현 방식은 LCD와 유사하다. 그래서 CRT와 LCD에 집중하면 된다. 여기서 그림에 같이 표시된 PDP는 왜 언급하지 않느냐는 질문도 있을 수 있다. PDP는 LCD와 같은 디지털 방식의 디스플레이 기술이다. 플라즈마를 활용해 큰 화면

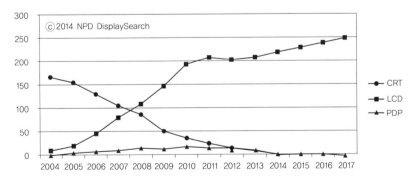

TV화면 기술별 시장 점유율

구현이 용이한 기술로 잠시 주목 받았으나 시장의 선택을 받지 못하고 LCD에 밀려 사라졌다. 요약하면 TV 시장은 예전 브라운관 TV의 CRT와 평판 TV의 LCD로 구성되었다고 보면 된다. 그리고 이 두 기술은 각각 아날로그와 디지털을 상징한다.

CRT는 전자를 화면의 각 화소에 발사하여 빛을 낸다. 전자를 발사하는 전자총과 화면 사이에 거리가 필요하기 때문에 두꺼울 수밖에 없다. 특히 화면이 커지면 화면의 끝까지 전자총이 향해야 하기 때문에 두께가 더 필요하다. CRT 기반의 TV로 40″ 이상의 큰 화면 구현이 어려운 이유이다. CRT TV는 전자 발생과 화소까지 이동, 화소와 전자의 반응을 통한 빛의 발생까지 모든 부분이 아날로그 방식이다. 이 시기를 주도했던 기업들은 일본 업체였다. 미세한 전압이나 색 조정 같은 기술력이 뛰어났었기 때문이다. 소니가 트리니트론이라는 기술로 세계를 평정한 90년대에 이건희 회장이 삼성 TV가 미국 쇼핑몰 구석에서 먼지 쌓인 상태로 팔리는 것에 충격 받았다는 일화는 유명하다.

LCD와 최근 각광받는 OLED 기술은 디지털 TV의 시대를 열었다. 디지털 TV는 디지털 신호를 받아 빛을 낸다. 디지털 신호는 미리 약속된 수치화된 값으로, 화소의 밝기를 결정한다. 빛의 삼원색인 빨강(R), 초록(G), 파랑(B)의 세 가지 원색을 조합해서 각 화소의 빛이 정해진다. 이 신호가 다 디지털로 보내진다. 예를 들어 각 원색마다 디지털 1바이트, 즉 십진수로 0~255까지 수치를 부여할 경우 0은 그 색깔이 전혀 없는 것을 뜻하며 255는 그 색깔이 100% 들어간다는 뜻이다. 세 가지 원색에 1바이트씩을 부여하면 RGB로 색깔을 표현하기 위해서 총 3바이트, 즉 24비트가 필요하다. 이럴 경우 각 원색마다 256 가지 색이 가능하다. 때문에 총 표현할 수 있는 색깔은 256×256×256이 되어 총 16,777,216 가지가 된다. 일반적으로 이를 1600만 컬러 혹은 트루 컬러(true color)라고 부른다. 물론 이게 끝은 아니다. 각 원색을 더 세분화하면 즉 데이터 비트 숫자를 더 올리면 더욱 많은 색깔을 표현할 수 있다. 트루 컬러보다 색깔 단위 데이터 용량이 큰 것에 딥 컬러(deep color)가 있다. 원하면 더 세분화가 가능하고 그러면 아날로그인 자연의 색에 더 가깝게 갈 수 있다.

디지털 값으로 색깔을 나타낼 때에는 보통 RGB 순서대로 값을 표시한다. 트루 컬러 기준으로 몇 가지 색깔의 예를 보면, 빨간색은(255, 0, 0), 녹색은(0, 255, 0), 파란색은(0, 0, 255)로 표현된다. 첫 숫자부터 빨강, 녹색, 파랑을 나타낸다. 빛의 삼원색을 다 켜면 흰색이 되는데 당연히(255, 255, 255)로 표현된다. 이처럼 디지털의 경우 입력 데이터 정보를 통해 누구나 똑같은 색을 만들 수 있다. 화소별로 정확한 디지털 값을 전달하는 것은 반도체 칩이 담당한다. 이 반도체 칩만 구매해서 화면에 연결하면 누구나 같은 품질의 TV를 구성할 수 있다. CRT TV에서 일본 기업이 가졌던 독점의 힘은 모든 TV 제조 회사가 함께 갖게 된 것이다. 이것이 디지털의 힘이다.

앞서 말한대로 아날로그 TV 시장에서 우리나라는 변방이었다. 하지만 2000년대를 기점으로 디지털 시대가 열리니 일본이나 한국이나 같은 성능의 제품을 내놓을 수 있게 되었다. 이때부터 한국의 TV 시장 점유율은 급격하게 올라갔다. 다음 페이지 그림은 2022년 TV 시장 점유율이다. 2005년 세계 1위가 된 삼성전자가 17년 연속 1위였다. LG전자까지 합치면 양사의 점유율은 50%에 달한다. 이어서 중국 업체 두 곳이 추격하고 있다. 조만간 중국이 한국의 TV 점유율을 잠식할 것으로 여겨진다. 디지털 시대에 우리가 가진 기술력이 중국보다 크게 우월하지 못하기 때문이다. 하지만 일단

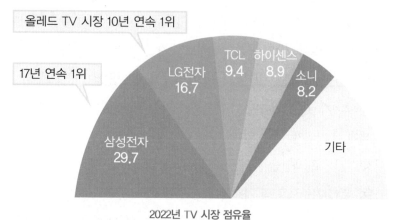

단위: % 금액 기준

올레드 TV 시장 10년 연속 1위

17년 연속 1위

LG전자
16.7

TCL
9.4

하이센스
8.9

소니
8.2

삼성전자
29.7

기타

2022년 TV 시장 점유율

출처: 옴디아(그래픽: 이지혜 디자인기자)

지금까지 우리나라는 세계 1위를 굳건히 지키고 있다. 아날로그 시장의 절대 강자였던 일본을 압도하면서 말이다. 디지털 기술의 시대에 한국이 발빠르게 성장한 좋은 사례다. 스마트폰, 가전 등 다양한 분야에서 그리고 디지털 시장의 핵심 부품인 반도체에서 우리나라는 말그대로 도약했다. 이것을 보면 디지털이 우리와 궁합이 잘 맞아 보인다. 일본처럼 아주 꼼꼼하게 챙기는 부분은 약한데, 표준화된 제품을 빠르게 따라가고 만드는 것은 강하기 때문이다.

디지털, 환경 문제 대응의 기반

요약하면 아날로그에 비해 디지털은 복잡한 관리에 용이하다. 우선 주변 환경에 의한 영향을 적게 받는다. 아날로그 데이터를 주고받다 보면 외부

영향에 따라 왜곡되기 십상이다. 반면 디지털 데이터는 환경에 대한 내성이 강해 전 세계 누구와 주고받아도 왜곡이 없다. 아울러 복제가 용이하다. 같은 파일을 여러 번 복제해도 내용에 변화가 없다. 이처럼 강건하기 때문에 환경 문제와 같이 시급하고 빠른 개선이 필요한 분야에 적극적으로 디지털 기술을 활용하는 것이 필요하다. 측정 및 개선 시간을 확실히 단축시킬 수 있기 때문이다.

아울러 아날로그 기술에 비해 난이도가 낮다. 아날로그 기술은 앞서 TV 시장의 경우처럼, 고도의 기술이 수반되는 경우가 많다. 기술을 배우는 것도 쉽지 않다. 마치 장인이 오랜 시간 반복 수련받는 것 같은 노력이 필요하다. 반면 디지털 기술은 약속된 신호에 약속된 성능이 나오기 때문에 쉽게 교육이 된다. 환경 문제는 고도의 전문가만이 다룰 수 없다. 전세계 모든 사람이 붙어서 해결해야 한다. 그렇기 때문에 일반인도 쉽게 다룰 수 있는 디지털 기술 기반의 솔루션이 답이다.

지금까지 환경 문제 해결에 디지털 기술이 필요한 이유를 알아보았다. 다음 장에서 디지털 기술과 함께 중요한 역할을 하는 표준에 대해 알아보고자 한다. 디지털 기술은 표준과 결합될 때 진정한 힘을 발휘한다. 우선 표준의 역사적인 배경과 현황에 대해 알아보고 디지털 기술과 결합되어 어떤 효과를 창출하고 있는지 알아보고자 한다.

CHAPTER 3

표준,
공통의 이해

디지털 기술은 어떤 것을 구현하는 방법론에서 무한한 경우의 수를 갖는다. 쉽게 말해 같은 일을 하려고 할 때 수많은 방법이 가능하다는 말이다. 따라서 디지털 기술은 어떤 것을 사용할지에 대한 약속이 있어야 한다. 그 약속의 의미로서 표준이 필요하다. 한 단체, 국가, 세계가 전체적으로 약속을 함께 정의하는 것이 표준이다.

목적에 따라 두 가지 형태의 표준이 존재한다. 하나는 우리가 사용하는 제품의 품질을 유지하기 위한 표준이다. 제품의 성능을 측정하고 이것이 어느 이상된다는 것을 보증하기 위한 방식과 기준을 함께 정의한 것이다. 이것을 따르면 그 제품은 어디서 만들고 사용하던지 일정 이상 품질은 보증이 된다. 다른 하나는 소통의 표준이다. 기술의 방법론이 많다면 약속을 정해야 기술을 사용하는 사람들 간에 혼선이 없다. 어떤 목적이던 표준은 우리 삶에 매우 중요한 부분이다. 앞서 말했던 그린워싱을 극복하고 환경을 개선하기 위해서 디지털 기술과 함께 표준이 핵심이다. 다음장에서 상세한 설명을 하기에 앞서 여기서는 표준의 역사와 그 중요성을 이해하는데 초점을 두고자 한다.

네덜란드, 선박 표준화로 대항해 시대의 새로운 주역이 되다

스페인은 무적함대로 유럽을 지배했다. 하지만 1588년 칼레 해전에서 영국에 패하게 되자 압도적이었던 스페인의 지위가 무너지기 시작했다. 그 자리를 차지했던 것은 승자인 영국이 아니라 네덜란드였다. 우리나라보다 작은 면적으로 1585년에 독립하여 인구 200만명에 불과한 작은 나라 네덜란드는 17세기에서 18세기 초반까지 대항해 시대 유럽의 강대국이 되었다. 그 이유는 바로 선박제작을 표준화했기 때문이었다.

당시 유럽은 아시아와의 교역이 커지면서 해운업과 관련된 산업이 급성장했다. 많은 유럽 국가들이 콜럼버스나 마젤란 등 유명한 탐험가를 배출하면서 탐험대를 운영하였다. 이와 함께 군대를 보내 아시아와 아프리카에 식민지를 만들었다.

스페인과 독립전쟁을 치르면서 네덜란드에는 부를 축적한 금융업자, 숙련 노동자, 전문 기술자들이 모여 들었다. 네덜란드도 이를 기반으로 해상무역을 담당하는 동인도 회사를 만들었다. 아울러 장비나 선박개발에 집중하였다. 특히 이윤을 많이 남기기 위해 운송비용을 줄이는 것이 중요했다. 이를 위해 세 가지 조건이 필요했다. 첫째, 배는 커야 했다. 둘째, 운용에 많은 선원이 필요하지 않아야 했다. 마지막으로 배를 쉽게 수리할 수 있어야 했다. 당연한 요구 조건이라 하겠다.

네덜란드의 기술자들과 전문가들은 이런 목적을 달성하기 위해 새로운 형태의 플류트(fluyt) 선을 만들었다. 이 배의 장점은 빠르고, 건조비가 저렴하며, 보다 적은 선원으로 항해가 가능하였다. 또한, 선박부품을 표준화하여 신속하고 저렴한 수리가 가능하였다. 경쟁국가인 영국에 비해 동일한 크기의 배를 절반 정도의 비용으로 건조했다. 기존에 비해 5분의 1의 인원으로 배의 운영이 가능하였기에 75% 이상 해상 운송비용을 절약할 수 있었다. 그리고 항구별 조선소의 설비, 자재 및 계측 장비를 표준화하였다. 이를 통해 네덜란드 배들은 어느 곳에 가도 신속한 수리가 가능하게 되어 세계 곳곳으로 자유로운 항해가 가능하게 되었다. 그 결과 17세기 동안 전세계 무역의 75%를 네덜란드가 담당하는 놀라운 결과를 보였다.

네덜란드의 플류트(fluyt) 선

이 과정에서 네덜란드에는 1609년 세계 최초의 증권거래소가 들어섰다. 이 증권거래소 또한 일종의 표준이다. 네덜란드가 해운강국이 되어 무역의 중심지가 되다 보니 각국의 화폐가 모이게 되는데, 이들 간 매매에 어려움이 있었다. 이를 개선하기 위해 통일된 화폐기능을 할 수 있는 증권이 탄생한 것이다. 이 증권을 거래하는 거래소가 최초의 중앙은행으로 인정받는 암스테르담 은행이었다. 네덜란드는 선박 표준화를 통해 해운업에서 강력한 경쟁력을 갖추게 되어 유럽의 경제를 지배하고 강대국으로 성장했다. 이를 기반으로 자본주의를 상징하는 증권거래소와 중앙은행이 탄생하게 되었던 것이다.

조면기에서 소총까지

1799년 1월 14일 미국 정부가 엘리 휘트니와 소총 1만정 납품계약을 맺었다. 휘트니는 1793년 조면기(Cotton Gin)를 발명해 미국의 산업과 정치 지형까지 바꿨던 인물이다. 그가 발명한 조면기는 수십명이 감당해야 했던 목화솜에서 씨를 빼는 작업을 한 사람이면 충분하게 만들었다. 하지만 너무 간단한 구조라서 목화 농장주들이 쉽게 복제했다. 그래서 휘트니는 끝없는 소송전에 휘말리게 되어 돈도 못 벌고 어려운 처지에 놓였다. 물론 그의 기여로 미국은 전세계 목화 시장의 70% 이상을 차지하면서 성장 가도를 달리게 되었다. 이 조면기는 경제 뿐만 아니라 정치 지형도 바꾸었다. 흑인 노예 노동력이 핵심 생산수단으로 부상하면서 노예 가격이 급등하게 되었다. 당시 남부 일각에서 일었던 노예제 폐지론이 점차 수그러들었고, 이후 북부와 남부의 심각한 대립을 초래하여 결국 남북전쟁이 일어나게 된다.

한편 미국 정부와 주 정부들은 조면기를 개발하고도 돈을 벌지 못한 휘트니에게 뭔가 보상을 해주고 싶었다. 주 정부들이 제공한 보상금으로 10만 달러를 모은 휘트니는 총기 회사를 차렸다. 그리고 예일대 인맥을 활용해 정부의 계약을 따내게 되었다. 총기 제조 경험이 전혀 없는 회사에 막대한 물량을 맡겼다는 비판이 있었다. 하지만 1801년 휘트니는 정부 관계자 앞에서 성공적인 시연을 했다. 전시된 소총 열 자루를 분해해 부품을 섞은 다음 아무렇게나 조립하는 시범은 정부는 물론 경쟁업체에도 충격을 안겨 주었다. 장인들이 소총의 부품을 일일이 깎아서 만들던 시대에 50개 주요 부품의 규격화를 도입한 휘트니 소총은 결과적으로 '북군의 승리와 아메리칸 시스템'이라는 두 가지 효과를 낳게 되었다.

이와 같이 어떤 제품에 들어가는 부품에 대해 사전에 규격을 정하고 이 정해진 규격에 따라 제품을 제조하는 생산방식이 탄생하였다. 이로써 제품

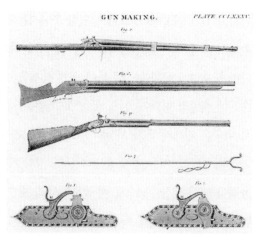

엘리 휘트니와 그가 제작한
소총의 개념도

의 생산성이 획기적으로 증가하게 되었다.

이런 규격의 개념은 특정 개인이 사적 이익을 극대화하기 위해 개발한 것이었다. 타인의 사용을 막을 수 없던 당시 상황에서 자연스럽게 제 3자가 무상으로 사용할 수 있게 되었다. 오히려 이것이 전반적으로 산업 생산성 향상에 기여하였다.

네덜란드의 선박과 미국 휘트니 소총 사례는 모든 사람이 공통적인 약속을 선제적으로 만들 때 얼마나 큰 산업적, 사회적 효과를 가져오는지를 잘 보여준다. 표준은 표준 없이 만들어지던 그 이전의 산업을 무너뜨렸다. 그리고 새로운 산업과 부를 창출했다. 이제 표준의 중요성은 잘 이해했으리라 보고 좀더 심화된 내용을 다루고자 한다.

표준의 이해

표준을 이해하는데 있어 우선 표준과 표준화를 구분할 필요가 있다. 표준(Standard)과 표준화(Standardization)는 의미가 다르다. 우선 국제적인 표준을 다루는 기구인 ISO, IEC 등의 가이드를 보자. 가이드에 따르면 표준은 주어진 상황에서 최적 상태에 도달하는 것을 목적으로 한 활동이나 그 결과에 대해 일상적이고 반복되는 사용, 규칙, 가이드라인 혹은 성질을 규정하는 문서이다. 표준은 공인된 기구에 의해 합의에 기초하여 수립된 것이다.

이에 반해 '표준화'는 실질적이거나 잠재적인 문제들과 관련해 주어진 상황에서 최선의 질서를 확립하는 것을 목적으로 일상적이고 반복되는 사용을 위한 규정을 수립하는 활동을 말한다. 즉 '표준'을 합리적으로 설정하여

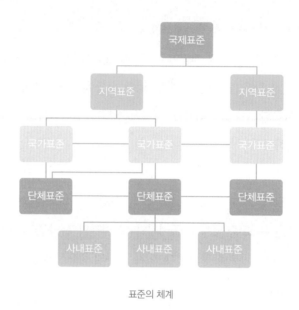

표준의 체계

활용하는 조직적인 행위를 '표준화'라고 할 수 있다.

현대적 표준의 출발은 시장에서 조정과 합의라고 할 수 있다. 비 배제적인 표준의 공공재적 특성과 이의 확산이 강조되기 시작하였다. 아울러 산업표준이 급격히 발달하기 시작하여 계층적(국제표준, 국가표준, 단체표준 등)으로 연동하여 발전하고 있다. 사실상 표준, 공적 표준 등으로 주체별로 다양하게 활용되고 있다. 그리고 표준의 영역도 규격(Standard), 품질, 측정 시스템 등으로 지속적으로 확장되고 있다.

글로벌 차원에서 표준과 관련활동을 촉진하기 위한 국제 기구로 국제 표준화기구 ISO(International Organization for Standardization)가 있다. 취급하는 국제 표준이 2만 4천여 건에 달하는 세계 최대 규모의 표준 단체로 1947년 창설되어 정회원 및 준회원으로 163개국이 참여하고 있다. 우리나라는

First ISO meeting: In London, in 1946, 65 delegates from 25 countries met to discuss the future of International Standardization. In 1947, ISO officially came into existence with 67 committees of experts focussed on specific subjects.

1963년에 가입하여 활동해 왔는데 우리 나라 역사상 최초로 2024년 현대모비스 대표 출신의 조성환 고문이 ISO회장에 취임하였다. 2년간 임기 중에 정책으로 글로벌 위기 대응과 개도국 참여 확대 및 표준 보급과 교육 등을 발표하였다. 우리 나라의 일반 대중에게도 표준 필요성을 알리고 확산시키는 계기가 될 것이다.

표준의 내용은 관계되는 사람들 사이에서 이익 또는 편의를 공정하게 얻을 수 있도록 통일화, 단순화를 도모한다. 이를 위하여 대상물, 성능, 능력, 배치, 상태, 동작순서, 방법, 절차, 책임, 의무, 권한, 사고 방식, 개념 등에 대해 설정한다. 일반적으로 문장, 그림, 표, 견본 등 구체적인 표현 형식으로 표시된다.

표준이 갖추어야 할 조건으로는 구체적인 행동의 기준이 제시되어야 한다. 그리고 임의 재량이 끼어들 여지가 없으며, 사람에 따라 해석이 다르지 않아야 한다. 실정에 맞아야 하며 이상시 조치에 대한 방법이 제시되어야 한다. 또한 불량이나 사고에 대해 사전에 방지할 수 있어야 하며, 성문화가 되어 있어야 한다.

표준화의 효과로는 생산자나 제작자에 있어서는 부품의 표준화에 의해 분업 생산이 용이하여, 생산능률의 향상과 생산비용의 절감이 된다. 작업 방법의 합리화로 능률과 숙련도 향상되며, 제품의 품질향상과 균일성을 가져와 불합격품 감소와 자재 절약 등 경제적인 이점도 있다. 또한 소비자에게는 표준화된 제품은 호환성이 높기 때문에 구입한 제품의 교체나 수리가 용이하다. 품질이 균일하고 높은 신뢰성으로 사용시에 경제적인 이익을 얻게 된다.

이러한 표준화는 제품의 복잡성을 감소시키고 미래에 불필요하거나 복잡하게 되는 것을 예방한다. 표준화는 관계자 모두의 상호협력에 의해 추진되어야 한다. 그러나 다수의 이익을 위해 소수의 희생을 필요로 할 때도 있다. 표준은 일정기간 동안은 확정하여 바꾸지 않으면서, 일정한 기간을 두고 검토하여 필요에 따라 개정해야 한다. 국가 표준이나 규격의 법적 강제의 필요성에 대해서는 각국에서 시행하는 법률이나 정세 등에 유의하면서 신중히 고려해야 한다.

산업계에서는 광공업품을 제조하거나 사용할 때 모양, 치수, 품질 또는 시험, 검사 방법 등을 통일 및 단순화시킨 국가규격을 제정하고 있다. 이를 조직적으로 보급 및 활용하게 하는 산업표준화를 추진하고 있다.

표준에 있어서 대표적인 제도로 'KS제품인증제도'가 있다. 이것은 산업표준화법에 근거를 두고 있다. 산업표준이 제정되어 있는 품목 중 생산공장이 기술적인 면에서 KS수준 이상의 제품을 지속적으로 생산할 수 있는 능력과 조건을 갖추어 품질이 안정되어 있는지 심사한다. 그리고 항상 시스템적으로 같은 기술 수준을 유지할 수 있도록 사내표준화 및 품질 경영 활동을 전사적으로 추진하고 있는지를 심사한다. 해당 표준의 심사기준에 따라 엄격히 실시되고 제품심사 또는 서비스 인증의 경우 사업장 및 서비스 심사를 실시하여 합격하면 KS마크를 제품에 표시하도록 한다.

디지털 기술과 표준

산업 혁명기를 거치면서 산업의 발전과 더불어 확대된 표준과 표준화가 3차 정보혁명기에 보편화된 디지털 기술과 결합하여 한층 더 위력을 발휘하게 되었다. 그 결과 표준은 제품의 개발이나 생산 프로세스의 혁신을 일으키는 도구이자 이를 통해 만들어지는 새로운 혁신의 결과물이 되었다. 표준을 통해 기술혁신을 적용한 제품이나 생산 프로세스를 선점한 기업들이 시장에서 주도적인 위치를 선점할 수 있게 되었다. 기업들은 이와 같은 이익을 확보하기 위해 자신들의 기술이 지배적인 표준으로 인정 받으려고 한다. 보완재나 대체재를 개발하고 생산하는 기업들뿐만 아니라 경쟁관계에 있는 후발주자들까지도 표준화된 혁신기술과 프로세스를 따라야 하기 때문이다.

여기에 디지털 전환(DX) 기술까지 더하게 되면서 선발주자가 겪었던 위험과 비용을 대폭 줄일 수 있게 되었다. 보다 수월하게 시장에 진입하여 경쟁하거나 보완재 개발 및 생산을 통하여 신속하게 수익을 창출할 수 있게 된 것이다. 또한 DX기술은 디지털화된 데이터와 정보 분석을 통해 혁신을 가속화하고 있다. 재빠르게 학습하여 기업의 핵심역량을 키울 수 있기 때문이다. 다시 말하면 조직의 학습효과와 자기 강화 메커니즘에 의해 새로운 혁신이 일어나고 그 결과로 새로운 기술 표준을 만들어내는 선순환 구조가 만들어지게 된 것이다.

최근에는 기술 개발의 규모나 난이도가 이전 세대에 비할 수 없이 커지고 복잡해 졌다. 기술개발에서 생산 및 영업 등 전 영역에 걸친 혁신 활동을 하나의 기업에서 진행하기가 쉽지 않은 상황에 이르렀다. 그래서 기업간 제휴 관계나, 자본과 조직을 모아서 조인트 벤처를 구성하거나 특정 기술에 대한 라이센싱 매매 계약으로 협력 체제를 구축하고 있다. 이를 성공적으로 진행시키기 위해서는 공통의 기술 개발 및 관리 프로세스를 표준화하여 공유하고 지속적으로 보완하는 것이 중요하게 되었다. 또한 이런 체제하에서 성공 사례에서 찾을 수 있는 공통적인 특징은 혁신 기술 개발의 내용을 업계 생태계내에서 지배적인 표준 기술로 인정받으려고 노력한다는 것이다. 실례로 애플이나 구글을 비롯한 IT관련 기업에서 iOS나 Android 플랫폼 생태계를 구축하면 여기에 호환되는 업무 및 게임 소프트웨어나 웨어러블 기기를 개발하는 보완재 기업들이 참여한다. 이 경우 거대 IT기업에서는 해당 플랫폼에서 사용할 수 있는 표준 기술을 보완재 생산업체들과 공유하고 확산시킨다. 다른 경쟁사와 기술적인 차별을 두면서, 다수의 사용자들의 유입과 확장을 통한 네트워크 외부효과를 얻는다. 이를 통해 시장 점유율 확대에 주력하는 것이다.

여러 가지 기술이 혼재하여 지배적인 표준 기술이 채택되지 못하는 경우도 있다. 테슬라나 일본 및 중국 BYD를 비롯한 여러 전기 자동차 업체가 개발한 여러 종류의 전기자동차용 충전기가 대표적이다. 기업 단독으로 또는 기업이 제휴한 단체에서 전기자동차용 충전기를 저마다 개발하고 각자의 기술 사양을 지배적인 표준 기술로 인정 받으려고 하였다. 그러나 결국 하나의 기술 표준으로 통합되지 못하고 몇 가지 충전기 사양을 전부 표준으로 인정하게 되었다. 이는 소비자의 불편으로 이어졌다.

구분		모양	특징
AC단상(5핀) (Type 1)			• 완속충전 표준, 가장 많이 사용(한국, 미국, 일본) • 7kW(220V/32A)급 • 국내 PHEV 차량 대부분 충전 타입
AC 3상(7핀) (Type 2)			• 르노, Tesla 등의 충전기 커넥터로 사용 • 3상을 지원하는 7개의 핀으로 구성 • 급속충전과 완속충전 모두 사용 가능 • 다른 표준들과 달리 고속 충전에서 교류 전원 사용 • 최대 용량은 43kW AC, 유럽에서 주로 사용
DC 콤보	CCS Type 1		• 미국, 한국의 표준 • AC단상에 DC 연결핀이 있는 구조 • 100kW 이상 급속충전 지원
	CCS Type 2		• 미국, 유럽의 급속충전 표준 • AC3상의 7핀에 DC 연결핀이 있는 구조
차데모(CHAdeMO)			• 일본 중심의 급속충전 표준 • 차량 공간 많이 차지 • 시장 점유율 하락 중
슈퍼차저			• Tesla 표준, 타제조사 차량 충전 불가능 • 유럽의 충전구는 Type2와 같은 모양이나 미국과 일본에서는 다른 모양

출처: 한국과학기술정보연구원, 키움증권

전기자동차 충전기 규격

혁신 기술의 개발 주체 간에는 각자의 이익을 극대화하려는 치열한 경쟁이 일어난다. 지배적인 표준 기술로 인정 받게 되면 그 시장에서 승자 독식의 결과를 가져 온다. 하지만 극심한 경쟁이 결국 아무에게도 득이 되지 않는 경우도 생긴다. 그 경우 관련된 여러 기업을 아우르는 포괄적인 표준이 만들어지기도 한다.

최근 디지털 기술이 표준과 표준화 확산의 중요한 수단이 되고 있다. 동시에 디지털화된 데이터와 기술 자체가 표준 및 표준화의 중요한 대상으로도 부각되고 있다. 스마트 공장을 비롯하여 IT기술로 연결된 기술 개발 및 생산 시스템 그리고 기업의 운영 관리 시스템에서 수많은 데이터와 정보가 생성되고 있다. 이를 보다 효과적이고 생산적으로 이용하기 위해서는 디지털 '데이터와 정보 자체' 이를 처리하기 위한 프로세스와 시스템에 대한 표준화가 필요하다. 이에 기초하여 프로세스와 시스템을 만들고 운영해야 한다. 여러 분야에서 다양한 디지털 기술이 승자 독식의 지배적인 표준이 될 것인지 여러 혁신의 주체를 아우르는 포괄적인 표준이 될 것인지를 놓고 경쟁하고 있다.

미래에 중요한 것은 표준을 만들고 운영하는 주체가 우리 자신이 되어야 한다는 것이다. 우리나라는 제조 기술 및 IT기술과 함께 디지털 기술을 잘 활용하여 발빠르게 대응해왔다. 당당하게 G7에 도전하는 선진국이 된 우리 앞에는 글로벌 기후 위기와 환경 규제라는 큰 과제가 놓여 있다. 우리의 강점인 제조 기술과 디지털 기술 경쟁력을 활용하여 효과적이면서도 현실적인 디지털 솔루션을 개발할 수 있다. 이것을 지배적인 표준 기술로 만들어내야 한다. 이를 제대로 실현하는 것이야말로 우리 나라의 미래를 가르는 분수령이 될 것이다.

　다음 PART는 최근 화두가 되고 있는 주요 국가의 환경규제의 현황과 디지털 기술과 표준으로 대응이 필요한 실제 사례를 살펴볼 것이다. 이어진 PART 4에서는 기후위기와 환경 규제를 대처하고 극복하기 위해 디지털 기술과 표준을 활용하는 글로벌 트렌드와, 이 두 분야를 결합하여 혁신적으로 극복할 수 있는 전략을 통해 미래 그림을 제시하고자 한다.

PART 3

데이터로 연결된 세계: 공급망과 환경 규제

CHAPTER 1. 글로벌 환경 규제의 이해

CHAPTER 2. 공급망의 이해: 원재료에서 소비자까지

CHAPTER 3. 환경규제와 SCOPE 3 배출의 이해

지금까지 환경 문제의 심각성과 환경 운동의 역사를 살펴보았다. 또한 실제로는 친환경이 아닌데 친환경이라고 속이는 그린워싱과 이를 극복할 전략도 다루었다. 핵심은 디지털 기술과 표준으로 구현되는 MRV(측정, 보고, 검증)체계 구축이라고 요약할 수 있다. 앞서 큰 개념에 대해 이해했으니 지금부터는 환경 규제와 직결된 기업의 현황과 대응에 대해 구체적으로 다루고자 한다. 3장과 4장을 통해 글로벌 환경 규제에 대응하기 위한 구체적 전략 수립이 가능할 것으로 기대된다.

우선 이 장은 글로벌 환경규제의 이해, 공급망의 이해, 환경규제와 Scope 3 배출의 이해 총 3개 파트로 구성했다. 먼저 파트 1은 '글로벌 환경규제의 이해'이다. 글로벌 국가 중 특히 환경관련 규제와 정책을 선제적으로 발표하고 주도적으로 이끌어가고 있는 EU와 미국의 동향에 대해 알아보고 우리의 현황을 점검하고자 한다. 결론적으로 각 국가의 환경 규제는 점차 강제성을 띄는 법규화 및 글로벌화가 가속되고 있다. 그 결과 자국의 보호무역주의에 따라 수출 중심 국가(기업)의 경쟁력과 성장률에 큰 영향을 미칠 것으로 예상된다.

PART 2는 '공급망의 이해'로 원재료에서 소비자까지 연결된 공급망의 구성과 공급망 관리의 어려움에 대해 알아보고자 한다. 기상이변 등 기후 위기, 급격한 기술 발달 등으로 인해 사업에 대한 불확실성이 강화되고 지정학적 이슈로 글로벌 공급망의 관리가 어느 때 보다 중요해지고 있다. 마지막 파트 3는 '환규제와 Scope 3 배출의 이해'이다. 강화되는 글로벌 환경규제에 대한 어려움 중 하나가 Scope 1, 2는 물론 공급망까지 포함하는 Scope 3에 대한 공시다. 이에 국내외 기업의 Scope 3 사례를 통해 나타난 현상(고민)과 향후 준비에 대해 알아보고자 한다. 과거에는 국내 법규를 만족하는 수준에서 사후적인 대응이나 관리였다면 앞으로는 국제적인 법규 흐름이나 기술 변화를 선제적으로 센싱하고 자사는 물론 공급업체(업스트림)부터 소비자, 고객(다운스트림)에 이르는 생태계 관점에서 선행 관리가 필요할 것이다.

CHAPTER 1

글로벌 환경
규제의 이해

어느 CEO의 고백 :
환경규제 대응을 늦게 알아 물 먹는 사람이 없기를

2024년 1월 말 어느 겨울날, 일기예보에 맞게 올해 들어 가장 춥게 느껴진다. 그러나 회의장 내부는 훈훈하다. 그 이유는 최근 핫 이슈 중 하나인 CBAM(Carbon Border Adjustment Mechanism, 탄소국경 조정제도) 정책 동향과 실증 테스트 결과를 알고 싶은 150여 명이 회의장 온도를 높이고 있었기 때문이다. 예정된 시간보다 종료시간이 늦어졌으나 자리를 뜨는 사람은 별로 없었다. 환영사 때 무대에 오른 OO회사 대표님은 본인의 경험담을 통해 글로벌 환경규제와 사업과의 긴밀한 상관성을 이야기했다.

"2006년 업무 담당자가 급한 보고가 있다며 내 방으로 찾아왔다. 담당자는 REACH라는 규제를 이야기했다. 자세히 물어보니 일정 물질이 포함된 제품을 유럽에 수출할 때 적용되는 환경 법규라고 하였다." 참고로 REACH(Registration, Evaluation, Authorization and Restriction of CHemicals의 약어, 2007년 6월 1일 발효)는 EU 내에서 연간 1톤 이상 제조 또는 수입되는 모든 화학물질에 대해 제조량, 수입량과 위해성에 따라 등록, 평가, 허가 및 제한을 받도록 하는 화학물질 관리에 대한 내용이다. "이에 우리(대표)가 어떻게 하면 되느냐 묻자 법이 효력을 발휘하기 3개월 전이라 이미 늦었다고 말했다. 그때를 회상하며 CEO인 나는 속칭 '물 먹었다'는 생각을 했다. 17년전 당시만에도 수출국가를 유럽이 아닌 다른 국가로 변경해도 사업의 영향도가 크지 않았다. 그러나 최근 논의되고 있는 CBAM을 포함한 글로벌 환경규제는 더 강력한 것 같다. 왜냐하면 EU, 미국 주도의 각종 규제가 일본, 중국 등 전세계로 확산되어 동일하게 적용되기에 사전에 준비되지 않으면 글로벌 시장(공급망)에서 도태되어 사업 연속성을 담보할 수 없을 것이다. '나 처럼 물 먹는 CEO(기업)가 나오지 않기를 바란다"는 당부의 말이 아직도 생생하게 남아있다.

각자 때로는 강력한 하나의 구심점 : EU(유럽연합)의 움직임

EU는 유럽의 27개 국가(영국 제외)의 정치, 경제 통합을 실현하기 위한 국가연합이다. 환경, 특히 기후변화는 오랫동안 고민해온 이슈 중 하나로 많은 활동들을 EU 내에서 진행하고 있다. 대표적인 활동으로 1992년 리우에서 개최된 유엔 환경개발회의(국제 사회적 차원에서 사막화 현상 방지를 위한 지속적이고 새로운 통합적 접근방법의 필요성 합의)가 있다. 이후 1997년 10월 로마에서 기후변화당사국총회(COP, Conference of the Parties)의 첫 번째 회의를 개최하였고 2년마다 정기회의가 열리고 있다. 2015년 9월 유엔총회 '2030 지속가능한 발전을 위한 의제'의 SDGs(Sustainable Development Goals)를 채택하였고, 더불어 12월 파리협정을 통해 지속가능한 사회로의 전환을 이루겠다고 선포한다.

2015년 파리에서 열린 제21차 기후변화당사국총회(COP)에서는 기후협정 합의에 따라 더욱 강화된 온실가스 감축목표가 제시되었다. 파리기후협정이라 불리는 이 합의는 지구 연 평균 온도상승을 2℃ 이하로 유지하고 1.5℃ 이하로 제한하기 위해 함께 노력하자는 것이다. 국제적인 협약으로 2030년 감축목표를 2018년 대비 최소 40% 감축하겠다는 중기 목표도 수립하였다. 이에 각국은 온실가스 감축 목표를 스스로 정해 국제사회에 약속하고 이 목표를 실천해야 하며, 국제사회는 그 이행에 대해서 공동으로 검증하게 된다. 아래 그림은 2015년 파리 협정 이후

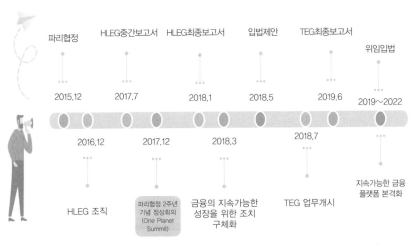

EU 지속 가능 금융 시스템 수립단계 (유럽연합의 ESG 동향과 국내에의 정책적 시사점, 2021)

EU에서 추진하고 있는 현황에 대한 설명이다.

2016년 '지속가능한 금융을 위한 고위급 전문가 그룹(HLEG, High-Level Expert Group on sustainable finance)'이 조직되었다. HLEG는 2018년 1월 최종보고서를 발표하며 투자가 필요한 분야를 정의하게 되는데 이것이 유명한 유럽연합의 지속가능한 분류체계(EU sustainability taxonomy)이다. 여기에는 기후변화의 완화 및 적응조치, 사회적 목적, 환경 목표 등에 기여하는지 여부가 핵심으로 포함되었다. 2018년 6월 실무조직인 '지속가능금융을 위한 기술적 전문가 그룹(TEG, Technical expert group on sustainable finance)'이 구성되었다. 이어 2019년 12월 그린딜(The European Green Deal)의 구체적 내용을 발표하고, 2020년 3월에 기후법을 제정하였다. TEG는 2020년 3월 최종보고서에서 2050 탄소배출을 넷제로화(Net Zero)하는 탄소중립 목표를 설정했다. 이를 달성

구분	NFRD	CSRD
채택	2014년	2021년
시행	2018~2023년	2024년(2026년까지 적용기업 확대)
적용 기업 수	약 11,700개 기업	약 49,000개 기업
보고요건 범위	• 환경보호 • 사회책임 및 종업원 대우 • 인권 보호 • 부패 및 뇌물 방지 • 이사회 다양성	• NFRD의 보고요건 범위 • 기업에 영향을 미치는 지속가능성 위험과 기회, 기업이 사회와 환경에 미치는 영향 (이중 중요성) • ESG 장기 목표 및 정책에 대한 정보 • 사회, 인산, 지적재산 등 무형자산에 대한 정보 • TCFD에 따른 지구온난화 1.5도 제한을 위한 기후 시나리오 • SFDR 및 EU 택소노미 규정을 준수하여 공시
3자 검증 여부	3자 검증 의무 불필요	3자 검증 필요
보고 위치	별도의 지속가능성 보고서 혹은 연간 경영보고서(Management report) 내	연간 경영보고서 내
포맷	온라인 PDF 파일	전자포맷(XHTML)

NFRD와 CSRD 비교 (출처 : Deloitte 2023)

하기 위한 정책 방안으로 그린딜에 대한 언급했다. 2021년 4월에는 기업 지속가능성 정보 공시 지침(Corporate Sustainability Reporting Directive, CSRD) 도입을 확정한다. CSRD는 새롭게 제정된 규제가 아닌 2014년부터 시행되어 온 기존의 EU 비재무정보보고지침(Non-Financial Reporting Directive, NFRD)이 개정된 것으로 2023년 1월부터 발효되었다. NFRD와 CSRD에 대한 비교는 앞의 표와 같다.

이어 CSRD의 구체화된 정보공개 표준인 EU의 기업 지속가능성 보고 표준(European Sustainability Reporting Standards: ESRS) 초안을 2022년 4월 발표하였고, 2023년 7월 31일 위임법안(Delegated Act)을 채택하였다. 이후 EU는 2022년 2월 기업의 인권 및 환경관리에 관한 '기업 지속가능성 실사 지침(CSDDD, The Corporate Sustainability Due Diligence Directive)' 초안을 언급하였다. EU 역내 대기업 및 가치사슬 내 있는 공급망 협력사 등을 대상으로 실사의무를 부과하는 규제이다. 적용 대상 기업은 회사 정책에 인권·환경 실사 정책을 통합하여 수립 및 실사 정책 실행 관련 연 1회 이상의 주기적 모니터링 결과를 웹사이트를 통해 공개하여야 한다. 또한 위반 기업에 대해 행정·민사적 책임이 부과된다. 참고로 EU이사회는 2024년 5월 24일 CSDDD를 최종 승인하였다.

지침에서 규정으로 강화되는 흐름

EU의 입법은 '규정(Regulation)' 또는 '지침(Directive)'으로 구분된다. 규정(Regulation)은 시행과 동시에 회원국에 직접 적용되어 그 자체로서 구속력을 가진다. 이에 회원국은 규정에 맞춘 각 국가의 국내법을 제정할 필요가 없다. 반면 지침(Directive)은 회원국이 지침의 규율 대상이 됨을 뜻한다. 이에 각국의 국내법에 따라 개정이 필요하다. 따라서 지침은 회원국에 재량권을 부여하기 때문에 대략적인 틀을 제시하는 방식으로 입안된다. EU 환경 규제의 핵심이 되는 CBAM, 에코디자인 등에 대해 살펴보고자 한다.

탄소국경조정제도(CBAM: Carbon Border Adjustment Mechanism)

2023년 10월 1일은 중요한 의미를 지닌 날이다. 바로 탄소국경조정제도가 발효되어 시범 적용되는 첫날이다. CBAM은 EU로 수입되는 제품의 탄소배출량에 대해 EU 배출권거래제와 연계된 탄소가격을 부과하여 징수하는 제도를 말한다. 생산 중 탄소 발생이 많은 제품은 일종의 탄소 국경세를 내게 하는 법이다. 시범 적용에 선정된 품목은 철강, 시멘트, 비료, 알루미늄, 전기, 수소로 6대 품목이나 향후 화학제품 등으로 확대되고 2030년 중반까지 모든 수입 제품에 적용할 예정이라고 한다. CBAM은 EU에 수출하는 제품이 발생하는 탄소 배출량 보고 의무와 함께 이행하기 위한 구체적인 방법론을 규정하고 있다. 특히 유럽 수출비중이 높은 중국과 우리나라는 국가 차원의 정책 수립이 필요하다. 수출 기업이 제품의 탄소배출량 정보 제공 및 CBAM 인증서를 구매해야 하기 때문이다. CBAM 규제는 2026년 본격 시행에 앞서 전환기간과 본시행으로 나누어 규정을 정했다.

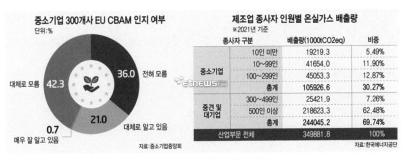

출처 : 전자신문(2024.3.20)10면

먼저 전환기간은 2023년 10월부터 2025년 12월까지다. 이 기간에는 수입제품의 탄소배출량에 대해 분기별 보고의무를 수행하면 된다. 이후 본격적인 시행은 2026년 1월부터다. 이때부터 신고된 탄소 양에 따라 인증서 구매를 해야 한다. 아울러 EU로의 수입은 EU에 공인된 CBAM 신고자를 통해서만 가능하게 된다. 이 과정이 매우 복잡하여 법을 정확히 이해하지 못하면 준수를 못할 위험이 있다. 대기업의 경우 관련 대응 조직이 유사한 규제에 대응한 경험이나 관련 프로세스를 기반으로 대응이 가능할 수 있다. 그러나 상대적으로 조직, 인력 등이 부족한 중소 수출기업의 경우 경영상의 큰 부담으로 작용할 것이다.

중소기업중앙회가 2023년 9월 중소기업 300개 대상으로 진행한 현황조사에 따르면, 78.3%의 응답자가 EU CBAM을 모른다고 답하였다. 이미 법 발효가 된 상황에서 심각한 통계라고 할 수 있다. 실제 중소기업의 CBAM 대응 관련한 생생한 현장 목소리를 소개하고자 한다.

[사례] 수출 중견기업의 업무담당 A차장

– A 차장님의 고민

"어느날 주요 고객사(원청)에서 영어로 된 메일이 왔는데 처음 보는 용어가 많았다. 번역기를 통해 알아보니 협력사가 제공한 일부 전구체까지 포함하여 납품하는 제품의 탄소 발생량을 계산해 제출하라는 것이었다. 인터넷을 통해 관련 컨설팅 업체를 검색하고 도움을 받기로 했다. 컨설팅 업체는 거액의 컨설팅 비용을 내면 한 번의 보고서를 작성해 주겠다고 했다. 고객이 요구할 때마다 컨설팅 비용이 든다는 부분은 큰 부담이었다. 아울러 준비기간이 빠듯하고 전담 인력이 없는 현실을 감안할 때 급한 고객의 요구는 매우 당황스러웠다. 설상가상으로 협력사의 반응도 부정적이었다. 그래서 관련 교육부터 듣고자 정부나 민간 기관의 교육을 찾았다. 교육을 받아도 너무 어려워 회사 자체적으로 수행하기는 쉽지 않다고 느꼈다. 그렇다고 비싼 컨설팅을 쓰기도 어렵고. 뭔가 특단의 대책이 필요하다."

에코디자인 규정(Ecodesign Regulation) : 디지털제품 여권(Digital Product Passport) 등

EU는 2022년 3월 모든 물리적 제품에 '디지털 상품 여권(Digital Product Passport)' 제도를 시행하도록 규정하는 '에코디자인 규정(Ecodesign Regulation)' 초안(EU Commission(2022), Proposal for a Regulation establishing a framework for setting ecodesign requirements for sustainable products and repealing Directive 2009/125/EC)을 발표하였다. 이후 2024년 4월 23일 유럽 의회에서 기존의 '에코디자인 지침'(Ecodesign Directive)을 개정하는 '에코디자인

규정'(Ecodesign for Sustainable Product Regulation, 이하 '본 규정안')을 의결했다. 본 규정안은 주로 에너지 효율성의 측면을 강조하였던 기존 에코디자인 지침과는 달리, 제품의 전 생애주기 동안 발생할 수 있는 환경적 영향을 줄이고 지속가능성을 강화하기 위함이다. 지속가능성 항목은 제품의 내구성, 재활용 가능성, 에너지 효율성 등을 포함한 다양한 기준을 추가하였다. 향후 EU 이사회의 공식 승인 절차와 관보 게재, 실행계획(Working plan) 확정 등의 절차를 거쳐 본격적으로 시행될 예정이다.

본 규정안은 총 14개의 장(Chapter)로 구성되어 있으며 주요 내용으로 에코디자인 요구조건(Ecodesign requirements, 제2장), 디지털제품 여권(Digital product passport, 제3장), 라벨(Labels, 제4장), 판매되지 않은 소비재의 폐기(Destruction of unsold consumer products, 제6장) 등이 있다. 생산업체, 수입업체, 유통업체에게 시장에서 판매되는 모든 물리적 품목과 관련하여 에코디자인 요구조건 준수 의무를 부과하고 있다. 특히 본 규정안은 제품의 전 생애주기에 걸쳐 전자여권을 통해 제품의 지속가능성에 관한 정보를 공개하도록 하고 있다.

기업은 제품의 설계 단계에서는 에너지 사용 및 에너지 효율성, 물 사용 및 물 사용 효율성(energy use and energy efficiency, water use and water efficiency) 등의 정보를 측정 신고해야 한다. 판매·유통 단계에서는 탄소 및 환경발자국(carbon and environmental footprint) 등의 정보를, 폐기 단계에서는 재활용 가능성, 예상 폐기물 발생량(reusability and expected generation of waste) 등의 정보를 공개해야 한다. 그 결과 다양한 이해관계자들은 제품의 전 생애주기에 걸쳐 지속가능성 정보를 확인할 수 있게 된다. 소비자 관점에서 보면 정보의 투명성으로 선택의 폭이 확대되고 의사결정이 쉬워진다. 법은 이미 통과되었지만, 얼마나 많은 기업이 이를 알고 준비하고 있는지는 의문이 든다. 이미 유럽시장에 진출하였거나 향후 유럽시장 진출을 계획하고 있는 국내 기업들로서는 초기 제품 디자인 단계부터 에코디자인 요건을 점검하고 준비하여야 하는 무거운 짐이 생기기 때문이다.

이와 같이 EU는 오랜기간 다각적인 ESG 및 환경규제에 대한 준비를 해왔다. 하지만 우리나라를 포함한 전세계 수출국 입장에서는 갑자기 나타난 당혹스러운 무역장벽의 하나로 느껴 준비에 소홀한 것이 사실이다. 분명한 것은 대부분의 규제가 법적인 효력이 있는 Regulation, Directive으로 발효되어 유럽 내 연합국들이 빠르게 도입 적용할 수 밖에 없다는 점이다. 아울러 그 제재 또한 강력하여 우리 수출 기업에게 큰 부담이 아닐 수 없다.

미국판 탄소국경세, CCA (Clean Competition Act, 청정경쟁법)

미국도 연방정부 차원의 탄소저감제도이자 '미국판 탄소국경조정제조(CBAM)'로 불리는 '청정경쟁법(CCA, Clean Competition Act, 이하 CCA)를 만들었다. 2021년 3월 미국 무역 대표부(USTR) 통상정책 연례보고서를 통해 탄소 국경 조정세 도입을 시사하였고, 같은 해 7월 민주당이 탄소 집약적 수입품에 탄소 국경세 부과 법안(Fair Transition Competition Act)을 하원에 발의했다. 이듬해인 2022년 6월에는 상원에서 탄소국경조정

구분	내용	시사점
과세 대상 (적용 품목)	• 에너지 집약산업(정유, 석유화학, 철강, 유리, 제지 등) 12개 품목 HS Code([1]) 6자리 기준 　– '27~'28년 : 500파운드(약 225kg) 제품 　– '29~'30년 : 100파운드(약 45kg) 제품으로 확대	• HS Code 판정 중요 • 자동차, 전기전자 제품 등으로의 확대 대비
과세 가격	• 대상 물품에 내재된 탄소배출량 기준 　① 공장에서 대상품목을 생산하는 과정에서 발생된 탄소배출량을 　② 해당 공장에서 생산된 대상 품목의 총 중량(톤)으로 나눈 값	• 제품탄소 측정 중요 • 원산지 국가의 배출 집약도와 미국 산업 평균 배출 집약도차이를 추가로 고려(별도 발표 예정)
납세의무자	• 수입자	• 수출사의 수입자에 대한 정보 제공 필요
세율	• 톤당 55달러, 매년 물가상승률 고려 실질 5% 인상	• 2030년까지 약 90달러 육박할 것으로 추정
신고 납부	• 2025년 1월부터 적용, 연간 1회 • 2026년 6월 30일 신고 및 9월 30일 납부 • 최빈국 면제, 수출 시 환급 가능	• 상세 법안 발표 이후 Update 예정

([1]) HS Code : Harmonized System, 전세계 통계/관세 목적으로 동일하게 적용되는 Code

출처 : PwC 컨설팅 보고서 (파이낸셜뉴스 입력 2024.01.25 14:03수정 2024.01.25 1)

세 도입을 위한 CCA를 발의하여 2024년부터 시행되었다. 컨설팅 기관에서 발표한 CCA에 대한 주요 내용은 위 표와 같다.

　물론 미국은 연방정부가 아닌 개별 주들에서 시행중인 환경 또는 ESG 관련 규제들도 존재한다. 예를 들어 미국 내 지역(주) 단위의 ETS(Emission Trading System; 탄소 배출 거래 제도)로 캘리포니아, 워싱턴 주의 Cap and Trade Program(산업 전체에서 배출되는 탄소(톤당 $18 수준/2021년) 또는 북동부 11개 주의 Regional Greenhouse Gas Initiative(전기 발생시 발생되는 탄소(톤당 $6 수준/2021년))가 포함된다. 그러나 이들은 탄소 배출에 비용을 부과하는 형태는 아니다. 최근 화제가 된 IRA(Inflation Reduction Act; 인플레이션 감축법)같은 규제도 전기 자동차 구매시 세액공제나 보조금 지원 등을 통해 녹색 전환 성장을 하겠다는 것으로 탄소 배출에 직접적인 비용을 부과하지 않는다. 그러나,

우리나라의 IBK투자증권(2022년 김인식 연구원), 국회미래연구원(2023년 정훈 연구위원) 등 주요 기관들은 CCA를 단순히 환경 보호를 위한 제도로 보지 않는다. 글로벌 '탄소국경세' 도입의 신호탄인 EU의 CBAM과 비슷한 성격의 무역관세로 본다. 현대자동차를 예로 들면, 지난해 이 회사가 만든 제품에서 발생한 온실가스 약 240t 중 10%가 미국 수출품에서 발생했다면, 약 172억 원의 추가 비용이 들 수 있다. 지난 2024년 3월 8일 매일경제 신문에 기고된 내용을 요약하면 다음과 같다. "EU CBAM과 비교했을 때 미국 CCA의 가장 큰 특징은 수입 국가의 배출집약도와 미국 산업평균 배출 집약도 차이를 고려하는 것이다. 미국 증권거래위원회(SEC)는 2026년부터 미국 상장사들은 탄소배출 공개를 의무화하는 '기후공시' 규정을 제정했다. 물론 2022년 3월 공표할 당시의 초안보다 내용이 완화되었지만 미국 상장사들은 온실가스 배출량을 공개하여야 한다고 발표했다. 우리나라의 경우 미국 증시에 상장된 한국 전력, 포스코 등 기업이 해당되며 홍수, 산불 등 자연재해로 인한 잠재적인 피해규모도 추정하여 공시해야 한다"고 말했다(출처: 2024년 3월 8일자 매일경제 기사).

한국의 탄소중립 관련 비전, 전략과 기본 계획

앞서 살펴본 바와 같이 탄소중립을 위한 국제사회의 노력이 강화되고 있다. EU, 미국 공히 탄소 발생량을 규제하는 법제화가 핵심이다. 전자제품여권처럼 생애 주기 전체적인 환경 영향 신고도 규제화된다. 이에 발맞춰 한국 역시 2020년 12월 문재인 전 대통령이 '2050년 탄소중립'을 선언했다. 이후 여러 제도들이 고안되고 제정되고 있다. 대표적으로 한국은 2021년 9월 〈기후변화대응을 위한 탄소중립·녹색성장 기본법〉(이하 기본법)을 제정하고, 2022년 3월 시행령을 제정하여 탄소저감을 위한 국가 차원의 계획과 전략추진 기반을 마련하였다. 기본법은 2050 탄소중립이라는 국가목표 달성을 위한 법적 절차와 정책수단을 담은 법률이다. 이로써 우리나라는 2050 탄소중립 비전을 법제화한 14번째 국가가 되었다. 이 로

[국가비전, 전략 및 기본 계획 주요과제]

국가비전

2050년까지 탄소중립을 목표로 하여 탄소중립 사회로 이행하고, **환경과 경제의 조화로운 발전**을 도모

국가전략

구체적·효율적 방식으로 온실가스를 감축하는 **책임감 있는 탄소중립**	민간이 이끌어가는 **혁신적인 탄소증립·녹색성장**
모든 사회구성원의 공감과 협력을 통해 **함께하는 탄소중립**	기후위기 적용과 국제사회를 주도하는 **능동적인 탄소중립**

중장기 감축목표

2030년까지 "온실가스 40% 감축" 달성

2018 727.6백만톤 ➡ 2030 436.6백만톤

부문별 감축정책

전환	산업	건물	수송	농축수산
·석탄발전 감축 ·원전+재생e↑ ·수요효율화	·핵심기술 확보 ·기업지원 ·배출권 고도화	·제로에너지 건축물 확대 ·그린리모델링	·무공해차 보급 ·철도·항공·해운 저탄소화	·저탄소 농업구조 전환 ·어선 및 시설 저탄소화

폐기물	수소	흡수원	CCUS	국제감축
·지속가능한 생산 소비체계 ·자원 순환 이용 확대	·청정수소공급확대 ·수소활용 생태계강화	·산림순환경영 ·내륙·연안습지 복원 및 보호	·법령, 저장소 등 인프라 마련 ·기술확보상용화 R&D	·민관합동 자원 플랫폼 ·부문별 사업 발굴 및 이행

이행기반 강화정책

기후위기 적응	녹색성장	정의로운 전환
·기후감시·정보제공 ·극한기후 대응 ·취약계층 지원	·녹색기술 육성 ·녹색산업 성장 ·녹색 재정·금융 확대	·정의로운 전환 특별지구 지정 ·탄소중립 전환 영향 집단 지원

지역주도	인력양성·인식제고	국제협력
·지자체 탄소중립 기반 구축 ·지역 기후대응 역량 강화 ·중앙–지역 상호 협력 활성화	·저탄소·미래분야 인력 양성 ·탄소중립·녹색생활교육 ·범국민 실천운동 확산	·기후대응 국제입지 강화 ·그린 ODA 확대

범정부 상설 협의체 + 이행점검·평가체계 운영

국가 탄소중립, 녹색성장 기본 계획(2023. 3)

드맵의 중간목표로 2030년 탄소 배출량을 2018년 대비 40% 감축한다는 목표를 수립하여 법제화했다.

위의 그림에서 보는 바와 같이 2050 탄소중립 국가목표를 달성하기 위해 중앙정부와 지방자치단체들은 탄소중립 녹색성장 기본계획을 수립해야 한다. 이를 통해 온실가스 감축, 기후위기 적응, 정의로운 전환, 녹색성장 등 4개 분야별 시책을 실행하도록 하였다. 추진체계의 특성은 기존 중앙정부·전문가 위주에서 벗어나 중앙-지방, 산업계, 미래세대·노동자 등 사회 전 계층이 참여하는 새로운 협치(거버넌스)체계로 전환하도록 했다. 온실가스 감축시책과 관련하여 기후변화영향평가, 온실가스감축 인지예산 등 국가재정 및 계획 전반에 탄소중립을 주류화하도록 했다. 이를 위한 새로운 제도적 수단 도입과 더불어, 파리협정 제6조에 따른 국제 감축사업 추진 근거도 함께 마련하였다. 또한 탄소중립으로의 전환과정에서 피해를 입을 수 있는 지역·계층을 보호하기 위한 정의로운 전환 원칙도 명시하였다. 이와 같은 시책들이 원활히 추진될 수 있도록 기후위기대응기금을 설치하여, 온실가스 감축, 산업구조전환, 취약·계층 지원, 연구개발 및 인력양성을 위해 정부가 주도적인 역할을 하도록 규정하였다. 이처럼 탄소중립을 위한 국가적 목표와 추진방향, 체계 등은 설정이 되었다. 하지만 가장 중요한 산업계에서의 실천 및 대응방향에 대한 구체적 가이드라인은 부재하다는 평가가 있다.

ESG 정보 공시, 우리의 준비는?

지금까지 ESG(Environmental, Social, Governance) 정보 공시는 규제가 아닌 기업의 자발적인 활동으로 출발하여 전 세계적 통일된 보고기준이 부재하였다. 자발적인 이니셔티브들은 각 기관별 다양한 기준을 구성하기 때문에 흔히 'Alphabet Soup'(설명 : 약어 형태의 단어·이름이 난립해 이해하기 어려운 상황을 빗댄 표현)이라고 여겨졌다. 대표적으로 2021년 11월 IFRS(International Financial Reporting Standards) 재단에서 ISSB(International Sustainability Standard Board, 국제지속가능성기준위원회)를 설립했다. 2023년 6월 첫 번째 기준서인 IFRS S1 '일반 요구사항' 및 IFRS S2 '기후 관련 공시기준'(이하 "ISSB 공시기준")를 발표하였다. 이는 IFRS 회계기준의 핵심개념을 기반으로 재무제표와 함께 지속가능성 관련 정보를 투자자에게 제공하도록 설계된 공시기준이다. 전세계적으로 공통으로 적용될 수 있는 최초의 지속가능성 공시기준이라는 점에서 의의가 있었다.

그러면 우리나라는 어떤 준비를 하고 있을까? 가령 한국은 국제적 추세에 맞춰 ESG를 제도화하기 위해 자산 2조원 이상 상장사는 2025년까지, 그 외 KOSPI 상장사 등은 2030년도부터 ESG 공시를 의무화했다. 그러나 최근 시작 시점을 2025년에서 2026년으로 미루는 등 글로벌 트렌드에 반하는 정책이 발표되었다. ESG 공시 세부 방안을 만들기 위해 2023년 1월 27일 한국회계지준원에 7명의 위원으로 구성된 지속가능성기준위원회(KSSB, Korea Sustainability Standards Board)를 설립하였다. KSSB는 이러한 국제동향에 대한 분석 및 다양한 이해관계자와의 논의를 통해 2024년

구분	번호	명칭	비고
의무공시 기준	제1호	지속가능성 관련 재무정보 공시를 위한 일반사항	지속가능성 사안과 관련된 개념적 기반과 일반사항 제시(IFRS S1 기반)
	제2호	기후 관련 공시사항	기후 관련 위험 및 기회 관련 공시 요구사항 제시(IFRS S2 기반)
추가공시(선택) 기준	제101호	정책 목적을 고려한 추가공시 (선택) 사항	지속가능성 관련 사안 중 정책 목적에 따라 공시가 권유되는 사안을 다룸

법무법인 세종 뉴스레터(2024. 5. 3 한국회계기준원, 국내 지속가능성 공시기준 공개 초안 발표)

4월 30일 다음과 같이 공개 초안을 마련하였다. 공개 초안은 기업이 준수해야 하는 의무 공시기준(제1호 및 제2호)과, 적용 여부를 선택할 수 있는 선택 공시 기준(제101호)으로 구성되어 있으며 위 표와 같다.

공개 초안에 대한 의견 조회 기간 동안 지속가능성 공시를 담당하는 기업 실무진들은 자유롭게 의견을 개진할 수 있다. 지속적으로 공시 여부가 논의된 Scope 3 온실가스 배출량(직접, 간접 배출량 외 공시기업이 소유하거나 통제하지 않는 배출원으로부터 발생하는 간접 배출량) 공시의 경우, 공시 의무화 여부와 의무화 시 그 시기 등에 관하여 의견 조회 기간을 통해 기업의 의견을 수렴할 예정이라고 밝혔다. 유럽이나 미국에 비해 여전히 국내 ESG 제도화를 위한 기반이 매우 미비한 상황이다. ESG 관련 제도화가 미비한 상황에서 가장 시급한 문제는 아래 수출 중견기업의 국제 환경규제 대응력일 것이다. 아래는 수출 중견기업의 실무자의 인터뷰 내용이다.

[사례] 수출 중견기업의 실무자의 고민 (2023년 하반기)

- 회사 현황: 건축 자재용 스크루 나사못 수출 제조기업으로 세계일류상품 생산기업(2001~2006년)에 포함된 기업 중 하나이다. 주요 고객으

로 I사가 있다. 이 회사는 100년 이상된 글로벌 산업제품과 장비제조기업으로 포춘 200대 기업에 속하며 시가총액 710억 $, 57개국에 4만 6천여 명의 직원 보유한 회사다. 실무 담당자를 만나 인터뷰한 결과 탄소배출, 특히 Scope 3 관련한 깊은 고민을 알 수 있었다. 주요 내용을 살펴보면 "I사인 고객과 거래에서 기존에는 품질과 가격이 주된 협상 의제였다. 그러나 탄소배출을 보고하라고 하니 경험이 없어 수출 자체를 재검토해야 할 상황이다."고 말하였다.

정부는 EU CBAM 시행 관련하여 기업의 애로사항을 청취하고 민관합동의 기업설명회를 개최하고 562쪽 분량의 EU CBAM 가이드라인을 산업부·환경부 등 유관기관이 공동으로 작성해 배포했다. 또한 2024년 2월 24일 주관부처인 중소벤처기업부에서 '2024년 중소기업 CBAM 대응 인프라 구축사업'에 대한 발표도 있었다. 주요 내용은 철강, 알루미늄, 시멘트, 비료, 수소, 전기 6품목을 유럽연합(EU) 등에 직·간접 수출하는 중소기업 대상으로 모집한 후 탄소배출량 산정·검증 지원을 하는 내용이다. 대상 품목은 유럽연합(EU)에서 제시한 수출 씨엔(CN)코드로 대상 제품인지 확인하며 선정된 기업은 상담(컨설팅) 및 검증 비용을 2천만 원 이내로 지원받는다. 특히 1:1 컨설팅을 통해 배출량을 측정하기 전 공정분석, 배출량 산정, 향후 감축활동 계획 등 서비스를 제공함으로써 "기업은 컨설팅·검증 비용 부담을 줄이고, 관세부담을 경감할 수 있을 것"이라고 정부관계자는 기대했다.

앞서 살펴본 EU, 미국에서 추진하고 있는 글로벌 환경 규제의 방향은 점차 법적인 강제성을 띄고 있다. 법무법인 전문 변호사는 글로벌 환경 규제의 심각성에 대해 다음과 같이 말하였다. "글로벌 규제가 빠르게 법제화되고 있으며 이를 준수하지 못하면 공급망 퇴출이라는 치명적인 결과를 낳는다". 앞서 살펴본 글로벌 환경 규제의 방향은 크게 두 가지로 나뉜다. 첫째는 배터리 규제와 같이 탄소 발생이 과다한 제품을 시장에서 퇴출하는 법이다. 다른 하나는 EU 탄소국경조정제도(CBAM)나 미국 청정경쟁법(CCA) 등과 같이 탄소 발생량에 비례하는 추가 세금을 징수하는 규제이다. 기업 관점에서 퇴출이나 추가 세금 모두 경쟁력에 심각한 영향을 끼친다. 따라서 법적 요건을 만족시켜 사업의 불이익을 최소화하는 것이 중요하다. 이렇듯 글로벌 환경 규제에 대한 대응은 선택이 아닌 생존이며 법률의 문제인 것이다. 글로벌 법적 요건의 만족을 위해 EU 등 규제를 주도하는 국가들은 규제의 신뢰성 확보를 위해 디지털 인프라 구축을 요구하고 있다. 이를 위해서는 디지털 기반의 데이터 확보와 이를 기반한 신고 체계가 정의되고 있다. 여기에 공통의 표준이 기반이 되면서 말이다. 2026년부터 수입하는 제품에는 공급망 전체 정보를 디지털 기반으로 제공을 의무화하는 EU 디지털 제품 여권 (Digital Product Passport) 규제가 이를 대변한다.

공급망의 이해:
원재료에서
소비자까지

공급망의 이해와 중요성

공급망(Supply chain)이란 '원료(raw material)를 추출해 정제하고 부품을 만들어 고객에게 납품하거나 소매상 선반에 유통되는 완성품(final product)으로 조립하는 비류적 선형사슬'이라고 정의된다(탄소중립시대, ESG 경영을 생각한다! 밸런싱 그린). 어려운 표현인데, 좀더 직관적으로 제품 생산을 위한 원재료부터 완제품이 최종소비자에게 전달되기까지의 재화, 서비스 및 정보의 흐름이 이뤄지는 연결망을 말한다. 공급망 단계를 간략하게 구분하면 원료 채취 - 제조 전 단계 - 제조 - 사용 - 폐기(재활용, 소각, 매립)로 나눌 수 있다. 좀 더 상세하게 구분해 보면 원료 채취 - 운송 - 원자재 생산 - 운송 - 제품 생산 - 운송 - 사용 - 운송 - 폐기로 구분할 수 있을 것이다. 이와 같은 공급망을 관리하는 말 그대로 공급망 관리(Supply Chain Management)의 범위는 지속적으로 확대되고 있다. 1950년~1960년대에는 단순히 물류 관점에서 접근했었다. 하지만 1990년대 이후 공급망 관리가 경영 어젠다 중 하나로 자리매김되었다. 지금은 글로벌 공급망 관리가 기업의 핵심 역량으로 언급되고 있다. 고객 및 이해관계자들에게 부가가치를 창출할 수 있도록 최초 공급업체로부터 최종 소비자까지 유무형의 제품, 상품과 서비스 및 정보의 흐름이 원활하게 이루어지도록 비즈니스 프로세스를 통합적으로 운영하는 전략이 공급망 관리의 핵심이다.

아래 2개 사례를 통해 공급망 관리, 특히 글로벌 관점과 이해관계자 관

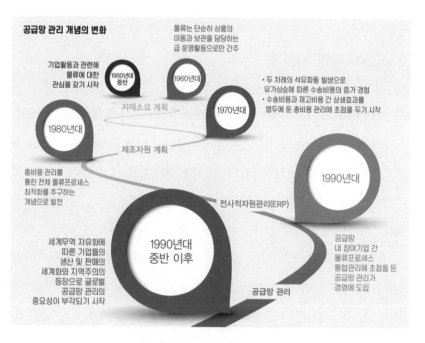

출처 : 2022. 6월호 vol. 121 〈월간통상〉

점에서 인식도를 알아보자.

1996년 미국의 시사주간지인 '라이프(LIFE)'에 "시간당 6센트"라는 제목으로 파키스탄 소년이 표지에 실렸다. 11살인 파키스탄 소년은 미국에서 30~60달러에 팔리는 유명회사 축구공의 상표 로고를 시간당 6센트의 임금을 받고 바느질하였다. 또한 2013년 4월 24일, 방글라데시에 있는 8층짜리 Rana Plaza 의류 공장이 붕괴되어 1,100구 이상의 시체가 운구되는 끔찍한 뉴스보도가 미디어를 메웠다. 대부분 기업이 전날 벽에 큰 균열이 생기는 것을 보았음에도 강제로 일을 시켰다. 붕괴된 현장에서는 Walmart, J.C. penny를 포함한 많은 유명 소매상들의 주문 의류가 발견되었다. J.C. Penny의 대변인은 '브랜드 파트너의 공급기지를 파악하지 못했다'는 잘못을 인정하고 적극적인 노력을 할 것이라고 말하였다.

"명성을 쌓는 데는 20년, 망치는 데는 5분이 걸린다"고 워렌 버핏(세계 최고의 부자 중 한 명으로 전설적인 투자가로 불리며, 버크셔 해서웨이의 대주주이자 회장 겸 CEO)은 말하였다. 기존에는 자사 내에서 제품 제조와 연계된 지속가능성 개선에 집중해 왔다. 지금은 지속가능성의 핵심 요소 중 하나가 공급망 관리가 되었다. 요구가 강화되고 있는 것이다.

공급망은 통상 자사를 기준으로 업스트림(상류)과 다운스트림(하류)으로 나눌 수 있다. 업스트림은 제품 생산에 필요한 원자재와 부품을 확보하고 이동시키는 활동이며, 다운스트림은 제품을 시장에 내놓기 위한 운송과 유통을 말한다. 앞서 살펴본 사례는 업스트림 공급망 분야 인권문제로 큰 이슈가 된 것이다. 이에 따라 2011년 UN에서는 〈기업과 인권 이행지침〉이 만들어졌다. 이후 이 지침은 유엔글로벌콤팩트(UNGC)에서 〈기업과 인권 지침서, 실사 가이드라인〉으로 진화·발전하게 된다. 또한 산업별 다양한 이니셔티브가 생겨나 자율적 행동 규범(Code of Conduct)과 공급망 실사 수행을 지원하고 있다. 이제 공급망 관리는 인권 문제를 넘어 환경 규제 대응으로 확대되고 있다. 이 부분은 EU와 독일의 공급망 실사 지침을 통해 알 수 있다.

EU의 공급망 실사 지침

EU 주요 국가는 이미 기업의 공급망 실사를 강제하고 있다. 2015년 영국을 시작으로 2017년 프랑스, 2019년 네덜란드가 시작하였다. 영국은 자국 기업과 공급망을 대상으로 강제노동을 방지하기 위한 회사 정책, 실사 프로세스, 리스크 관리 절차, 효과성 평가, 임직원 교육 실사 결과를 공개하도록 의무화하였다. 프랑스의 경우 자국 기업에 공급망 내 인권 현황을 모니터링하고 인권 침해 방지 대책을 공개하도록 하였다. 네덜란드는 민·형사 처벌을 강화하였으며, 사업장과 공급망에 대한 아동노동 근절·예방 성명서를 제출해야 하며, 위반 시 매출의 최대 10%를 벌금으로 내야 하고, 5년 내 2회 이상 법규를 위반해서 벌금을 내면 책임자에게 2년 이내의 징역까지 내린다. 주로 노동과 인권의 규제였다. 그러나 자체 실사 등 약한 규

규칙	모든 내용이 구속력을 갖고 회원국 내에서 직접적인 효력을 가짐
지침	달성하려는 목적에 따라 적용대상이 되는 회원국을 구속하지만 그 형식과 수단의 선택은 회원국의 기관에 유보
결정	적용대상을 특정한 국가, 기업, 개인 등에게 한정한 것. 대상이 되는 국가, 기업, 개인 등을 직접 구속함
권고	가맹국이나 대상기업, 개인 등에게 일정한 행위나 조치를 할 것을 기대하면서 유럽위원회가 표명하는 것. 법적 구속력 없음.
의견	득징한 주제에 관하어 유럽위원회의 의사를 표명하는 것. 권고와 마찬가지로 법적 구속력 없음.

EU 법 체계 및 내용

제는 효과성에 의문이 있었다. 다양한 법을 통합하여 환경까지 포함한 지침 필요성이 대두되었다. 이에 EU는 2020년 4월 통합적인 '공급망 실사 의무화 법안' 계획을 발표했다. 2022년 EU 집행위에서 공급망 실사 지침 (Corporate Sustainability Due Diligence Directive) 초안을 발표한 후 EU 이사회 등의 논의를 거쳐 2023년 12월 14일 '공급망 실사 지침'을 확정하게 된다. 핵심은 기업이 자신의 공급망 전체적인 인권 및 환경 영향을 실사하도록 의무화한 것이다. 각자의 자발적인 실사 체계만으로 인권 및 환경보호 검증에 한계가 있어 공통의 실사 체계를 만든 것이다. 참고로 지침은 EU 법 체계상 두 번째에 해당한다. 공급망 실사 지침도 강제성이 있는 법이라는 말이다. EU, 미국에서 추진하고 있는 글로벌 환경 규제의 방향은 점차 법적인 강제성을 띄고 있다는 사례다. EU 법 체계는 위 그림을 참조하길 바란다.

독일 공급망 실사법

최근 독일 연방정부는 공급망 실사법을 통과시켰다. 공급망법(Supply Chain Act) 및 실사법(Due Diligence Act)이라고도 하는 이 법은 2023년 1월 1일에 발효되었다. 이 법이 진행되어 온 여정은 다음과 같다. 독일공급망 실사법은 2011년에 발표된 UN 기업 및 인권 이행 원칙을 기반으로 하고 있다. 독일에서는 2016년에 이러한 기본 원칙에 따라 기업과 인권에 관한 국가 행동 계획을 채택하였다. 2023년 1월부터 독일의 공급망 실사법은 크게 인권 보호와 환경 보호 강화에 초점을 둔 법안으로, 2021년 6월 25일 독일 연방의회에서 승인됐다. 이 법안은 글로벌 공급망에서 특히 인권 보호를 개선하는 것에 목표를 두었으며 아동 노동, 강제 노동 금지 등 기본적인 인권 기준을 준수하는 사항을 담았다. 또한 기업의 실사를 위한 명확하고 실행 가능한 요구 사항을 정의함으로써 기업과 영향을 받는 당사자에게 법적 확실성을 제공한다. 따라서 이 법의 취지는 자국 내 시장보호를 추구하고 해외에 대한 경제적, 상업적 의존도를 낮추며 동시에 해외 시장 공략을 위한 것이다.

2023년부터 자국 기업에 공급망 실사·보고를 의무화했다. 공급망에서 인권침해가 발생하거나 환경 기준을 충족하지 못한 기업을 발견하면 매출의 2%에 달하는 벌금을 부과하고 공공조달 대상에서 퇴출시킬 예정이다. 독일의 경우 유럽국가 내에서 제조업을 선도하고 있으나 다소 늦게 공급망 실사법을 발효하였다. 아마도 직접 영향을 받는 자국 제조 기업 반발이 큰 이유였을 것이다. 그 실사 의무의 핵심 요소에는 인권 침해 및 환경 피해 위험을 식별, 예방 또는 최소화하기 위한 위험 관리 시스템 구축이 포함돼 있

적용 대상	(2023년) 근로자 3,000명 이상 고용 기업 ➔ (2024년) 근로자 1,000명 이상 고용 기업
실사 대상 공급망 범위	**직접 협력사(direct supplier)** : 원칙적 실사의무 부담 **간접 협력사(indirect supplier)** : 협력사의 의무 위반 가능성을 인지한 경우에 한해 실사의무 부담

인권 리스크(2조)	실사의무(3조)
아래 위반 사항에 대한 충분한 개연성 있는 경우 1) 15세 미만 아동 취업금지 2) 18세 미만 가혹한 형태의 아동노동금지 3) 강제노동금지 4) 모든 형태의 노예제금지 5) 작업장 안전/보건조치의무 경시 금지 6) 결사자유 침해 금지 7) 불평등 대우 금지 8) 임금 체불 금지(최저임금 보장) 9) 토양/물/대기 등 오염금지 10) 불법적인 토지/삼림/물 박탈 금지 11) 민간/공공 보안군 이용 금지 12) 기타 작위/부작위에 의한 침해 금지	1) 리스크 관리 시스템 구축 2) 기업 내부 책임자/책임부서 확정 3) 정기적 리스크 분석의 실행 4) 인권정책 원칙 선언 5) 자체 사업영역 및 직접 협력사에 대한 예방조치 6) 구제조치 7) 고충처리절차 구축 8) 간접 협력사 관련 실사의무 이행 9) 문서 작성/보고

책임	과징금 : 매출액의 2% 이하(또는 800만 유로)	불이익 : 공공조달 사업에서 배제(최대 3년)

독일 공급망 실사법 개관(2021년 제정, 2023년 시행)

다. 이와 관련 공급망 실사법은 필요한 예방 및 개선 조치를 명시하고 불만 절차를 의무화하고 있으며, 정기적인 보고를 요구하고 있다. 공급망 실사법에는 특히 아동 노동 금지, 노예제 및 강제 노동으로부터의 보호, 차별 금지, 산업 안전 보호, 적절한 임금 미지불 금지 등에 관한 사항을 포함하고 있다. 사람과 환경에 유해한 물질 또한 금지하고 있다. 상세 내용은 위 표를 통해 살펴볼 수 있다.

공급망 실사법은 2023년부터 독일에 근무하는 고용 인원이 3000명 이상인 대기업에 우선 적용되는데 약 900개의 기업에 해당된다. 2024년부터는 고용 인원이 1000명 이상인 기업에 확대 적용될 예정으로 독일 기업뿐 아니라 독일에 지사를 둔 외국계 기업에도 해당된다. 국내 많은 기업도 적용 대상에 포함되므로 준비가 필요하다.

대상기업의 자체 사업 영역	• 인권 존중을 위한 정책 강령 채택 • 위험 분석 : 인권에 대한 부정적 영향의 식별을 위한 절차 시행 • 위험 관리(예방 및 구제 조치 포함) : 인권에 대한 잠재적인 부정적 영향 방지 • 고충처리절차 구축 • 문서화 및 보고
	• 독일 내 위반이 발생한 경우 기업은 즉각적인 구제 조처를 해야 함.
직접 공급업체	• 인권 존중을 위한 정책 강령 채택 • 위험 분석 : 인권에 대한 부정적 영향의 식별을 위한 절차 시행 • 위험 관리(예방 및 구제 조치 포함) : 인권에 대한 잠재적인 부정적 영향 방지 • 고충처리절차 구축 • 문서화 및 보고
	• 직접 공급업체의 경우 가까운 시일 내 위반행위를 근절할 수 없을 시 이를 최소화하고 예방하기 위한 구체적인 계획 수립 필요
간접 공급업체	• 잠재적인 위반 사항이 있을 시 아래의 실사 의무 즉시 적용 • 위험 분석 시행 • 위반행위 최소화 및 방지계획 실행 • 위반한 당사자에 대한 적절한 예방조치 시행. 이 경우 업계 전반의 이니셔티브를 구현하는 것 또한 하나의 가능성으로 대두

출처 : 독일연방경제협력 · 개발부(BMZ)/KOTRA 프랑크푸르트 무역관 재인용

기업실사의 핵심 사항(KOTRA 프랑크푸르트 무역관) 공급망 실사법에 대한 논쟁

공급망 실사법에 대한 논쟁

공급망 실사법의 긍정적 측면은 공급망에서 인권 및 환경 침해를 관리할 수 있다는 데 있다. 현재까지 유럽에서 인권 착취를 막는 가장 강력한 법안이라는 데 이견이 없다. 이에 반해 당분간 EU 기업들은 경쟁에서 불리한 상황에 놓일 것이라는 비판도 있다. 정치적으로 만든 규제가 산업의 현실을 제대로 반영하지 않았다는 불만이다. 공급망 실사법은 특히 중견기업에 큰 도전이 되는 반면, 목표 달성이 쉽지 않을 것이라는 의견도 있다. 또한 현재 많은 기업들이 내년 시행되는 법안에 대하여 충분한 대비를 하지 못하고 있는 것으로 나타났다. 독일의 한 설문 조사에 따르면, 응답한 기업의 약 절반이 해외에 소재한 공급업체를 전혀 확인하지 않은 실정이다. 또한 이 법으

로 인해 생긴 비용 부담으로, 20%의 기업은 제품 가격을 올릴 것을 계획하고 있다고 한다. 조사에 참여한 기업의 18%만이 인권 및 환경 보호 기준을 충분히 준수하는 국가에서만 자재를 구매할 계획이라고 밝혔다. 또한 기업의 약 41%는 공급망 실사법에 직·간접적으로 영향을 받는다고 응답했다.

독일 기업들은 공급망법에 대응하기 위하여 어떤 노력을 하고 있는지 독일 대표적인 기업인 폭스바겐 그룹(Volkswagen Group AG)의 공급망 관리 현황을 살펴보고자 한다. 폭스바겐 그룹의 공급망 관리는 인권, 사회적 또는 생태학적 위험요소를 최소화해 공급망의 지속가능성을 개선하는 것에 중점을 두고 있다. 이를 위해 폭스바겐 그룹은 지속가능성을 저해하는 요소는 제거하고 성과는 개선할 수 있도록 책임감 있는 공급망 시스템(Responsible Supply Chain system, ReSC)을 도입했다. 이 시스템의 핵심은 인권침해, 환경오염과 같은 부문별 위험요소와 공급업체별 위험요소를 정

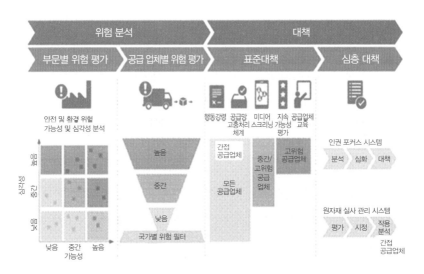

출처 : 폴크스바겐 그룹

기적으로 평가해 업체에 맞는 대책을 마련하고 공급망의 지속가능성을 꾸준히 개선시키는 것이다. 정기적인 분석을 통해 식별된 위험을 해결하기 위해 폭스바겐 그룹은 다양한 대책을 마련하고 시행하고 있는데, 이 대책은 크게 표준대책과 심층대책으로 나뉜다.

폭스바겐의 표준대책과 심층대책

표준대책에는 인권, 지속가능성과 같이 폭스바겐 그룹이 파트너에게 기대하는 사항들을 담은 비즈니스 행동강령과 공급업체의 고충처리시스템, 지속가능성 평가, 공급업체에 대한 교육 등이 포함된다. 'S등급제(Sustainabillity-Rating)'라 불리는 지속가능성 평가는 직원수가 10명 이상인 공급업체가 의무적으로 받아야 한다. 대 비즈니스 행동강령에 기반한 자체 설문조사와 현장점검을 통해 이뤄진다. 그리고 직원 규모가 100명 이상인 모든 공급업체는 환경경영 시스템 인증인 ISO 14001 또는 유럽연합의 EMAS 인증을 받았음을 증명해야만 한다. 직원 규모가 1000명 이상인 파트너의 경우 ISO 45001(안전보건경영시스템) 또는 그에 비할 만한 인증을 추가로 획득해야 한다. 한편, 공급업체 대상 지속가능성 교육도 시행하고 있다. (2022년 기준 폭스바겐 그룹의 공급업체는 90여 개국 약 5만 9000개에 달함.) 심층대책에는 인권 포커스 시스템(Human Rights Focus System)과 원자재 실사관리 시스템(Raw Material Due Diligence Management System)이 포함돼 있다. 인권 포커스 시스템은 공급망법에 대응하기 위해 2022년에 도입된 것으로 공급망의 인권을 위협하는 고위험 요소를 해결하기 위한 시스템이다. 프로세스는 공급망의 고충처리 데이터, 각종 연구, NGO 보고서 및 이해관계자와의 토론에서 얻은 데이터들을 분석 및 평가한다. 이를 통해 고위험 인권문제를 해결할 수 있는 대책 툴을 마련하고자 한 것이다. 폭스바겐 그룹은 2022년 수집한 데이터를 바탕으로 위험요소를 해결할 수 있는 솔루션을 개발하고 있다. 2020년에 도입된 원자재 실사관리 시스템은 OECD의 원자재 실사 지침에 기반해 마련된 시스템이다.

이상과 같이 2023년 초 의결된 독일의 공급망 실사법의 법안 주요사항과 모범적인 기업의 대책을 살펴보았다. 공급망 실사법 적용 대상은 우리나라 수출기업 중 4천만 유로를 초과하는 기업(고위험산업군 비중 50% 이상)이 해당될 것으로 보인다. 공급망 실사법의 국내기업 영향력을 파급력, 시급성, 대응 난이도, 종합 등으로 구분해서 살펴본 결과, 시급성에 대해서는 영향력을 비교적 낮게 평가하였으나, 파급력, 대응 난이도, 종합 부문은 매우 높게 평가하는 것으로 나타나 국내 기업이 느끼는 부담감이 매우 높다고 추정된다. 따라서 공급망 실사법에 대비하여 우리도 공급망 내 환경요소를 점검하고 필요시 대체공급망 발굴 등 공급망 재편을 서두를 필요가 있을 것으로 보인다.

요약하면, 공급망의 정점에 있는 기업은 공급망 전체에 대해 Scope 3를 포함하여 환경 영향을 관리하고 신고해야 하도록 규제가 강화되어 그 의무가 더욱 커지고 있다. 공급망 실사법이 이것을 여실히 보여준다. 하지만 기업들은 공급망에 대한 관리에 어려움을 느끼고 있다. 디지털 솔루션의 부재와 기업 간 파편화된 데이터의 호환에 어려움이 있기 때문이다. Scope 3 배출의 이해를 통해 공급망 기업의 관리와 데이터 호환 표준의 필요성을 좀 더 상세히 고찰해 보고자 한다.

CHAPTER 3

환경규제와
Scope 3 배출의 이해

지구 온난화의 원인이 되는 온실가스의 정의와 종류

우선 온실가스의 정의와 종류에 대해 알 필요가 있다. 온실가스란 대기 중에서 태양에너지를 흡수하고 지구온도 상승에 영향을 주는 가스로 약 30가지 이상이 있다. 그 중 측정, 관리 및 보고 대상으로 1997년 교토의 정서에서 6대 온실가스가 정의하였다. 이산화탄소(CO_2), 메탄(CH_4), 아산화 질소(N_2O), 수소불화탄소(HFCs), 과불화탄소(PFCs), 육불화황(SF_6)이 그것이 다. 온실가스의 종류와 그 Source는 아래 표와 같다.

이후 2015년 파리(Paris) 기후협약(COP-21, Conference of the Parties)에서 각 국 가들은 온실가스 배출량 감축을 합의하였다. 2021년 글래스고(Glasgow)

온실가스	설명
이산화탄소 (CO$_2$)	화석연료 소비증가로 배출되는 대표적 온실가스(전체 온실효과의 65%) ·Source : 화석연료의 연소, 산림파괴 등 인간 활동과 동·식물의 호흡과정, 유기물의 부패, 화산활동 등 자연활동으로 대기 중에 가장 많이 배출
메탄(CH$_4$)	이산화탄소 다음으로 중요한 온실가스 중 하나 ·Source : 천연가스, 산업공정, 폐기물 처리, 축산 및 습지, 바다, 대지의 사용, 쌀농사, 발효, 화석연료 등 다양한 인위적·자연적 요소가 존재 (체류시간 12년)
아산화질소 (N$_2$O)	대기 중 체류시간이 114년 되는 온실가스 ·Source : 해양, 토양 등이 있으며 화석연료, 생태소각, 농업비료의 사용, 여러 산업공정에서 배출되는 인위적 기원 등
수소불화탄소(HFCs)	오존층을 파괴하는 프레온 가스로 염화불화탄소의 대체물질로 개발 ·source : 냉장고나 에어컨의 냉매, 스프레이 등 주로 인공적으로 만들어 산업공정의 부산물로 사용
과불화탄소 (PFCs)	염화불화탄소의 대체물질로 개발. 탄소(C)와 불소(F)의 화합물 ·Source: 전자제품, 도금산업, 반도체의 세척용, 소화기 등
육불화황 (SF$_6$)	전기절연체로 사용(인공적인 온실효과를 유발하며 화학적, 열적으로 안정된 기체) ·Source : 전력변전소 및 전력망 등 전자(반도체 생산 공정), 고무/마그네슘 생산 등 *이산화탄소와 같은 양일 때 온실효과는 약 22,800배로 가장 크며 한번 배출되면 3200년까지 영향을 미침(이산화탄소 200년)

기후협약에서는 온실가스 감축 세부 이행규칙을 완성하였다. 이에 우리나라도 2050년 탄소중립 선언과 2030년까지 국가 온실가스 감축목표를 2018년 대비 40%로 감축(탄소중립기본법)하기로 하였다. 현재 배출권 거래제, GHG 프로토콜에서 6대 온실가스를 관리하고 있다. 통상 각각 가스의 배출량은 이산화탄소 양으로 변환하여 사용한다. 그래서 온실가스 언급할 때 이산화탄소만 되는 것이다. 한편 IFRS 기후관련 공시기준을 사용할 경우 삼불화질소(NF$_3$)를 포함한 7개 온실가스를 관리하여야 한다. 참고로 삼불화질소는 반도체 제조과정에서 사용되는 가스이다. 따라서 반도체 업종의 경우 6대 가스는

물론 삼불화질소에 대한 관리가 추가적으로 필요할 것이다.

Scope 1, 2, 3 정의 및 구분

Scope 1, 2, 3는 기업의 자체 운영 및 포괄적인 가치 사슬에서 발생하는 다양한 종류의 탄소 배출을 분류하는 방법이다. 이 용어는 2001년 온실가스(GHG) 프로토콜에서 처음 사용되었다. 이후 Scope 1, 2, 3는 온실가스 보고의 표준으로 사용되고 있다. GHG 프로토콜은 온실가스 배출량을 측정·관리 하고자하는 기관에게 기준, 방법론, 계산 툴을 제공한다. 포춘 500대 기업 10개사 중 9개사가 GHG 프로토콜을 도입했다. 이 GHG 프로토콜에서 온실가스가 어떻게 발생했는지에 따라 배출을 'Scope 1, 2, 3'로 구분하여 정의한 것이다. 온실 가스 배출량 보고서의 자발적 검증을 위한 국제 표준인 ISO 14064에서도 GHG 프로토콜을 준용한다. 참고로 ISO 14064 part 1은 GHG 배출량 및 제거량을 추정하고 보고하기 위한 원칙과 요구사항을 명시하며 ISO 14064 part 3는 GHG 보고의 검증을 수행하고 관리하기 위한 지침을 제공한다. Scope 1, 2, 3다음 페이지 그림과 같이 개괄적으로 살펴보면 먼저 온실가스 배출이 이루어지는 곳이 기업 내부인지, 외부인지에 따라 '직접배출(Scope 1)'과 '간접배출(Scope 2, 3)'로 구분된다. 간접배출은 다시 외부 에너지 사용에 따른 간접배출(Scope 2)과 기타 간접배출(Scope 3)로 구분된다. 참고로 직접 배출원은 해당 기업에 의해 소유되거나 통제되는 배출원, 간접배출원은 기업의 활동에 의해 배출되는 것이지만 다른 기업에 의해 소유되거나 통제되는 배출원을 말한다.

Scope 1은 기업 경계(기업이 소유하거나 통제할 수 있음) 내의 모든 직접적인 (direct) 온실가스 배출을 말한다. 여기에는 보일러 시설이나 용광로의 연료 연소, 회사 차량에서 연료 연소, 화학 제품 생산 공정 등이 포함된다.

Scope 2는 기업이 외부에서 구입한 전력(전기) 등의 에너지에서 배출하는 것을 말한다. 즉 외부에서 구매한 열, 냉각 또는 증기 소비로 인한 간접적인(indirect) 온실가스 배출을 말한다. 참고로 2010년 기준으로 전 세계 온실가스 배출량의 최소 3분의 1이 Scope 2를 차지한다고 한다. 기업이 주로 전기를 사용하기 때문이다.

Scope 1과 2가 기업 경계 내에서 직간접 배출량이면 Scope 3는 기업 경계 밖에서 일어나는 모든 배출량을 아우른다. 예를 들어 기업의 공급망 기업들에서 부품을 만들기 위한 것이나, 기업까지 부품을 운송하기 위해

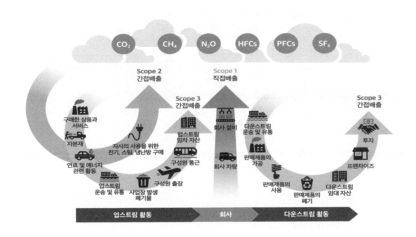

1) 2023년 5월 기준 약 2,700개 기업이 SBT 감축 목표를 설정하였으며, 약 1,800개 기업이 탄소중립 선언을 하였다.
2) GHG Protocol(2011), "Coporate Value Chain Accounting Reporting Standard", p.5.

Scope 1, 2, 3 구분

출처 : 실무자를 위한 온실가스 배출량 Scope 3 측정 가이드북(사회적 가치 연구원)

들어간 탄소 배출 양 들이다. 기업이 제품을 만들어 고객에 공급한 이후 폐기까지 배출량도 Scope 3에 포함된다.

Scope 3의 경우, 기업 외에서 발생하는 것이기 때문에 데이터를 수집해야 하는 항목이 된다. 앞서 언급한 공급망 관리법이 Scope 3 데이터 수집의 의무화를 의미한다. 공급자와 공급망 기업의 온실가스 배출관리를 지원하기 위해 GHG GHG 프로토콜(Greenhouse Gas Protocol, 온실가스 회계처리 및 보고기준)이 Scope 3를 총 15 가지 카테고리로 정의했다.

Upstream or downstream	Scope 3 category
Upstream scope 3 emissions	1. Purchased goods and services(구매한 상품 및 서비스) 2. Capital goods(구매한 자본재) 3. Fuel and energy-related activities(not included in scope 1 or scope 2) 　(연료 및 에너지 관련 활동 : Scope 1 또는 Scope 2에 포함되지 않는 것) 4. Upstream transportation and distribution(업스트림 운송 및 유통) 5. Waste generated in operations(운영과정에서 발생하는 폐기물) 6. Business travel(비즈니스 출장) 7. Employee commuting(직원 출퇴근) 8. Upstream leased assets(업스트림 임차 자산)
Downstream scope 3 emissions	9. Downstream transportation and distribution(다운스트림 운송 및 유통) 10. Processing of sold products(판매된 제품의 가공) 11. Use of sold products(판매된 제품의 사용) 12. End-of-life treatment of sold products(판매된 제품의 수명 종료 처리) 13. Downstream leased assets(다운스트림 임대 자산) 14. Franchises(프랜차이즈) 15. Investments(투자)

출처 : List of scope 3 categories

Scope 3 공시의 어려움

TCFD는 기후변화가 금융과 기업에 중대한 영향을 미치고, 금융기관의 자산 건전성 부실과 이로 인한 금융위기 초래 가능성이 높아짐에 따라 이

단계별 기간	NACE 레벨 2^{L2} 섹터
2021년부터	에너지 (석유 및 가스)와 광업(NACE L2 : 05 – 09, 19, 20)
2024년부터	교통수단, 건축, 건물, 재료 및 산업활동(i, e., NACE L2 : 10 – 18, 21 – 33, 41 – 43, 49 – 53, 81)
2026년부터	모든 산업군

Scope 3 배출량 필수 공시 산업군(EU TEG)

를 방지하기 위해 G20 국가들이 FSB(Financial Stability Board, 금융안정위원회)에 의뢰하여 2015년에 설립된 협의체이다. 2017년 정보공개 권고안의 ① 지배구조(Governance) ② 경영전략(Strategy) ③ 위험관리(Risk Management) ④ 지표 및 목표설정(Metrics and Targets) 4가지 핵심 요소를 발표했다. 이 중 Scope 3은 2021년 10월 업데이트 공고안「지표 및 목표설정」의 b) Scope 1, 2, 3 온실가스 배출량에 금융권에만 PCAF(Partnership for Carbon Accounting Financials) 기반 금융 비즈니스별 배출량 공시를 권고하고 있다. 그러나 EU TEG(Technical Expert Group on Sustainable Finance, 지속가능 투자 전문가 그룹)에서는 2021년 에너지(석유 및 가스)와 광업 산업군을 시작으로 2026년부터는 모든 산업군에서 Scope 3 배출량을 필수로 공시하도록 권고하고 있기 때문에, Scope 3은 점점 선택 요소가 아닌 필수 요소로 자리잡아 가고 있다.

PCAF는 2019년 9월 온실가스(GHG) 회계 방식을 표준화하고 금융기관의 대출과 투자로 인한 온실가스 배출량을 일관되게 측정하고 공개할 수 있게 하기 위해 출범하였다. 금융 기관이 GHG 회계를 통해 대출과 투자로 인한 온실가스 배출량을 평가하고 공시할 수 있도록 돕고 있다. 특히 TCFD, GHG 프로토콜 등에서 인정하는 GHG 프로토콜 기업 가치사슬(Scope 3) 회계 및 보고 표준으로, Scope 3 배출량 산정 가이던스「PCAF 방법론」을 개발하였다.

Scope 3 배출량 산정 PCAF 방법론

제품 탄소 배출량 산출–글로벌 가이드 라인(GHG-Product Life Cycle Accounting and Reporting Standard)

※1: 경계 설정에는 통제접근법(재정통제 기준과 운영통제 기준)과 지분할당법이 있다. 이 경계 설정에 따라 종속된 회사에서 배출되는 온실가스는 Scope 3 산정 대상이며, 운영통제권이 없는 관계회사 및 일반투자회사는 Scope 3의 카테고리 15 '투자'에 해당된다.

※2: 수집해야 하는 데이터의 양이 너무 방대하기 때문에 ① 배출량의 기여도 ② 잠재적인 배출량의 감축 가능성 ③ 기후변화 관련 위험 및 재무 ④ 규제, 공급망 제품 및 기술, 소송에 대한 위험 관련성 ⑤ 주요 이해관계자가 중요하게 간주하는 정도 등 이니셔티브의 부문별 가이드라인에 의해 중요한 카테고리로 식별되었는지 여부 등을 검토하여 우선 순위화를 설정한다.

※3: 배출량 산정 원칙에는 ① 실제 데이터 기반 방법론 ② 산업평균 배출계수 이용 방법론이 있다. 실제 데이터 기반 방법론은 산정의 정확도가 높고, 감축 목표를 세분하게 구분하여 적용할 수 있다는 장점이 있지만, 데

Scope 정의 (Define the scope)	경계설정※1 (Set the boundary)	데이터 수집※2 (Collect Data & assess data quality)	할당 수행 (Perform allocation)	LCA 평가※3 (Calculate inventory results)	감축목표 도출 (Collect data and assess data quality)
❶	❷	❸	❹	❺	❻
: 대상 제품의 정의 : 단위 정의 • 제품의 기능 목적 • 제품의 수명 : 기능 단위 및 기준 흐름 정의	: 생애주기 단계 정의 및 귀속 공장의 식별 : 공장 맵 도출 : 사용 및 폐기 단계까지의 귀속공정 식별 : 생산에 귀속되지 않는 프로세스에 대한 경계 설정	: 데이터 관리 계획 수립 : 필요 데이터의 식별 : 데이터의 정합성 분석 : Data의 Type 식별 : Primary Data 집계 : Secondary Data 집계	: 할당 방식의 정의 • Physical allocation • Economic allocation : 할당을 위한 Driver 설정 : 제품/공정별 할당 실행	: 에너지원별 배출 계수 산출 (사용량에 배출 계수를 적용하여 온실가스 배출량 산출)	: 온실가스 감축 기회 식별 : 감축 목표 설정

제품 탄소 배출량 산출–글로벌 가이드 라인

이터 획득에는 많은 어려움이 있고, 산업평균 배출계수 이용 방법론은 단기 간에 데이터를 취합할 수 있다는 장점이 있지만 산정의 정확도는 떨어진다.

온실가스 배출량 산정의 어려움: 가전 업종 - 일본(Sony) vs. 국내 기업

각 Scope의 비중은 산업별로 차이가 있을 수 있다. 철강과 같이 자체적 인 탄소 발생이 많은 산업은 전체 배출량 중 Scope 1과 2의 비중이 클 수 있다. 하지만 대부분 제조업은 생산 중 탄소를 발생한 부품을 구매하여 이 를 기반으로 제품을 생산한다. 가전이나 자동차처럼 다수 부품으로 구성된 완제품에서 최종 제품 생산 기업의 Scope 1과 2 비중은 Scope 3에 비해 낮 다. 아래 그림은 소니가 자사 제품의 Scope별 비중을 제시한 내용이다.

업스트림 기업들에게서 부품을 받아 제조하는 소니의 경우 생산 과정에 서 배출하는 Scope 1과 2의 비중은 10~20% 정도이다. 대부분은 Scope 3

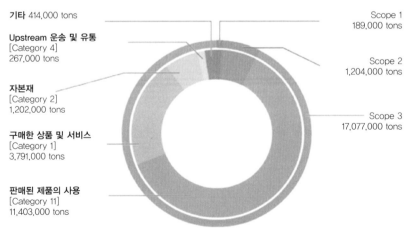

기타 414,000 tons

Upstream 운송 및 유통
[Category 4]
267,000 tons

자본재
[Category 2]
1,202,000 tons

구매한 상품 및 서비스
[Category 1]
3,791,000 tons

판매된 제품의 사용
[Category 11]
11,403,000 tons

Scope 1
189,000 tons

Scope 2
1,204,000 tons

Scope 3
17,077,000 tons

제품 탄소 배출량 산출—글로벌 가이드라인

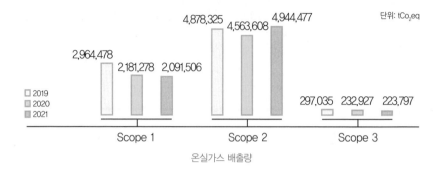

온실가스 배출량

이다. Scope 3 중 다수를 점하는 카테고리 11 즉 판매 제품의 발생 비중을 제외하고도 다수가 자체 공급망 기업에서 발생한다. 수출 시 규제 당국에 신고하는 탄소 배출량은 자사 배출량 외에 공급망 기업의 배출량을 취합해서 제출해야 한다. 하지만 대부분 수출 대기업은 자사의 Scope 1, 2 측정 외 Scope 3 데이터 확보에 어려움을 겪고 있다. 위 그림은 국내 대기업 중하나가 공시한 탄소배출량 데이터이다.

앞선 소니의 데이터와 비교해 Scope 3 비중이 매우 작음을 알 수 있다. 이 업체가 글래스 등 에너지를 많이 소모하는 부품을 기반으로 제품을 만든다는 것을 감안할 때, 이 데이터는 신빙성이 떨어진다. 이와 같이 Scope 3 데이터가 취약한 이유는 공급망 기업에서 필요한 데이터를 수집하지 못하기 때문이다. 만약 이처럼 부족한 데이터를 규제 당국에 제출하면 신뢰성 부족으로 받아들여지지 못할 가능성이 크다.

업계의 Scope 3 온실가스 배출량, 믿을 만한가?

2024년 1월 31일 국내 신문에 '변장한 석유 기업들, 2024 에디션'이라는 제목의 보고서가 소개되었다. 이 보고서는 영국의 금융 싱크탱그인 '카본 트래커 이니셔티브'와 이탈리아의 컨설팅업체인 '노미스마'의 유럽 연구기관에 의해 작성되었으며 다음은 신문의 소개된 내용을 재구성하였다.

변장한 석유 기업들은 자동차 제조기업을 말한다. 그 이유는 자동차가 유발하는 간접배출까지 고려할 때 석유기업 이상의 온실가스 배출의 책임이 크기 때문이다. 연구 대상은 도요타, 폭스바겐, 르노−닛산−미쓰비시, 메르세데스 벤츠, 혼다, 포드, 현대·기아차, BMW, 스텔란티스 등 9개이다. 연구 기관은 먼저 9개 자동차 기업의 2022년 기준 지속가능 보고서와 연례 재무 보고서 등을 분석해 자동차 1대당 Scope 3(부품업체 등 자동차 기업의 공급망에서 발생한 배출량은 물론 자동차 구매자들이 차량을 운행하면서 연료를 사용한 것에 따른 배출량까지 포함)까지의 평균 배출량을 추산한다. 이후 9개 기업이 자체로 공개한 배출량 자료와 비교를 하였다. 비교 결과, 2022년 기준 9개 자동차 제조사가 보고한 차량 1대당 온실가스 배출량은 평균 49.43t CO_2eq(이산화탄소 환산 톤)이었으나, 연구기관 추산 배출량은 평균 62.74t CO_2eq로 26.9% 많은 것으로 나타났다. 즉 자동차 업체들이 제품의 사용과 폐기에 이르는 수명 주기 전 과정(Lifecycle)에 발생하는 온실가스 배출량을 27%가량 낮춰 공개했다고 추정했다. 연구기관들이 재산정한 배출량 사이의 격차가 큰 곳은 혼다, 현대·기아차 순으로 평가됐다. 또한 보고서에 따르면 기업이 보고한 온실가스 배출량(도요타와 폭스바겐, 스텔란티스)의 배출량을 합치면 영국과 프랑스, 이탈리아의 배출량을 합친 것보다도 많았다. 만약(자동차 기업들의) 배출량 축소 보고가 여러 해 지속적으로 이뤄졌다고 가정다면, "9개 업체가 누락시킨 배출량은 2022년 G7 전체 배출량 100억 t CO_2eq보다 많을 것"이라고 밝혔다. 즉 자동차 제조사의 온실가스 배출량이 적게 산정된 것은 대부분의 자동차 제조사가 Scope 3를 제대로 산정하지 못했기 때문으로 보인다. 보고서는 "Scope 3 배출량 공개가 유럽연합에서 활동하는 모든 대기업과 중견기업에 필수 사항이지만 방법론적인 문제가 여전히 남아 있다. 기업들이 발표하는 결과에 상당한 부정확성을 만들어 낸다"고 밝혔다. 이 보고서의 공동 저자인 벤 스콧 선임연구원은 "자동차 부문의 탈탄소화를 위해서는 자동차 제조업체의 배출량을 정확하게 모니터링해야 한다"고 말했다(Source : 한겨레 김정수 기자 2024-01-31 16:20)

국내 석유화학 산업 사례도 Scope 3 산정의 부실을 보여준다. 국내 석유화학 회사 중 대표 3사(SK이노베이션, LG화학, 롯데케미칼)의 2022년 ESG 보고서에 나타난 Scope 1, 2, 3 중 Scope 3가 차지하는 비율이 최저 10.8%에서 최고 92.2%로 큰 차이를 보이고 있음을 알수 있다.(전기신문 2023. 7. 24 일자 8면 기사 참조)

	A사		B사		C사	
	배출량	비율	배출량	비율	배출량	비율
Scope 1	9,119,619	6.4%	5,638,675	50.1%	4,187,489	17.3%
Scope 2	2,026,337	1.4%	4,404,614	39.1%	2,027,270	8.4%
Scope 3	132,130,000	92.2%	1,214,600	10.8%	18,005,017	74.3%
총 계	143,275,956	100.0%	11,257,889	100.0%	24,219,776	100.0%

국내 석유화학 3사의 Scope 1, 2, 3 배출량(각사 ESG 보고서)

Scope 3 배출량 데이터 확보의 어려움, 그러나 극복해야 할 과제

환경 규제는 Scope 3까지 포함해 신고할 것을 요구한다. 하지만 산업계에서 공급망 포함한 Scope 3 측정이 부정확한 많은 사례를 이야기했다. 품질경영에서 자주 인용되는 말 중 "측정할 수 없으면 관리할 수 없다"는 말이 있다. 현재는 관리 전에 측정이 부재한 상황이라고 할 수 있다. 기업 관점에서 보면 내부통제가 미치지 않는 공급 및 협력업체 등의 배출량에 대한 정보의 부재가 가장 큰 이유일 것이다. 근본 이유는 다음과 같다. 첫째, 데이터 수집의 한계이다. 둘째로는 배출량 산출 등에 대한 기준 정립의 불명확성을 들 수 있다. 세 번째는 이해관계사(가지사슬 내 협력업체, 동종업계 이니셔티브 참여 등)의 소극적 태도가 있을 수 있다. 이러한 어려움이 수출 기업의 글로벌 환경 규제 대응의 면피 사항이 될 수 없다. 규제는 Scope 3의 탄소배출량까지 측정하여 보고하도록 점차 강화되고 있다. 현재 많은 기업들이 탄소배출량 측정과 데이터 교환이라는 기술적 문제에 당면해 있다. 측정의 문제는 전문가 집단에 의해 ISO 표준이 마련되고 있다. 국내에서도 EU 배터리법 제정에 대응하여 환경부와 한국환경산업기술원, 배터리 3사(LG에너지솔루션, SK온, 삼성SDI) 및 한국배터리산업협회가 공동으로 2023년 7월 27일부터 'Scope 3 배출량 산정 협의체'를 발족하고, '공급망(Scope 3) 온실가스 배출량 산정 표준 가이드라인'을 도출하기 위해 노력하고 있다. 이처럼 Scope 3 측정 방식에 대한 논의는 활발히 이루어지고 있는 반면에 Scope 3 수집을 위한 기업간 데이터 호환 문제는 여전히 어려운 문제가 되고 있다. 자세히 살펴보면 현재는 데이터가 기업별로 파편화된 상태로 관리되고 있어 취합이 어려운 것이다. 이상의 문제가 해결되어도 Scope 3 데이터 확보는 여전히 쉬운 문제가 아니다. 우선 공급망이 복잡하여 전체 공급망 관리가 사실상 불가능하다. 대부분의 기업들은 1차 공급사만 아는 경우가 많다. 2차 이하의 공급사 정보는 잘 모른다. 1차 공급사도 자사의 1차 공급사인 대기업 입장에서 2차 공급사만 알고 그 이하는 모른다고 봐야 한다. 따라서 수출 기업이 N차 공급사까지 관련 데이터베이스를 구축하고 탄소 배출 데이터를 수집하는 것은 현실적으로 쉽지 않다. 이와 같은 이유로 규제 당국이 최종 제품의 신고 책임을 최종 수출 기업에 지우는 것이 부당하다는 부분은 분명하다. 하지만 이런 상황을 인정하면 규제가 불가능하기에 독일 공급망 실사법처럼 공급망의 전체 관리 책임을 최종 기업에게 지우고 있는 것이다. 어렵더라도 수출 기업은 공급망 전체를 파악하고 관리해야 하는 상황이다.

또 다른 어려움은 설령 공급망 전체를 파악하여도 민감 데이터를 받기 어렵다는 점이다. 탄소 배출량 계산을 위해서는 투입된 에너지 양과 생산량 정보가 필요하다. 이 정보를 탄소 발생량 계산에만 사용하겠다는 약속을 해도 공급사 입장에서 믿기 어렵다. 자신들의 원가 정보로 연결될 수 있기 때문이다. 공급사들은 이와 같은 민감 데이터 제공을 꺼리게 된다. 3장에서는 EU, 미국에서 강화 중인 글로벌 환경 규제 동향과 우리의 대응과 준비 상황에 대한 현주소를 살펴보았다. 과거에 고객(소비자)의 제품 선택 시에 고려 요소를 살펴보면 Quality(품질), Cost(가격), Delivery(납기), Service(서비스)였다. 그러나 향후에는 자국을 넘어 글로벌 시장을 목표로 하기에 해당 수출 국가의 법규 충족은 물론 글로벌 표준 요건 확보 여부가 선행되어야 한다. 이에 더해 규제 대응력이 차별적 요소로 작용하리라 예상된다. '이러한 난제를 해결하기 위한 솔루션은 무엇일까?' 라는 의문이 들었다. 이에 규제대응 시험인증 전문기관의 경영진을 찾아 인터뷰한 결과 "환경 규제는 선택의 여지가 없는 필수적인 우리의 과제로 전 지구적인 환경규제 대응을 위해 플랫폼, 디지털, 표준화를 준비해야 한다"는 고견을 들을 수 있었다. 따라서 4장에서는 규제 대응을 위한 데이터 호환 표준 기술에 대해 살펴보고자 한다. 또한 디지털화 관련 글로벌 트렌드를 자세히 알아보고 우리가 나아가야 할 방안을 제시하고자 한다.

[참고문헌]

1. Corporate Value Chain(Scope 3) Accounting and Reporting Standard

2. ESG 공시 2024 : C-level용 핵심 요약본(2023.11.23 손기원 지음)

3. 밸런싱 그린(Balancing Green) - Yossi Sheffi(MIT대 교수), Edgar Blanco(Amazon) 지음 / 김효석, 류종기 옮김

4. 유럽연합공급망실사지침(CSDDD)확정에 따른 대응 방안 - 상장회사협의회 상장회사감사회보

5. 한경 ESG

6. 탄소중립과 사회전환 / 정지범, 송창근, 차동현, 박창용, 류종기 공저 외 10명 / 리스크인텔리전스 7. 법무법인 세종 뉴스레터(2024. 05. 03)

PART 4

미래를 위한 디지털 기술: 규제 대응과 데이터 호환

CHAPTER 1. 디지털기술의 요소와 약속

CHAPTER 2. 글로벌 데이터 호환 생태계

CHAPTER 3. 한국이 가야 할 길

지금까지 "환경 규제, 디지털 기술, 표준, 공급망" 등 다양한 개념을 이야기했다. 이 내용들은 우리가 앞으로 이야기할 환경과 관련된 핵심 디지털 기술의 이해를 위해 꼭 필요했다. 즉, 이번 장을 위해 긴 여정을 거쳐 온 것이라 할 수 있다.

이번 장에서는 환경 문제, 직접적으로 환경 규제에 대응해 가기 위해 필요한 디지털 기술과 표준에 관해 설명하고자 한다. 그리고 이를 활용한 글로벌 동향을 소개할 것이다. 구체적으로는 환경 규제 대응에 있어 필요한 디지털 기술 요소를 설명할 예정이다. 무한대의 구성 요소를 가진 디지털 기술에 대한 통찰력을 갖기 위해서이다. 그 요소를 포함한 글로벌 데이터 호환 표준 기술 트렌드도 최대한 쉽게 전달할 예정이다. 이어서 이와 같은 기술을 기반으로 자동차 산업 데이터 생태계를 구축한 EU Catena-X를 살펴볼 것이다. Catena-X는 디지털과 표준을 통해 환경 규제에 대응하는 방향성을 보여준다. 물론 Catena-X가 추가로 풀어야 할 숙제가 명확하기 때문에 한국의 전략까지 자연스럽게 이어질 예정이다.

CHAPTER 1

디지털 기술의 요소와 약속

디지털 기술의 요소: 측정, 전송, 저장, 분석, 학습

환경 영향은 분석이 가능하다. 센서는 이런 인자를 측정한다. 그리고 측정된 결과는 데이터라는 디지털 정보로 만들어진다.

다만 이렇게 측정된 데이터가 센서 내에만 있어서는 의미가 없다. 데이터를 통해 환경 영향 정도를 파악하기 위해서는 분석 작업이 필요하다. 센서나 현장에 있는 기기는 분석할 디지털 능력이 적어 분석 가능한 약속된 장소로 전달 되어야 한다. 약속된 장소로는 서버라고 불리는 상시 동작하는 신뢰성 높은 컴퓨터가 일반적으로 사용된다. 전달 과정이 전송이라는 디지털 기술이다. 약속된 장소에 전달된 데이터는 필요한 만큼 보관될 수 있어야 한다. 이와 같이 약속된 공간에 데이터를 보관하는 디지털 기술이 저장이다.

전송을 통해 저장된 디지털 데이터는 분석이라는 디지털 기술의 과정을 거친다. 측정된 데이터가 분석 과정을 거치면 신고가 가능한 환경 데이터로 만들어진다. 예를 들어 탄소 발생량이나 유해 물질의 양 같은 것들이다. 분석 과정에서는 필요에 따라 센서가 측정한 데이터의 2차 가공도 일어난다. 물론 아무렇게나 일어나는 것이 아닌 글로벌 표준이 정한 방법이어야 한다.

과거에는 분석 과정에서 끝나는 경우가 많았다. 하지만 최근 트렌드는 분석 다음 단계로 학습이라는 디지털 기술이 추가되고 있다. 학습은 기계학습(머신러닝)을 의미한다. 인공지능 기술이라고 이해하면 된다. 기계학습의 방법론은 단순하다. 지나간 데이터를 소프트웨어가 사람처럼 학습하여 알고리즘이라는 것을 만든다. 우리가 유튜브를 보면서 알고리즘에 의해 내가 좋아하는 것을 추천한다고 말하는 그 알고리즘이다. 알고리즘도 소프트웨어인데 만들어진 알고리즘에 데이터를 입력하면 미래 상태를 예측해 준다. 앞서 언급한 유튜브 알고리즘을 보면 이해된다. 유튜브는 여러 사람이 시청한 데이터를 기계학습하여 만든 알고리즘을 갖고 있다. 내가 유튜브를 보면, 시청한 데이터가 알고리즘에 자동으로 입력되고, 알고리즘은 이 데이터를 조합해 내가 좋아할 만한 영상을 예측해 보여준다.

학습이 들어가는 다른 예를 보면 인공지능의 효과를 조금 더 이해하기 쉽다. 과거에는 공장 설비가 언제 고장날지 알 수 없었다. 그래서 한 달에 한 번씩 정기 점검을 해야 했다. 하지만 지금은 설비와 관련된 다양한 데이터를 기계학습시킨다. 여기서 나온 알고리즘은 현재 설비 데이터를 보고 미래 어느 시점에 고장날지 예측해 준다. 정기 점검 없이 엔지니어를 고장날 시점에 투입하면 되므로 인력 부담을 줄여준다. 이렇게 기업 각 분야에 기계학습의 디지털 기술로 미래를 예측하는 것이 확대되고 있다. 최신 디지털

디지털 기술의 기본 요소, 데이터 파이프라인

전환 트렌드라고 하겠다.

환경과 관련된 데이터도 기계학습을 거치면 다양한 효과를 제공할 수 있다. 예를 들어 현재 설비를 교체하면 미래 이산화탄소의 배출량이 얼마나 감축될지 예측할 수 있다. 기계학습을 통해 환경 관련한 미래 예측과 전략 수립이 가능한 것이다. 따라서 학습 단계의 확대는 당연한 트렌드이다.

위 그림은 지금까지 설명한 디지털 기술의 요소를 도식화한 것이다. 데이터의 측정(생성), 전송이나 저장, 분석 및 학습하는 각 과정이 모두 디지털 기술이다. 위 그림에서 데이터 파이프라인이라고 되어 있다. 여러 디지털 기술이 파이프 연결되듯이 연결되어 자동으로 이루어진다는 의미이다. 대다수 소프트웨어는 데이터를 생성하고 전송 및 저장한 후, 이를 분석하고 필요하면 학습하여 결론을 내도록 구성된다. 이를 위 그림처럼 파이프라인으로 자동화하여 만들면 중단 없이, 빠르고 신뢰성 있는 결과를 얻을 수 있다. 중간 중간 사람이 개입해서 뭔가를 해야 한다면 그 과정상 신뢰성에 문제가 생긴다. 요약하면 환경 규제 관련 디지털 기술 요소는 측정, 전송, 저장, 분석, 학습이다. 데이터 파이프라인으로 자동화하여 상시 사람의 개입 없이 정확한 인사이트 제공이 가능하도록 하는 것이 방향성이다.

디지털 기술 무한한 경우의 수

측정, 전송, 저장, 분석, 학습과 같은 기술을 단순하게 설명했지만 각 단계에서 사용되는 디지털 기술이 한 가지만 있는 것은 아니다. 거의 무한대의 방법론이 가능하다. 예를 들어 전송 기술을 들어보자. 어떤 경우는 데이터를 모아서 가끔 전송할 수도 있다. 이를 배치 방식이라고 한다. 그 경우도 여러 세부 요소에 따라 다양한 기술 방식이 가능하다. 반대로 데이터가 생기면 바로 보내는 것도 가능하다. 이를 실시간 전송이라고 한다. 여기에도 다양한 기술이 경합을 벌이고 있다.

이처럼 수많은 기술들이 측정부터 전송, 저장, 분석, 학습 기능을 위해 만들어지고 있다. 그 규모를 가늠할 수 있는 데이터가 있다. 아래 그림은 아마존 웹 서비스에서 연간 새로 만드는 디지털 서비스의 숫자이다.

아마존 웹 서비스는 뒤에서 자세히 설명할 클라우드 사업 분야의 세계 1위 기업이다. 클라우드 기술의 설명은 뒤에서 별도로 할 예정이니, 지금은 다

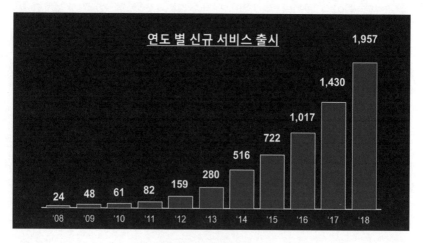

아마존 웹 서비스의 연간 신규 서비스 수

양한 디지털 기술을 파는 사업이라고만 이해하면 된다. 170쪽 그림에서 말하는 서비스는 디지털 기술이다. 그리고 디지털 기술은 대부분 앞서 설명한 기술, 즉 측정, 전송, 저장, 분석, 학습의 기술들이다. 놀라운 것은 아마존 웹 서비스 한 기업에서 연간 수천 개의 새로운 디지털 요소 기술이 만들어진다는 점이다. 데이터를 전송 및 저장하고 분석 및 학습하는 기술에 무한대의 가능성이 있음을 보여준다. 디지털 세상에서 기존보다 새롭고 나은 방법은 늘 만들 수 있다. 매년 누군가는 기존보다 속도가 빨라지거나, 안선해지거나, 비용이 낮아지는 기술을 만들고 있다. 그러니 디지털 기술은 영원히 발전할 수 있다.

이런 관점에서 디지털 세상에서 사는 것이 쉬운 것은 아니다. 늘 새로운 디지털 기술에 직면해야 한다. 다양하며 변해가는 것이 디지털 기술의 본질이다. 따라서 기업들이 서로 같은 디지털 기술을 사용할 경우는 확률적으로 낮다. 즉 기업의 디지털 환경은 각양각색이라는 말이다. 같은 기업이라면 직원 교육으로 해결이 된다. 진정한 어려움은 다른 디지털 기술을 사용하는 회사 간에 데이터를 주고받아야 하는 상황이다.

디지털 데이터를 주고받기 위해서…

다른 디지털 기술을 사용하는 회사 간에 데이터를 주고받는 과정은 말할 수 없이 복잡한 부분과 어려움을 가진다. 세세한 어려움은 차치하고 큰 그림의 어려움만 이야기하겠다. 예를 들어, 다른 두 개의 기업이 디지털로 전기 사용량 데이터를 주고받는다고 하자. 100kw라는 데이터를 보낸다고

하면, 디지털 기술은 이 숫자를 이진법, 즉 1과 0으로 보내게 된다. 보내는 회사가 이 데이터를 1100100로 보낼 수도 있고, 11000011010100000로 보낼 수도 있다. 무엇이 다른가? 앞의 데이터는 100 자체이다. 즉 단위가 kw임을 안다면 100만 보내면 된다. 뒤의 숫자는 단위를 w로 표현한 100000을 보낸 것이다. 보내는 회사는 자신들이 측정해서 만든 데이터이기 때문에 단위를 안다. 하지만 데이터를 받는 기업은 알기 어렵다. 따라서 데이터를 보낼 때는 숫자만 보내는 것이 아니라 단위를 표현하는 데이터도 같이 보내야 한다. 단위와 같은 데이터를 데이터의 의미를 표현하는 데이터라고 해서 메타 데이터라고 한다.

단위와 같은 메타 데이터를 보낼 때도 다양한 가능성이 있다. 어떻게 표기하는지 방법론은 둘 째치고, 이 데이터를 전기 사용량 데이터 앞에 보낼 수도 있고, 데이터 뒤에 보낼 수도 있다. 결국 디지털로 주고받을 때 약속이 필요함을 알게 된다. 전송하는 디지털 기술이 무한대라고 한 이유는 이 약속이 무한대로 가능하기 때문이다. 결국 데이터를 주고받으려는 사람이나 기업이 공통 약속을 가져야 한다. 표준 단체를 비롯해 다양한 기관, 연합체가 그런 노력을 하고 있다.

데이터 전송 중 필요한 약속을 좀 더 직관적으로 이해하기 위해 예를 들어 보자. 사람이 서로 만나 정보를 공유하기로 했다고 상상하자. 우선 서로 만나야 한다. 한 사람은 서울에, 한 사람은 부산에 있다면 만나는 것이 불가능하다. 그래서 어디서 만난다는 약속이 필요하다. 핵심은 장소와 시간이 될 것이다. 이것만 있다고 되지는 않는다. 정해진 장소와 시간에 같이 간다고 해도 문제가 있다. 그 곳에 여러 사람이 있다면 내가 소통할 사람을 정확히 찾아야 한다. 이럴 때 서로 확인할 수 있는 방법이 필요하다. 이것이 일반적이어도 곤란하다. 예를 들어 안경 쓴 사람 식으로 하면 너무 많은 사람이 있어 구분이 안될 것이다. 매우 특별한, 예를 들어 갈색의 체크 무늬 모자를 썼다는 것처럼 오직 서로만 확인할 수 있는 정확한 약속을 해야 한다.

이제 어려운 과정을 거쳐 둘이 만났다. 서로 이야기할 사람이라는 것도 확인했다. 그런데 이야기를 시작하니 한 사람은 영어로, 한 사람은 한국말을 한다. 우리가 사는 세상에서 당연히 발생할 수 있는 상황이다. 어떻게 해야 할까? 다행히 우리는 파파고와 같은 번역기가 있다. 각자 자신이 속해 있는 나라의 언어로 이야기하지만 서로 이해할 수 있다. 디지털 세상에서도 다르게 표현된 데이터를 서로 이해할 수 있도록 하는 약속이 필요하다.

디지털 세상에서 데이터를 주고받는 것도 사람이 만나 이야기하는 것처럼 어렵다. 문제는 디지털 기술이 늘 변화하고 그래서 다양하다는 점이다. 그러니 디지털 데이터의 전송과 이해의 약속을 명확하게 하는 것이 사람 간의 소통보다 더 어렵고 중요하다 하겠다. 디지털 기술과 표준을 함께 강조하는 이유이다. 여기서 살짝 주제를 돌려 인터넷 통신에서 이 부분을 어떻게 해결했는지 살펴 보는 것은 이해에 도움이 된다.

인터넷 프로토콜, 디지털 세상의 약속

프로토콜이라는 용어는 복잡한 정의를 담고 있다. 지금은 단순하게 디지털로 데이터를 주고받기 위한 약속이라고 설명하겠다. 주고받는 것이기 때문에 최소 주는 쪽과 받는 쪽 두 개의 대상이 필요하다. 물론 디지털 세상에서는 더 많은 대상이 한꺼번에 데이터를 주고받는 것도 가능하다. 일반적으로 디지털 데이터를 주고받는 도구는 스마트폰이나 컴퓨터를 연상하면 된다. 하지만 이 외에도 우리의 시야 밖에 있는 많은 기기들이 현재 인터넷 프로토콜에 맞게 디지털 데이터를 주고받고 있다. 인터넷 프로토콜은 인터넷망을 통해 데이터를 주고받는 약속이다. 같은 프로토콜로 데이터를 주고받는 한 큰 문제는 없지만 프로토콜이 다른 기기 간에는 약속이 달라 소통이 완전히 불가능하다.

프로토콜이라는 용어가 처음으로 등장한 것은 1967년 영국에서였다. 1970년에 "1822 프로토콜"이라는 약속으로 두 대의 컴퓨터 간에 최초로 데이터를 주고받은 역사가 있다. 상대 주소와 전달할 데이터, 그리고 통신 과정을 약속으로 정한 초기 프로토콜이다. 이처럼 정하는 약속이 간단하면 신뢰하기 힘들다. 정확하게 소통하기 위해서는 보안부터 중간에 문제가 생길 때 대응하는 방안까지 다양한 추가 약속이 필요하다. 그래서 1970년대부터 전과정 원칙(end to end principle)이 나왔다. 말 그대로 주고받는 과정 전체가 신뢰를 갖도록 약속을 강화하는 것이다.

복잡한 기술 이야기는 빼고 우리가 사용하는 인터넷 통신 프로토콜인 TCP/IP를 보면, 디지털 세상에서 약속의 의미를 잘 보여준다. 내용은 모르지만 누구나 한 번은 TCP/IP를 들어 보았을 정도로 유명한 단어이다. 이것은 TCP와 IP의 합성이다. TCP는 Transmission Control Protocol, 즉 전송과 관련된 약속이다. IP는 Internet Protocol의 약자로 고유 주소에 대한 약속이라고 보면 된다. 이 두 가지 약속이 합쳐진 TCP/IP 프로토콜을 통해 현재 우리는 인터넷 상에서 자유롭게 디지털 데이터를 주고받고 있다.

TCP/IP가 표준이 된 것은 전과정 원칙에 맞는 다양한 요소를 포괄했기 때문이다. 우선 이전 방식은 회선 교환 방식이었다. 서로 통신할 때 사용하는 길을 미리 정해 놓고 통신하는 방식으로, 그 길이 끊기면 통신이 불가능했다.

반면 TCP는 패킷 교환 방식이다. 패킷 교환 방식은 서로 데이터를 주고받는 길을 정해 놓지 않고 주고받은 데이터만 정하는 것이다. 통신이 시작되면 둘 사이에 있는 다양한 길 가운데 하나가 선택되어 연결이 된다. 서울에서 부산을 간다고 하면 대구, 대전, 광주 같은 중간 도시 중 어디를 거칠지 결정하지 않는다. 중간 도시에 해당하는 연결 기기들이 있는데, 이를 라우터라고 한다. 데이터가 어떤 라우터를 거쳐 갈지는 상황에 따라 정해지는 것이다. 패킷은 한 번에 보내는 데이터의 집합체라고 볼 수 있다. 따라서 패킷에는 여기에 포함된 데이터 관련 정보도 포함된다. 이 부분을 헤더 부분이라고 한다.

이 모든 것이 약속에 들어 있다. TCP는 기존 방식 대비 중간에 끊길 염려를 없애기 위해 많은 약속을 추가했다.

우선 잘 받았는지 계속 확인한다. 중간에 다양한 곳을 거쳐서 가기 때문에 잘 가는지 확답이 필요하기 때문이다. 그래서 TCP에는 지속적으로 서로 확인하는 방법을 포함한다. 모든 데이터를 한 번에 보내는 것이 아니라 패킷 단위로 쪼개서 보내기 때문에 받는 쪽에서는 전체가 어떻게 쪼개졌는지에 대한 정보도 알아야 한다. 이것도 약속으로 있다. 쪼개서 보내는데 가는 길은 그때 그때 다르다고 했다. 따라서 늦게 보낸 것이 먼저 도착할 수도 있다. 이럴 때 순서 확인을 위한 약속도 중요하다. 이처럼 TCP는 다양한 약속을 포함한 프로토콜로 신뢰성 있는 인터넷 통신을 가능하게 했다.

TCP/IP에서 주소를 뜻하는 IP 부분도 약속이다. 데이터를 주고받으려면 디지털 세상에서의 주소가 있어야 한다. 인터넷은 IP 프로토콜 안에서 만들어지는 주소를 기반으로 목적지를 정한다. 우리가 편지를 쓸 때 도로명 주소 체계대로 정해진 주소를 쓰지 않으면 받을 수 없는 것과 같다. 그래서 인터넷 상의 주소 구성도 처음부터 표준으로 정했다. IP 관련해서도 할 이야기가 많지만, 핵심적인 IPv4와 IPv6만 설명하고자 한다. 사람이 가진 상상력의 한계가 처음 약속을 부족하게 정한 대표적 사례이기 때문이다.

충분할 줄 알았다

IPv4는 현재 우리가 사용하고 있는 디지털 주소 체계의 약속이다. 32비트의 값을 갖도록 정해졌다. 내 컴퓨터 IP 주소를 보면 191.255.255.255 등의 형식으로 나타나는데, 이것이 IPv4 약속에 맞게 주어진 주소이다. 3자리씩 점을 구분했는데 각각 2진수 기준으로 8비트이다. 8비트, 즉 8자리의 2진수로 표현할 수 있는 십진수는 0~255이기 때문에 위처럼 최대가 255로 표현된다. 주소가 가진 총 2진수 단위의 수, 즉 총 비트 수는 8비트 네 개가 있기 때문에 32비트이다. 32비트로 표현 가능한 주소의 경우의 수는 2의 32승, 약 43억 개이다. 최초 인터넷이 등장할 때 설마 이 정도 이상으로 컴퓨터가 늘어날 것으로는 보지 않았을 것이다. 그래서 IPv4의 약속을 만든 것이다. 인간 상상력의 한계를 이야기한 이유이다.

지금은 컴퓨터 숫자도 늘었지만 스마트폰, 각종 기계, 센서 등 다양한 기기가 인터넷에 연결되고 있다. 들어본 사람도 있겠지만 이를 사물인터넷 (IoT, Internet of Things) 기술이라고 한다. 사물인터넷 기술은 우리가 쓰는 가전 기기를 생각하면 이해하기 쉽다. 과거 세탁기와 냉장고가 지금과 다른 것이 무엇인가? 과거에는 전기를 연결하고 사람이 가서 스위치를 끄고 켰다.

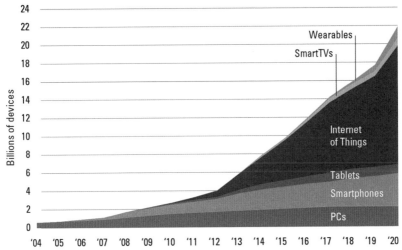

출처: Gartner, IDC, Strategy Analytics, Machina research, company filings, BII estimates

인터넷 연결 기기의 추세

지금은 멀리 떨어진 사람의 스마트폰을 통해 세탁기나 냉장고의 상태를 확인할 수 있으며 끄고 켤 수도 있다. 가전 기기가 인터넷망과의 연결 기술을 탑재했기 때문이다. 이처럼 기기가 인터넷에 연결되는 것이 가전을 넘어 우리 주변의 다양한 기기로 확대되고 있다.

위 그림은 인터넷에 연결된 기기의 수를 나타낸 데이터이다. 사물인터넷 기술은 2012년부터 급격히 발전하기 시작했다. 파란색으로 표시된 사물인터넷 기기의 증가 폭이 인상적이다. 초기에는 PC와 스마트폰이 대부분이었는데, 지금은 사물인터넷 기기의 숫자가 컴퓨터나 스마트폰을 압도한다. IPv4 약속을 정할 때 컴퓨터 숫자의 증가만 생각했을 것이다. 사물인터넷이라는 생각지 못한 변수가 발생한 것이다.

인터넷 주소를 할당해야 할 기기가 급격히 늘어나면서 충분할 것으로 생각했던 IPv4 체계의 주소는 고갈되었다. 2011년부터 대륙별로 하던 IPv4 주소 할당이 중단되었다. 따라서 각 대륙은 기존에 할당한 주소 외에 추가로 받을 수 없게 되었다. 남은 주소로 버티던 북미도 2015년에 고갈을 선언했다. 따라서 지금은 누군가 반납하지 않으면 새로 줄 주소가 없다. 그렇다고 당장 큰 문제가 생기지 않은 이유가 무엇일까? 우리 모두 현명하게 사용하고 있기 때문이다. 예를 들어 회사 차원에서는 고정된 고유의 주소가 필요하다. 하지만 회사 내부의 사람들끼리는 다른 회사와 중복되어도 문제없다. 회사 직원이 회사 밖과 소통할 때는 회사 고유의 주소를 통해 나가면 되기 때문이다. 요컨대 서로 고유의 주소를 가져야 하는 그룹을 만들고 그룹 내부는 그룹 간에 중복되는 주소를 사용하도록 하고 있다. 각자 고유의 주소를 갖는 것보다 복잡한 디지털 관리 기술이 필요하지만 부족한 IP 주소 체계에서는 어쩔 수 없다.

그래도 늘어나는 주소 수요를 방치할 수는 없어 자연스럽게 새로운 주소 체계의 약속인 IPv6가 나왔다. IPv6가 표현할 수 있는 비트 수를 늘리는 방향일 것임은 누구나 충분히 상상할 수 있다. IPv6는 16진수로 표시하는 4자리 단위가 점으로 구분되어 8개로 구성된다. 주소 하나가 총 128비트가 된다. 결국 표현할 수 있는 주소의 경우의 수가 2의 128승이기 때문에 3.4×10^{38}개까지 가능하다. 앞으로 IPv6 체계의 주소가 부족해지는 상황이 되기까지 상상할 수 없는 시간이 흘러야 할 것이다. 물론 사물인터넷 사례처럼 예측하지 못한 새로운 기술이 나타나 이 주소도 빠르게 소진하게 할 수도 있다. 그러면 또 비트 수를 늘리는 새로운 약속이 나올 것이다.

지금까지 디지털로 데이터를 주고받기 위해서 연결과 소통에 프로토콜,

즉 약속이 필요함을 간단히 설명하였다. 인터넷 프로토콜인 TCP/IP 자체도 복잡한 기술을 포함한 표준 프로토콜이지만 만병통치약은 아니다. TCP가 나오던 시대보다 지금은 기술이 발전하여 보다 효율적으로 데이터를 주고 받을 수 있다. 그리고 이러한 기술의 발전 때문에 새로운 표준이 계속해서 만들어질 수밖에 없다. 이제부터 본격적으로 환경 규제 관점에서 어떻게 새로운 디지털 데이터 호환 약속이 만들어지는지 글로벌 사례를 통해 알아 보고자 한다. 우선 클라우드 산업이 부상하며 유럽의 고민한 부분과 이를 기반으로 새로운 디지털 데이터 호환 약속이 만들어진 과정을 살펴볼 것이다.

글로벌 데이터
호환 생태계

지금은 클라우드 시대

2019년 즈음해서 전세계가 디지털 전환, 그리고 4차 산업 혁명의 변화로 뜨거워졌다. 그 시점에 독일을 중심으로 유럽은 고민에 빠졌다. 디지털 세상의 주도권에서 뒤쳐졌기 때문이다. 고민하게 만든 가장 큰 기폭제는 클라우드 산업이었다. 앞서 170쪽 그림에서 아마존 웹 서비스가 연간 출시하는 디지털 서비스 숫자를 언급하며 이야기한 바로 그 산업이다.

클라우드는 구름이라는 원 뜻처럼 저 멀리 있는 거대한 컴퓨팅 제공 서비스를 의미한다. 2006년 미국 아마존 웹 서비스에서 처음으로 사업화했지만 개념 제시는 1990년대부터 있었다. 개인용 컴퓨터나 기업이 가진 서버의 성능은 늘 한계가 있다. 계산 능력과 저장 능력이 성능의 핵심인데 비용 때문에 개인이나 기업이 무한정 이를 늘릴 수 없다. 그래서 슈퍼 컴퓨터와 같은 고성능 컴퓨팅 기기는 기상청처럼 꼭 필요한 조직만 쓸 수 있지 일반 기업은 사용하기 어렵다.

그렇다고 개인이나 기업이 컴퓨팅 자원을 부족하게 쓰고 있지는 않다. 아이러니하지만 대부분의 컴퓨터는 쓸 수 있는 자원이 항상 남아돈다. 컴퓨터 하드 디스크의 사용량을 보면 가득 찬 사람은 거의 없을 것이다. 가득 찬다면 더 이상 쓸 수 없어서 새로운 기기의 구매를 고민하게 된다. 이때는 기존 저장 공간보다 훨씬 큰 것을 사서 넉넉히 사용하게 된다. 컴퓨팅 자원은 개인이나 기업 모두 쓰지도 않는 부분을 갖고 있다. 큰 그림에서 비용을 낭비하고 있다. 비합리적인 사용 및 구매 방식이다.

이런 비효율을 해소하고자 한 것이 클라우드 컴퓨팅 산업(이하 클라우드)이다. 우선 전 세계 곳곳에 계산과 저장 공간이 모여 있는 공통의 공간을 마련해 놓는다. 일반적으로 데이터 센터라고도 불리는 곳인데, 클라우드 산업 전용의 데이터 센터는 규모가 상상을 초월한다. 자원이 필요한 사람이나 회사가 여기에 인터넷으로 접근하여 자원을 사용한다. 사용하는 시간이나 디지털 자원의 종류에 따라 비용이 과금된다. 전기를 사용하는 것과 같다고 보면 된다. 클라우드 업체는 효율적으로 자원을 구축하고 관리하는데 집중한다. 이로 인해 자원이 비효율적으로 운영되고 있는 개인이나 기업에 비해 낮은 비용으로 제공할 수 있다.

사용하는 개인이나 기업도 사용량에 따라 비용을 내면 되기 때문에 효율적이다. 사용하지 않는 시간도 많은데 비싼 컴퓨터나 서버, 그리고 각종 소프트웨어를 사서 구비할 필요가 없다. 클라우드를 통해 업무를 진행하다가 과제가 중간에 중단되는 경우가 있다. 이 경우 클라우드 사용을 중지하면 비용 발생도 중지된다. 기존처럼 과제를 위해 미리 컴퓨팅 자원을 구매하면, 과제가 중단되어도 구매한 자원은 손실로 남게 된다. 어느 방면으로 보나 효율적인 자원과 비용 관리가 되는 사업 모델이다.

클라우드는 또 일반 기업이나 개인이 구축할 수 없는 큰 규모의 컴퓨팅 자원을 구축했기 때문에 슈퍼 컴퓨터와 같은 고성능 자원도 제공할 수 있다. HPC(High Performance Computing) 서비스로 제공된다. 이를 활용하면 별도의 투자 없이 고성능 컴퓨팅 활용이 가능해서 빠른 연구 개발을 할 수 있다. 어떤 화학 회사에서 40여년에 걸쳐 풀리지 않았던 문제를 클라우드를 활용해 10시간 만에 풀었다는 것은 유명한 일화이다. 슈퍼컴퓨터를 사서 해야 했다면 비용 감당이 어려웠을텐데, 단 10시간 클라우드 비용으로 해결된 것이다.

이런 장점 때문에 클라우드 산업은 급격하게 성장했다. 기업만 아니라 일반인들도 클라우드 활용이 늘고 있다. 과거 대부분의 소프트웨어는 CD를 구입하여 컴퓨터에 설치해야 했다. 새로운 버전의 소프트웨어를 다시 사서 설치할 때까지 기존 프로그램을 쓸 수밖에 없는 구조였던 것이다. 지금은 마이크로소프트 오피스, 포토샵을 비롯해 다양한 프로그램이 클라우드 기반 구독 모델을 제공한다. 구독료를 내면 클라우드에 있는 프로그램에 인터넷으로 접근하여 사용하는 방식이다. 구독 기간 동안 항상 최신 버전을 사용할 수 있다. 인터넷 연결만 되면 내가 가진 PC, 스마트폰 등을 가리지 않고 접근하여 프로그램을 사용할 수 있다. 기존 컴퓨터는 바이러스에 걸리거나 망가질 경우 파일을 잃어버릴 위험이 있었지만, 현재는 클라우드에 저장하면 손실의 걱정이 낮아진다.

유럽의 고민과 선택

이제 유럽이 고민한 부분을 구체적으로 살펴 보자. 아래 그림은 세계 클라우드 시장 점유율 데이터이다. 이 데이터만 봐도 유럽의 고민이 보인다.

1등부터 3등까지 미국 기업이다. 3개 업체의 점유율이 60%를 넘는다. 3등인 구글 이하의 나머지 20개 기업 점유율 합계가 25%로, 아마존 웹 서비스 한 업체에 미치지 못할 정도이다. 이 책의 주제이지만 클라우드는 환경 규제 대응을 위해 필요한 기업 간 데이터 호환에 있어 가장 중요한 도구이다. 단순히 환경 규제를 넘어 기업과 정부 기관이 추진하는 다양한 디지털 전환과 4차 산업 혁명에도 기반이 된다. 2019년부터 유럽이 심각하게 바라본 지점이다. 미래 핵심인 클라우드 사업에서 이미 주도권을 미국에 빼앗긴 것이다.

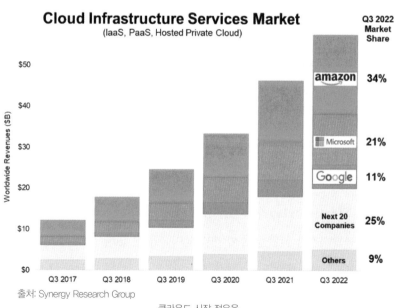

출처: Synergy Research Group

클라우드 시장 점유율

이 상황에서 EU에게는 두 가지 선택지가 있었다. 하나는 미국과 경쟁하여 클라우드 산업을 육성하는 것이고, 다른 하나는 경쟁을 포기하고 기존 클라우드를 활용하되 주도권을 쥐는 방안을 찾는 것이다. 우선 전자는 불가능한 옵션으로 판단했다. 클라우드는 일종의 인프라 산업이다. 미래의 사용자가 사용하기에 충분한 컴퓨팅 자원을 미리 구축해 놓아야 한다. 그렇게 하고 나서야 서비스가 가능하다. 이와 같은 구축에는 큰 초기 투자와 기다림이 필요하다. 미국은 2006년 클라우드 사업을 시작하고 EU가 고민할 2019년까지 13년 이상의 축적 시간을 가졌다. 이 기간 미국 클라우드 업체는 전 세계에 걸쳐 광대한 하드웨어와 소프트웨어 인프라를 갖췄다. EU가 동일한 수준을 달성하기 위해서는 현재 미국 기업보다 훨씬 더 많은 투자를 해야 한다. 하지만 기존 클라우드 업체들도 기다리지 않고 혁신을 가속화하고 있기 때문에 후발 주자가 앞서 가기는 사실상 불가능하다. 그래서 EU가 선택한 것이 두 번째 전략이다. 클라우드 인프라는 기존 업체의 것을 사용하되, 여기에 묶이지 않고 데이터와 서비스 등 디지털 산업을 독립시키자는 전략이다. 이것은 2019년 Gaia-X라는 이름으로 발표되었다.

Gaia-X, 디지털 독립(Digital Sovereignty)을 그리다

Gaia-X의 개념은 185쪽 그림을 통해 이해할 수 있다.

조금 복잡하지만 색깔을 통해 개념을 이해할 수 있다. Gaia-X의 핵심은 빨간색과 파란색의 분리였다. 빨간색은 인프라스트럭처 이코시스템, 즉 인프라 생태계라고 되어 있다. 현실 세계에서는 도로, 다리 등을 인프라라고

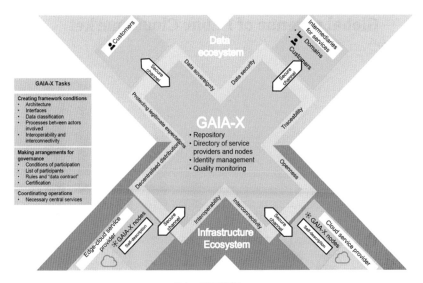

Gaia-X의 개념도

하는데 디지털 세상의 인프라는 앞서 설명한 대로 클라우드가 핵심이다. 그래서 빨간색 부분에는 클라우드라는 용어와 그림이 다수 포함되어 있다. 파란색은 데이터 이코시스템, 즉 데이터 생태계라고 되어 있다. 도로와 다리를 활용해서 각종 산업이 발달하듯이 디지털 인프라 위에서 데이터와 서비스라는 디지털 산업이 발달한다.

이 시점에서 클라우드 기반의 세 가지 산업을 이해하는 것이 필요하다. 186쪽 상단 그림은 클라우드와 연관된 세 가지 산업의 과거 시장과 향후 전망을 나타낸 것이다. 세 가지 산업은 SaaS(Software-as-a-Service), IaaS(Infra-as-a-Service), PaaS(Platform-as-a-Service)로 구분된다. Infra as a Service는 클라우드에서 제공하는 하드웨어 부분을 의미한다. 각종 하드웨어와 여기에 수반된 기반 디지털 기술을 서비스로 제공하는 것이 IaaS의 개념이다. Platform as a Service는 클라우드가 제공하는 디지털 요소 기

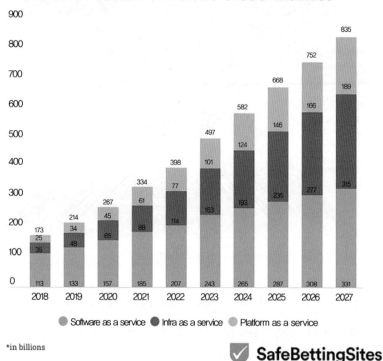

Global revenue of Public Cloud market

Software as a service · Infra as a service · Platform as a service

*in billions

✓ SafeBettingSites

클라우드 기반 산업의 구분과 비중

술 서비스를 의미한다. 앞에서 설명한 데이터의 생성, 전송, 저장, 분석, 학습과 같은 기반 기술이다. 클라우드 기업의 수준은 이와 같은 기반 기술을 PaaS로 얼마나 많이 제공하느냐에 달려 있다. IaaS와 PaaS는 클라우드 업체가 직접 제공하는 부분이다. 앞서 170쪽 그림에서 살펴 본 아마존 웹 서비스가 수천 개씩 개발한다는 디지털 서비스가 대부분 IaaS와 PaaS 분야에 해당한다. IaaS와 PaaS 위에서 실제 기업이나 개인이 활용할 소프트웨어를 제공하는 산업이 SaaS이다. 대표적인 것이 마이크로소프트의 오피스 365 같은 것이다.

이상의 세 가지 주요 개념이 보편화되면서 최근 as-a-Service라는 용어를 붙여서 다양한 사업이 생기고 있다. 각종 디지털 서비스를 상품으로 제공한다는 측면에서다. 예를 들어 Security-as-a-Service는 보안 기술을 서비스로 제공한다는 의미이다. 통상 구독료를 내면 완성된 Security 기술을 제공한다는 의미이다. Blockchain-as-a-Service(BaaS)도 많이 쓰인다. 복잡한 블록체인 기술을 서비스로 제공한다는 의미이다.

이제 IaaS, PaaS, SaaS에 대해 어렴풋이 이해가 될 것이다. 다시 강조하지만 핵심은 IaaS, PaaS는 주로 클라우드 업체가, 그리고 SaaS는 클라우드를 활용하는 다양한 소프트웨어 업체가 제공한다는 점이다. 앞서 Gaia-X가 언급한 데이터 생태계가 SaaS의 영역이라 이해하면 쉽다. 빨간색의 클라우드가 제공하는 IaaS/PaaS 기술과 독립적으로 SaaS 생태계를 구축하고자 한 것이다.

186쪽 그림을 보면 클라우드 기반의 세 가지 산업 모두 급격하게 성장하는 모습을 보인다. 클라우드가 디지털 전환 시대에 얼마나 중요한지를 알 수 있다. 이 와중에 데이터나 소프트웨어 서비스에 해당하는 SaaS는 그 비중이 가장 크다. EU의 바램처럼 여기서 주도권을 가져 오면 기회가 있음을 알게 된다.

하지만 SaaS가 자유롭게 개발되는 것은 아니다. 2019년 시점의 SaaS 시장은 대부분 클라우드 업체가 제공하는 IaaS와 PaaS에 묶여 개발되고 있었다. 당시 시장에 있던 90% 정도 SaaS 솔루션이 클라우드에 종속되었다는 통계가 있었다. 종속의 의미는 대부분의 소프트웨어가 서비스를 구현하는 과정에서 클라우드가 제공하는 PaaS를 사용한다는 의미이다. 그렇게 만든 SaaS는 다른 클라우드 위에 올라가면 동작할 수 없다. 클라우드가 바뀌면 전부 새로 개발해야 한다.

EU의 Gaia-X는 이를 분리시키고자 한 것이다. 특정 클라우드에 종속을 피하고 독자적인 데이터 및 디지털 솔루션 생태계를 가져갈 수 있다면 더 큰 디지털 사업 기회를 가져갈 수 있다. Gaia-X 전략을 발표하며 EU가 디지털 및 데이터 주권이라고 부른 것은 이 때문이다.

디지털 주권, 민관 협력의 표준 기술을 통해 구현되다

EU가 185쪽 그림처럼 빨간색의 클라우드 인프라에서 파란색의 데이터/서비스를 분리하기 위하여 고민한 방법은 데이터 호환 방식의 표준화였다. 앞서 설명한 대로 데이터를 주고받는 수많은 방법론 가운데 기업 간에 주고 받는

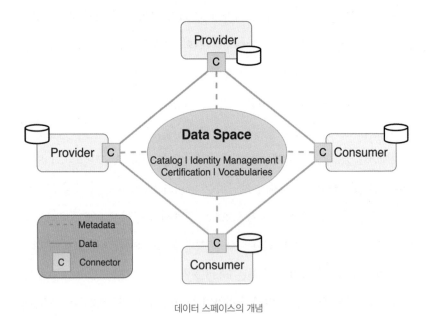

데이터 스페이스의 개념

표준화된 기술을 고안한 것이다. 인터넷을 통해 주고받기는 하지만 그 위에 몇 가지 약속을 새롭게 얹었다. 핵심은 데이터 스페이스 개념이다.

데이터 스페이스는 데이터를 주고받을 때 방식을 주는 쪽 입장에서 만든 개념이다. 내 데이터를 내 허락도 없이 누군가 가져가면 큰 문제이다. 각자 데이터는 각자 가지고 있어야 한다. 만약 필요한 쪽이 있으면 상대가 갖고 있는 데이터 목록을 보고 요청한다. 데이터를 가진 쪽에서 승인하면 데이터가 넘어간다. 기업 간 데이터를 주고받을 때 민감 데이터를 보호하는 측면에서 환영받는 구조이다. 유럽은 이 개념을 중심으로 표준 디지털 기술을 만들었다. 여기에는 몇 가지 핵심 요소가 포함된다.

우선 데이터를 주고받은 상대를 인증하는 기술이 들어간다. 데이터를 원하는 쪽이 주는 쪽에 데이터 공유를 요청하면, 주는 쪽에서 이를 승인하는 기술도 필요하다. 특히 이 부분은 보안이 필수 요소이다. 사용한 에너지 양이나 생산량 같은 민감 정보가 유출되면 원가를 추측할 수 있다. 기업들은 민감 데이터 관리에 예민하다. 따라서 데이터를 주고받을 때는 보내는 쪽의 권한과 승인 절차가 명확해야 한다. 데이터 전송을 승인하면 디지털 세상에서 자동적으로 계약이 맺어지고, 이 계약에 따라 데이터가 전송되는 과정이 마지막이다.

반복하지만 이런 과정은 일종의 약속이다. 따라서 무한대의 경우의 수가 있고, 누구나 만들 수 있다. 위에 언급한 단계를 포함해서 안전하고 빠르게 데이터를 주고받는 디지털 기술은 아마존 웹 서비스, 마이크로소프트, 구글 등 주요 클라우드 업체 서비스에 PaaS 형태로 이미 포함되어 있다. 그래서 대부분의 SaaS 산업이 특정 클라우드 기술 기반으로 만들어졌던 것이다. 클라우드 업체에 더해서 자신만의 데이터 공유 기술을 만들어 사업하고자 하는 회사도 많다. EU가 Gaia-X를 고민할 당시는 데이터 공유 기술의 춘추 전국 시대였다. 그런데 EU가 새로운 기술을 만들고자 했던 이유가 무엇일까? 클라우드 종속을 차치하고라도 표준화된 기술이 아니면 광범위한 사용이 어렵기 때문이다.

예를 들어 보자. 아마존 웹 서비스는 가장 큰 클라우드 업체라고 했다. 여기서 제공하는 데이터 스페이스 개념 기반의 호환 기술을 사용하는 소프트웨어가 있다고 하자. 이 소프트웨어는 아마존 웹 서비스 클라우드에서만 동작한다. 이 기술을 통해 데이터를 주고받기로 했다면 모두 아마존 웹 서비스를 사용해야 한다. 혹시 다른 클라우드나 자체 전산실을 사용하는 기업이 있다면 데이터를 주고받는데 어려움을 겪는다. 결국 많은 기업이 아마존 웹 서비스 클라우드에 종속되는 것이다.

이처럼 특정 클라우드 종속을 피하기 위한 방법론이 표준화시키는 것이다. EU는 2019년 Gaia-X 전략을 공표한 후 새로운 데이터 호환 표준 기술 개발에 착수했다. 이를 위해 별도로 IDSA(International Data Space Association)라는 기구까지 만들었다. 이 기구를 통해 새로운 데이터 호환 기술을 개발했다.

여기서 유럽의 일하는 방식을 이해할 필요가 있다. 유럽은 과거 세계를 지배했던 경험이 있다. 그래서 주어진 문제를 단기적으로 대응하는 것이 아닌, 보다 근본적으로 대응하려는 경향이 있다. 정부가 이런 큰 그림을 잘 그린다. 클라우드 인프라의 종속을 피하려는 Gaia-X 같은 전략이 이를 대변한다. 정부가 그림을 그려도 구체적인 전략과 실행은 별도 전문 기구를 통한다. 정부는 이 전문 기구가 잘 운영되도록 인력을 파견하고 재정을 지원한다. 하지만 그 기구를 기술적 전문성이 없는 공무원으로만 구성하지 않는다. 다양한 기업이나 연구소가 이 기구에 참여하도록 구조를 만든다. 평소 치열하게 경쟁하는 회사들도 이러한 틀에 익숙하다. 한국에서는 경쟁하는 대기업 직원이 함께 일하며 표준 기술을 함께 만드는 모습을 상상하기 힘들다. 하지만 유럽 기업들은 직원을 이 기구에 파견하여 함께 일하도록 한다. 기업에서 온 직원들은 자신의 회사에서 연봉을 받으며 파견된 기구에서 자신의 회사 지시 없이 독립적인 일을 한다. 그러다 보니 명함의 앞면은 파견된 기구의 정보가, 뒷면은 자신의 원래 회사 정보가 있는 경우가 많다.

회사들이 직원을 파견하는 것은 새로운 공통 기술과 표준에 투자하는 것이다. 이를 통해 자신들의 지분이 생긴다. 그리고 기술과 표준이 완료되면, 파견한 직원을 복귀시켜 기업 내 빠른 적용이 가능하다. 글로벌 경쟁사보다 새로운 기술과 표준을 선점하는 효과를 누린다. 이처럼 큰 틀을 만들고 민관 합동의 협력 구조로 해결하는 것이 유럽의 차별화된 방식이다.

EU, 데이터 호환 표준 기술을 만들다

Gaia-X 기반으로 만들어진 IDSA는 데이터 호환의 표준 기술로 Eclipse Dataspace Components(이하 EDC)를 만들었다. EDC는 Eclipse 재단을 통해 오픈 소스로 만들어졌다. 오픈 소스는 설계도라 할 수 있는 소스 코드를 공개한 소프트웨어이다. 소프트웨어를 오픈 소스화 하면 개발자들이 쉽게 접근하여 활용할 수 있다. 집단 지성을 통해 발전시킬 수도 있고, 라이선스 비용 걱정 없이 활용이 가능하다. EDC 기술은 새로 만들어졌다. 그래서 오래 전에 완성되어 쓰이고 있는 다른 기술보다 아직 부족한 부분도 많다. 하지만 모두가 쓸 수 있도록 공개함으로써 범용성을 가졌다. EU가 노린 것이 이것이다. 기업들은 특정 클라우드에 얽매이지 않는 기술을 통해 자유롭게 데이터를 주고받게 하는 것이다.

EDC에는 이미 완성된 기능도 있고, 아직 개발 중인 부분도 있다. 그럼에도 뒤에 설명할 Catena-X를 비롯한 다양한 과제에 사용되고 있다. 말 그대로 사실상 표준이 되고 있다. 이미 이보다 뛰어난 데이터 호환 기술을 가진 미국의 클라우드 기업들도 자신의 것이 아닌 EDC 생태계에 들어갈 정도이다. 다수가 공통으로 사용될 때 생기는 표준의 힘이다. EU가 클라우드의 영향력을 벗어나기 위해 세운 Gaia-X 전략이 EDC를 통해 구현된 것이다. 아래 그림은 EDC에 포함된 디지털 기술의 상세 요소 도식적으로 표현한 것이다.

중간에 Connector 두 개가 존재한다. 하나는 데이터를 보내는 쪽이고, 다른 하나는 받는 쪽에 설치된 디지털 기술이다. 여기에 포함된 것이 중간

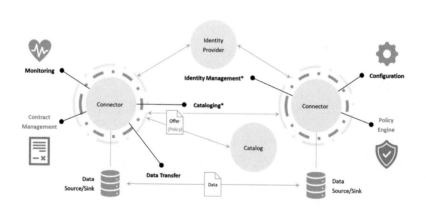

EDC에 포함된 디지털 기술의 상세 요소

에 다 표시되어 있다. 우선 제일 위에 Identity Provider라고 되어 있는데, 이게 바로 상호 인증하는 기술이라고 보면 된다. 주는 쪽과 받는 쪽이 서로 데이터를 교환할 상대가 맞는지 확인하는 부분인 것이다.

중간에 Cataloging이라고 되어 있다. 이것은 왼쪽 Connector, 즉 데이터를 주는 쪽에 붙어 있다. 데이터를 주는 쪽에서 어떤 데이터를 갖고 있는지 목록을 제공하는 것이다. 실제 데이터는 아니고 탄소 발자국, 전기량 등과 같이 데이터를 설명하는 정보면 된다. 비유하면 도서관의 서지 정보라고 할 수 있겠다. 데이터를 받는 쪽에서 이 목록을 보고 원하는 데이터를 요청하게 된다. 데이터를 보내는 쪽에서 이 요청을 받고 승인하면 왼쪽 아래에 있는 Contract, 즉 계약이 체결된다. 이것을 근거로 제일 아래 실제 데이터가 전송된다. 강조하는 부분이지만 디지털 세상에서 이와 같은 과정은 다 약속이다. 따라서 다양한 경우의 수가 가능하다. EDC는 영어와 같이 국제 공용어를 지향하며 오픈 소스로 만들어졌다는 점에서 차별화가 생긴 것이다. 물론 앞으로 국제 공용어로서 자리를 잡을 지 여부는 좀 더 두고 봐야 한다.

데이터를 이해하는 약속의 표준, AAS

지금까지 EU가 디지털 주권을 꿈꾸며 만든 데이터 호환 기술을 설명했다. 이를 통해 데이터를 주고받는 약속의 표준은 만들어진 것이다. 하지만 데이터가 기업마다 다르게 표현된다는 점에서 문제가 있다. 앞서 설명한 대로 무한대의 표기법이 가능하다. 같은 데이터라도 기업마다 동일한 형태라고는 기대하기 어렵다.

데이터의 형식과 내용을 모든 기업이 일괄적으로 맞춰 기입하는 것은 불가능하므로 주고받은 데이터를 파파고와 같이 이해하는 기술이 필요하다. 이것이 메타 데이터 기술이다. 메타 데이터는 데이터의 데이터이다. 앞서 설명한 전력량 100kw의 예처럼, 단위를 모르면 100이라는 데이터의 의미를 모른다. 100이 kw 단위로 표현되었음을 함께 표기해야 한다. 데이터의 의미를 표현하는 데이터가 필요한데, 이를 메타 데이터라고 설명했다. kw라는 단위는 메타 데이터 중 하나이다. 좀 더 확장해 보자. 회사의 생산 라인 하나에서 어떤 제품을 생산할 때 전력이 100kw가 소모되었다고 하자. 그럼 100이라는 데이터의 메타 데이터에는 어떤 회사인지, 어떤 생산 라인인지, 어떤 제품인지 등과 같은 데이터가 들어가야 정확한 이해가 가능하다. 데이터를 설명하는 메타 데이터가 복잡해지는 것이다.

이와 같은 메타 데이터를 정의하고 관리하며 활용하는 기술도 무한대의

AAS를 표현하는 이미지

경우의 수가 있다. 그래서 표준이 필요하다. EU에서는 2015년부터 기업 간에 파편화되어 있는 데이터의 상호 이해와 운용을 위한 기술을 만들었다. 그것이 유명한 Asset Administration Shell(AAS)이다. AAS는 생산 설비와 같이 물리적 자산을 감싸서 상세한 내용을 알려 주는 기술로 유명하다. 이름 자체가 자산을 표현하는 껍질이라고 된 이유이다. AAS의 이미지는 194쪽 그림과 같이 표현된다.

AAS는 설명하고자 하는 자산에 대한 설명을 디지털로 붙여 준다고 보면된다. 그래서 AAS를 실물 자산과 디지털 세상을 연결한다고 해서 디지털트윈 기술이라고도 부른다. 현실 세계와 디지털 세계가 쌍둥이처럼 된다는의미이다. 이렇게 되려면 AAS가 많은 설명을 포함해야 한다. 앞서 설명한대로 회사, 생산 라인, 공정, 제품 등의 정보 말이다. AAS는 이런 정보를 표현하는 구조와 방식을 표준화했다.

AAS의 목표와 개념상 표준화는 필수적이다. 예를 들어 어떤 설비를 쓰는 모든 회사가 설비의 AAS를 통해 설비 데이터를 이해한다고 하자. 어떤회사는 생산 라인 정보가 포함된 AAS를, 어떤 회사는 그것이 없는 AAS를쓰면 서로 주고받는 데이터의 의미 파악이 어렵다. 따라서 각자 다른 것이아니라 같은 기본 모델을 미리 만들어 중앙에서 관리해 줄 때 의미가 있다. 이것은 표준의 중요한 기능이다. 모두가 같은 것을 바라보려면 표준의 개념으로 접근할 수밖에 없다.

자, 이제 EU가 디지털 독립의 목표를 어떤 기술을 통해 구현하고자 했는지 알게 되었다. EU는 데이터 호환 기술 자체를 별도로 만들었다. 그것을오픈 소스화해서 하나의 표준처럼 모두가 쓸 수 있도록 했다. 이를 통해 기존 강자였던 클라우드 기업들의 뛰어난 기술들을 배제시켰다. EU가 IDSA

를 통해 만든 데이터 호환 약속의 표준 기술이 EDC라고 했다. 또한 데이터를 이해할 수 있게 만드는 메타 데이터 기술의 표준화로 AAS 기술을 사용했다. 이 두 가지 기술, 즉 데이터를 주고받는 약속의 표준, 주고받은 데이터를 이해하는 기술의 표준만 있으면 원할 때 어느 때든 데이터 공유가 가능하다. 이것이 Gaia-X의 꿈 꾸었던 데이터와 서비스 독립의 시작점이다.

핵심은 디지털 데이터를 주고받는 약속과 이해하는 약속의 표준화이다. 오해를 방지하기 위해 필자가 이야기하는 표준화는 사실상 표준화와 실제 표준을 섞어서 이야기함을 밝힌다. 국제 표준 기구를 통해 정식 표준화된 기술도 있고, EDC처럼 이제 만들어졌지만 표준처럼 사용되는 사실상 표준도 있다. 사전적 정의보다 개념적으로 이해하며 좋겠다.

이제 방향성에 맞게 기술을 완성했다면 최초 생각대로 되는지 평가하는 것이 남았다. EU는 Catena-X를 통해 이를 실증하고자 했다. 기술과 사실상 표준을 만들었지만 바로 누가 쓰지는 않는다. 실증, 즉 파일럿 과제는 통상 이와 같은 목적으로 기획된다. Catena-X는 자동차 생태계 기업들을 묶어 앞서 설명한 데이터 호환 디지털 기술을 적용하고 실증한 프로젝트이다.

왜 자동차 산업인가?

자동차 산업은 유럽에서 중요한 위치를 차지한다. 자동차 산업 자체가 수만 개의 부품 산업을 포함한 거대한 산업 군이라 EU 내 많은 기업이 생태계에 포함된다. 폭스바겐, BMW, 벤츠 등 전통적인 자동차 선도 기업들을 갖고 있다. 이 때문에 자동차 산업에서 유럽의 입지는 강했다. 최근 중국을 비롯한 동아시아로 주도권이 넘어오고 있지만 여전히 주요 유럽은 주요 자동차 생산자 지위를 점하고 있다. 유럽이 자동차 산업을 실증 과제로 삼은 것은 자동차 산업의 중요성이 큰 몫을 했다고 할 수 있다.

산업의 중요성 외에도 자동차 산업은 실증을 통해 효과를 검증하기 좋은 산업이다. 공급망이 복잡하기 때문이다. 수많은 부품 업체가 전 세계에 걸쳐 분포한다. 한국의 자동차 부품 업체가 국내 자동차 기업만이 아니라 유럽이나 미국에 부품을 납품하는 것을 보면 안다. 전 세계에 걸쳐 수만 개의 부품을 모아서 제조한다. 이처럼 복잡한 공급망을 관리하는 것은 쉬운 일이 아니다.

과거 폭스바겐은 공급망 관리를 위해 독자적으로 인더스트리얼 클라우

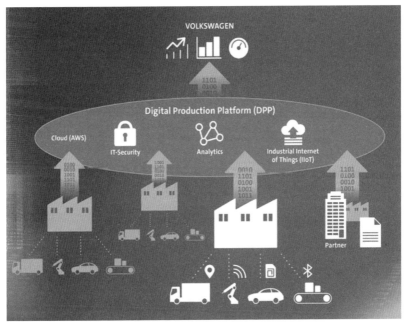

폭스바겐 인더스트리얼 클라우드 개념도

드 전략을 만들기도 했다. 용어가 어렵지만 핵심은 공급망 전체 디지털 정보를 아마존 웹 서비스 클라우드로 모아 관리 및 분석하겠다는 계획이다. 197쪽 그림이 이 내용을 보여준다.

핵심은 크게 두 가지이다. 부품 공급사들을 디지털로 관리하는 것이 첫 째이다. 각 회사는 고객인 폭스바겐이 필요한 정보를 디지털 기술을 통해 보내도록 되어있다. 그리고 이것을 공통의 장소로 모으는 것이 두 번째 핵심이다. 그 공통의 장소가 197쪽 그림에 타원으로 표현된 아마존 웹 서비스(AWS) 클라우드이다. 데이터가 한 곳에 모이면 분석과 처리가 용이하다. 앞서 설명한 대로 아마존 웹 서비스가 제공하는 고도화된 하드웨어(IaaS)와 소프트웨어(PaaS)기술을 활용할 수 있다. 분석된 디지털 데이터를 바탕으로, 폭스바겐은 그동안 효율적이지 못했던 공급망 관리를 개선하고자 했다. 물론 디지털 데이터를 생성하고 아마존 웹 서비스에 보내도록 협력사에게 요구하는 것이 쉽지 않은 문제이다. 민감한 데이터로 인식할 수 있어 저항이 생긴다. 아울러 뭘 하든 비용이 든다. 다 극복하기 쉽지 않다.

그럼에도 복잡한 공급망을 디지털로 관리하는 것은 자동차 회사의 꿈이다. 폭스바겐이 이런 일을 선제적으로 한 것은 자동차 생산 1, 2위를 다투는 기업이기 때문이다. 폭스바겐하면 독일 차 중에서 중저가 브랜드로 생각하기 때문에 세계 최고 생산 업체라는 것이 의아할 수 있다. 하지만 2023년 폭스바겐의 생산 대수는 924만 대로 거의 1000만 대에 육박한다. 직원은 30만 명 이상이다. 또한 그룹 산하에 폭스바겐 브랜드만 있는 것이 아니다. 폭스바겐을 포함해 아우디, 포르쉐, 람보르기니, 벤틀리 등 10여 개 이상의 브랜드가 있다. 브랜드 가치로만 보면 세계 최고의 회사임을 부인하기 어렵다. 처음부터 함께 한 브랜드들이 아니라 대부분 인수 합병으로 한 식구가 되었다. 각각의 브랜드가 별도의 공급망과 운영 체계를 갖고 있었다. 합병 후 폭스바겐 울타리 안에서 이를 통합하기 위해 얼마나 복잡한 일들이 일어났을지 상상이 된다. 때문에 위와 같은 인더스트리얼 클라우드 전략을 고민할 수 밖에 없었을 것이다. 만약 폭스바겐의 전략이 성공했다면 EU가 데이터 호환 기술의 실증을 자동차 산업에 적용할 필요는 없었을 것이다. 그냥 폭스바겐의 인더스트리얼 클라우드를 쓰면 되기 때문이다.

폭스바겐 혼자서 할 수 없다

하지만 자동차 산업 공급망의 디지털 관리를 자동차 회사 하나가 결정하고 유지할 수는 없다. 우선 부품 업체가 하나의 고객만을 대상으로 사업하지는 않는다. 예를 들어 반도체를 보자. 지금은 자동차가 전자 제품화되고 있다. 반도체 공급 이슈가 생기면 자동차 생산 중단이 불가피할 정도로 반도체 의존도가 커지고 있다. 아래 그림은 반도체가 어떻게 자동차 회사에

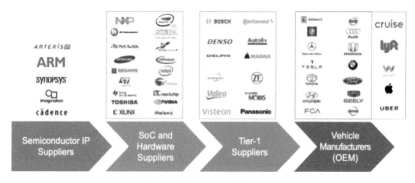

반도체 관점에서 자동차 산업 공급망

전달되는지 공급망을 표현한다.

자동차용 반도체를 직접 생산하는 업체가 두 번째에 위치한다. 처음에 나오는 ARM 등은 반도체를 설계하고 만드는 기반 기술을 제공한다. 반도체 생산 업체는 NXP 등 주요 기업만 나열해서 10개가 훌쩍 넘는다. 이 업체들이 바로 자동차 회사에 공급하는 것이 아니다. 반도체를 받아 자동차 부품 이른바 전장 부품을 만드는 회사들이 세 번째에 위치한다. 보쉬, 델파이 등 자동차 회사에 비해서는 조금 덜 유명하지만 그래도 많이 들어 본 업체들이다. 이들도 일부만 표현한 거지 훨씬 더 많은 수가 존재한다. 이들이 마지막으로 다수 자동차 회사에 전장 부품을 납품한다. 결국 복잡한 공급망 가운데 어떤 회사도 하나의 자동차 회사와만 연결될 가능성은 없다. 폭스바겐은 자신에 납품하는 공급망을 처음부터 끝까지 관리하고 싶겠지만, 거기에 포함된 회사들은 폭스바겐이 여러 고객 중 하나인 것이다. 그런데 폭스바겐이 인더스트리얼 클라우드 요구를 했다. 강력한 고객이라서 요구하면 맞춰야 하지만 공급 기업 입장에서는 매우 큰 부담이다. 결국 수동적이거나 형식적으로 대응할 가능성이 크다. 제공하는 데이터의 정확성이 떨어진다는 의미이다.

아울러 디지털 기술을 설치하고 관리하는 비용의 부담 문제가 있다. 폭스바겐만 요구하는 부분이므로 일정 부분 폭스바겐이 보전해 줄 필요가 있다. 결국 폭스바겐도 디지털 인프라를 구성하는 비용과 함께 공급망 기업에 대한 추가 보전 때문에 부품 조달 비용이 상승한다. 경쟁력을 높이기 위해서 만든 구조인데 경쟁사보다 경쟁력 저하를 걱정해야 한다. 폭스바겐 사례를 통해 복잡한 공급망 디지털 생태계를 혼자 만드는 것이 얼마나 어려운 일인지 알게 된다.

그래서 Catena-X로 뭉치다

이상의 관점에서 EU가 표준화된 데이터 호환 기술을 검증하는데 자동차 산업을 선택한 것은 타당한 결정이었다. 강조하자면 자동차 산업이 EU에 중요했다. 아울러 복잡한 공급망을 갖고 있다. 그리고 폭스바겐과 같이 한 회사가 이를 해결하기 어려웠다. 표준화된 디지털 기술을 자동차 산업 전체에 적용하는 실증은 여러 모로 효율적인 접근이다. Gaia-X부터 그린 데이터 호환 표준 생태계 구축이라는 큰 그림의 실증처로 안성맞춤이었다. 그 결과 2021년에 Catena-X가 구성되었다. 아래 그림은 Catena-X 구성 기업들을 보여준다.

우선 인더스트리 코어 부분에 있는 업체들은 자동차 제조사이다. 유럽 3대 자동차 회사인 BMW, 벤츠, 폭스바겐이 들어가 있다. 영향력 있는 제조

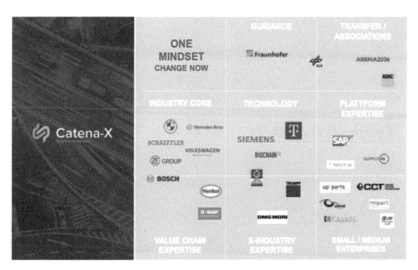

Catena-X 구성 기업

사가 다 포함된 것이다. 특히 폭스바겐이 들어간 것이 이채롭다. 앞서 언급한 대로 독자적인 공급망 데이터 생태계를 만들고자 했었기 때문이다.

혼자는 어렵고 이렇게 자동차 산업 전체가 함께 해야 함을 인정한 것이다. 오른쪽 제일 하단에 중소/중견 기업들이 나열된다. 이 업체들은 공급망을 구성하는 부품 업체들이다. 이들 관점에서 주요 자동차 고객사가 다 참여했으니 폭스바겐 사례와 달리 한 번의 투자로 모든 고객 대응이 가능하다. 중소/중견 부품 공급사 입장에서는 Catena-X가 효율적인 환경을 제공한 것이다.

그 외에도 다양한 회사들이 포함된다. 기술이나 플랫폼 등으로 표현된 회사들은 디지털 기술과 솔루션을 제공한다. Gaia-X부터 준비한 표준 기술의 탑재를 도와주거나, 이를 활용한 다양한 소프트웨어를 만들 기업이 필요하다. 이들 기업 입장에서는 데이터 호환 관련한 독자적인 기술이 이미 있었을 수 있다. 하지만 표준 기술을 활용하는 Catena-X에 들어 온 것은 전체 생태계가 사용하는 기술에 동참해야 사업 기회가 커지기 때문이다. 이것이 표준의 힘이다.

Catena-X가 하고자 한 것

Catena-X는 시작부터 환경 규제 대응이라는 핵심 목표를 숨기지 않고 드러냈다. 203쪽의 그림은 Catena-X가 제시한 10가지 핵심 응용이다.

이 그림이 다소 복잡해 보이지만 사실 입체적이면서 직관적이다. 우선 맨 상단에 공급망을 구성하는 파트너들이 나열되어 있다. 공급망 구성 기업부

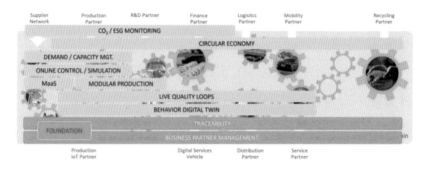

Catena-X에서 구현하려는 핵심 응용

터 자동차 생산 기업, 연구 개발, 금융, 운송, 재활용까지 다양한 Catena-X 파트너가 그룹화되어 있는 것이다. 그 아래로는 구현하려는 솔루션들이 나열되어 있다. 총 10개인데 막대 차트처럼 표현되었다. 이 차트의 의미는 상단에 표시한 파트너들과의 연계이다. 특정 과제가 어느 파트너까지 포함되는지를 이야기한다. 예를 들어 첫 번째에 나오는 탄소 발자국 추적 솔루션은 공급망 기업부터 금융 파트너까지 과제에 포함된다는 의미이다.

이제 응용을 보다 상세히 살펴 보자. 짙은 주황색으로 표시한 하단의 두 개 솔루션은 기반이라고 언급되어 있다. 내용은 추적성(Traceability)과 업체 관리이다. 자동차 제조 업체에 있어 가장 필요한 솔루션이다. 그래서 기반이라고 표시한 것이다. 자동차는 수많은 부품이 조립되어야 완성되기 때문에 하나의 부품만 납기를 맞추지 못해도 생산에 차질이 발생한다. 그래서 부품의 생산과 이동 과정을 투명하게 보기를 원한다. 하지만 복잡한 공급망 과정을 한 눈에 보기가 어렵다. 만약 기업 간에 데이터 호환이 표준화된다면 이것이 가능하다. 그래서 추적성이 핵심 기반 응용으로 포함된 것이다. 추적성은 재활용 파트너까지 포함해 전 파트너가 관련될 영역이라고 정의되어 있다. 마지막에 있는 사업 파트너 관리도 중요한 영역이다. 부품 업체 파트너를 자유롭게 관리할 수 있다면 여러 가지로 효율적이다. 예를 들어 어떤 부품 업체에 품질 문제가 생기면, 다른 업체로 쉽게 변경할 수 있어야 한다. 독점적 지위 부품 업체가 가격을 올리면 공급 업체를 유연하게 늘리는 것도 필요하다. 하지만 업체의 추가나 변경이 쉬운 일이 아니다. 서로 데이터를 호환해야 하는 부분에서 걸린다. 부품을 공급하면서 주고받는 다양한 데이터가 있다. 예를 들어 부품의 코드 정보 같은 것들인데, 서로 일치시켜야 한다. 주요 파트너와는 이 부분이 구축되었지만, 다른 회사를 추가하려면 어려운 작업을 다시 해야 한다. 이 부분을 표준 데이터 호환 기반의 솔루션이 해결해 준다면 큰 힘이 될 것이다. 이처럼 마지막의 두 가지 응용은 공급망 전체 데이터 호환이 확보될 때 자동차 제조사가 가질 큰 기대치를 표현한 응용이라 하겠다.

기반에 해당하는 솔루션 외에 8가지 혁신적인 솔루션 목표가 상단에 나열되어 있다. 이 중 첫 번째와 두 번째가 환경 규제에 해당하는 솔루션이다. 결국 Catena-X, 그리고 데이터 호환 표준 기술을 만든 EU의 목적에 환경 규제 대응 솔루션을 만들겠다는 의지가 있었다. EU에 가장 중요한 자동차 산업이 향후 환경 규제에 효과적으로 대응하도록 하겠다는 것이다.

첫 번째 솔루션은 CO_2와 ESG 모니터링으로 되어 있다. 최종 제품의 CO_2는 공급망 전체적으로 발생하는 탄소 데이터를 모아야 완성된다. 앞서 설명한 Scope 3 개념이다. 그래서 Catena-X에서는 공급망 전체 CO_2 발생량을 추적·관리하는 실증 과제를 만들었다. Catena-X가 제대로 되면, 탄소국경조정제도 등과 같이 자신들이 만든 환경 규제에 대해 선제적인 대책 마련이 가능하다. 자신들은 미리 준비하고 외부에는 규제의 벽을 세우는 일석이조의 효과를 거두는 것이다.

ESG 모니터링도 의미가 있다. 현재 EU의 규제는 탄소 등 환경 중심이다. 그런데 ESG 모니터링을 하겠다는 것에서 향후 공급망 ESG 규제의 법제화 목표를 보여준다. ESG 중 E(환경) 항목은 정량화의 방향성이 있다. 하지만 S(사회적 책임) 항목과 G(지배 구조) 항목은 정량적으로 측정하기 어렵다. 그래서 ESG는 통상 기업 스스로 공시하는 수준이었다. Catena-X가 공급망을 아우르는 ESG 모니터링 솔루션을 구비하면 EU는 공급망을 아울러 ESG 관리를 의무화할 가능성이 크다.

두 번째 솔루션으로 재활용이 들어 있다. 이 부분은 제품 내 재활용 부품 사용 비율을 늘리도록 하는 규제와 연결된다. EU는 제품 내 재활용 비율에 대한 법제화를 예고하고 있다. 이 규제에 대응하려면 최종 제품의 재활용 비율을 정확히 신고해야 한다. 그러려면 제품 폐기 후 재활용되는 부품이 새로운 제품에 적용될 때까지 전 과정을 추적해야 한다. 그 과정에 수많은 기업을 거치게 되기 때문에 기업 간에 데이터를 호환하는 표준 기술이 큰 역할을 하게 된다. 요약하면 Catena-X 생태계를 통해 구현하려는 두 가지 핵심 솔루션이 규제 대응 솔루션이다. 환경 규제에 디지털 기술과 표준을 적극적으로 활용해 가는 EU 전략을 확인하게 된다.

Catena-X가 이룬 것

Catena-X 실증 과제 사례를 보면 어떤 방식으로 공급망 데이터를 취합해서 환경 규제에 대응하려고 하는지 알게 된다. 206쪽 그림은 폭스바겐과 공급망 기업 간에 탄소 발자국을 추적하는 솔루션 실증 과제를 표현했다.

간단한 그림이지만 다양한 의미를 내포하고 있다. 그림 하단에 폭스바겐 로고가 있는 회사가 있다. 그림 왼쪽에 보면 SME라고 쓰인 회사들이 있는 데 Small and Medium Enterprise의 약자로 중소/중견 기업을 의미한다. 여기서는 폭스바겐에 납품하는 협력사라고 보면 된다. 두 개만 표현되었지 만 수천 개 이상의 공급사가 존재한다. 이 프로젝트는 실증 과제이기 때문 에 이 중 몇 개의 공급사와 폭스바겐이 참여했다. 과제는 간단하다. 각 공급 사가 부품을 납품하면서 그 부품 생산 중에 발생한 탄소 데이터를 폭스바 겐에 전달한다. 폭스바겐은 모든 부품의 데이터, 이른바 Scope3 데이터와 자 신들이 생산하면서 발생시킨 Scope1과 2 데이터를 합쳐 자동차 한 대당 탄소 발자국 데이터를 만든다. 이것이 규제 당국에 내야 할 데이터이다.

Catena-X는 많은 의미있는 결과를 보여 주었다. 첫 번째는 표준화된 디 지털 기술을 성공적으로 적용하여 여러 기업 간에 자유로운 데이터 호환이 가능함을 입증했다. 아래 그림에서 각 회사에는 주황색의 EDC라는 것이

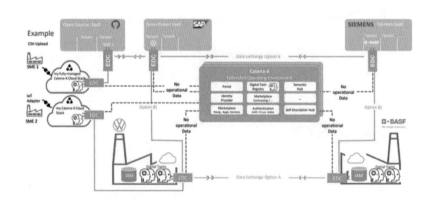

폭스바겐과 공급망 기업 간에 탄소 발자국 추적 솔루션 프로젝트 개요도

붙어 있다. 이것이 위에서 이미 설명한 EU의 데이터 호환 디지털 표준 기술이다. 데이터를 주고받는 약속의 표준이라고 할 수 있다. 모든 회사나 소프트웨어가 디지털 기술인 EDC를 설치하여 서로 연결된다. 아울러 EDC 옆에는 사람 얼굴 같은 것이 있다. 디지털 트윈이라고 쓰여 있는데 이것이 데이터를 이해하는 기술의 표준인 AAS이다. 앞서 EU가 데이터 호환을 위해 표준으로 정의한 두 가지 기술이 모든 회사마다 붙어 있는 것을 본다. 이 기술을 기반으로 서로 데이터를 주고받는다는 의미이다.

두 번째는 공급망 협력 업체의 부담을 덜어준다는 점이다. 반복된 이야기지만 협력 업체들은 늘 민감한 정보 유출에 부담을 갖는다. 자신들의 원가 정보가 나가기 때문이다. Catena-X에서는 민감 정보 말고 계산한 결과만 전달하도록 되어 있다. 예를 들어 범퍼를 만드는 회사가 탄소 발생 정보를 보낸다고 하자. 들어간 에너지 사용량이나 생산량 정보를 전달해서 폭스바겐이 범퍼의 탄소 발생량을 계산할 수 있다. 이것은 원가를 유추할 수 있는 민감한 정보이다. 따라서 각자 자신의 에너지와 생산량을 기반으로 탄소 발생량을 계산하고 결과, 즉 탄소가 몇 kg 발생했는지만 EDC로 보내도록 되어 있다. 계산된 탄소 발생량만 보내면 원가 정보 파악이 불가능하다. 많은 협력 업체가 부담없이 데이터를 보낼 수 있는 기반이 된다.

세 번째는 디지털 솔루션 생태계도 함께 만들어졌다는 점이다. Catena-X가 생기는 과정에서 다양한 소프트웨어 회사가 함께 했다. 206쪽 그림에서 보면 상단 회색의 박스에 SAP, Siemens 등의 이름이 들어 있다. 유럽의 유명한 소프트웨어 회사들이다. 회색 박스는 회사들이 사용할 수 있는 디지털 소프트웨어 솔루션이다. 혹시 탄소 발생량 계산 능력이 없는 회사는 Catena-X에 있는 다양한 소프트웨어를 사용할 수 있다. 206쪽 그림을 보면 이런 소프트웨어에도 EDC가 붙어 있다. 이를 통해 계산한 데이터를 보낸다. 소프트웨어 회사들이 자신의 기술에 집착하지 않고 표준 기술의 생태계에 참여하면서 사업 기회를 만들어 가는 것이다. 이것은 좀더 현명한 전략이다.

이처럼 EU는 글로벌 환경 규제를 직접 만들면서, 이를 대응할 수 있는 디지털 전략도 체계적으로 만들었다. Scope3 데이터 확보를 위해서는 공급망 전체적인 데이터 호환 기술이 필요했다. 기존 데이터 호환 기술이 미국 중심의 클라우드 빅테크 기업에 종속된 현실을 보고 스스로 표준 기술을 만들기로 했다. IDSA라는 기구를 만들어 데이터를 주고받는 표준 약속의 디지털 기술을 만들었다. 아울러 이해하는 약속의 디지털 기술을 표준화했다. 이 기술의 실증을 가장 중요한 자동차 산업 데이터 생태계를 만들어 실시했다. 바로 Catena-X이다. 여기에서 탄소 발자국, ESG, 재활용과 같은 각종 규제 대응 디지털 솔루션을 만들어 가고 있다. 이것이 EU의 전략이다.

CHAPTER 3

한국이
가야 할 길

심각한 기후 위기에 대응하기 위해 각국에서 환경 규제를 강화하고 있다. 이는 수출 중심인 우리나라에 큰 위협이다. 지금까지 이를 해결하는데 있어 디지털 기술과 표준의 중요성을 보았다. 표준화된 디지털 기술을 활용하여 데이터를 주고받는 것이 환경 규제, 특히 Scope3 대응에 핵심임을 보았다. EU를 중심으로 어떻게 디지털 표준화 기술을 만들었지와 이것을 활용하여 산업계에 적용한 Catena-X 사례도 다루었다. 디지털 기술하면 우리도 뒤쳐지지 않는다. 따라서 지금의 상황을 우리가 잘 대처해 가고 있으리라 생각할 수 있다. 하지만 현실은 그렇지 않다. 수출 기업들은 혼란에 빠져 있다. 그리고 필요한 디지털 솔루션 전략도 모호하다. 이번 장에서는 우리나라의 현 상황과 함께 명확한 디지털 전략에 대해 이야기해 보고자 한다.

제품은 강한데, 소프트웨어에 취약하다

2000년대부터 시작된 디지털 시대는 우리나라에 큰 기회였다. 다양한 디지털 산업에서 약진했기 때문이다. 하지만 디지털 모든 분야를 잘한 것은 아니다. 반도체, 디지털 TV, 가전, 스마트폰 등 다양한 디지털 하드웨어에서 강했다. 이들은 기본적으로 제조업이다. 한국은 디지털 기기 제조업에 있어 탁월한 경쟁력을 가졌다고 해야 정확한 표현이다. 원인은 여러 가지가 있다. 교육이 잘된 숙련 인력이 많았다. 아울러 수출을 장려하여 성장을 도모한 국가 정책도 큰 몫을 차지했다. 무엇보다 국민성이 중요한 역할을 한 것으로도 보인다. 우리나라를 대표하는 단어로 "빨리 빨리"가 있는데, 우리는 늘 급하다. 남들보다 빠르게 무언가를 성취하고자 하는 욕구가 강하다. 그 결과가 한강의 기적이다. 서구 선진국들이 수백 년에 걸쳐 이룬 발전을 한국은 수십 년 만에 압축하여 달성했다. 급하기도 하고 열심히 한다는 의미도 된다.

이런 빨리 빨리 정신과 맞는 것은 제조업이다. 반면 오랜 기간 축적이 필요한 연구 부문은 잘 맞지 않다. 결과를 빠르게 보지 못하기 때문이다. 과학 분야 노벨상이 없는 것도 조급한 민족성에 기인할 수 있다. 제조업은 조금 다르다. 물건을 만드니 결과가 빨리 나온다. 노력만 하면 남보다 저렴하고 성능 좋게 만드는 것이 가능하다. 그 결과 한국은 자동차, 반도체, 조선업 등 주요 산업을 다 가진 제조 강국으로 자리매김했다. 한국과 같은 위치를 점하는 나라는 일본, 중국, 독일 등 몇 나라가 되지 않는다.

하지만 최근 한국의 위치가 흔들리고 있다. 우리가 우세를 점하던 다양한 산업의 주도권이 중국으로 넘어가고 있다. 스마트폰 시장이 이를 보여준다. 아래 그림을 보면 2014년까지 삼성은 세계 1위를 유지했다. 중국 업체들을 다 합쳐도 삼성전자에 못미쳤다. 그런데 2018년부터 중국의 스마트폰 기업들의 합이 삼성전자를 앞질렀다. 스마트폰을 만드는 제조 기술만으로 압도적 1위를 유지하기 어렵다는 것을 보여준다. 제조 기술은 약간의 창의성과 근면 성실함으로 따라올 수 있기 때문이다. 중국이 아니라도 베트남, 인도 등 뒤를 이어 우리에게 경쟁이 될 국가는 계속 생겨날 것이다.

이처럼 디지털 하드웨어 산업은 차별화가 적어 늘 치열하게 경쟁해야 한다. 반면 디지털 소프트웨어 분야는 다르다. 미국을 비롯한 서구 국가들은 소프트웨어 경쟁력을 통해 디지털 세계를 지배하고 있다. 예컨대 스마트폰 하면 애플이나 삼성을 떠올리지만, 사실 스마트폰 시장의 독점적 지위는 구글이 갖고 있다.

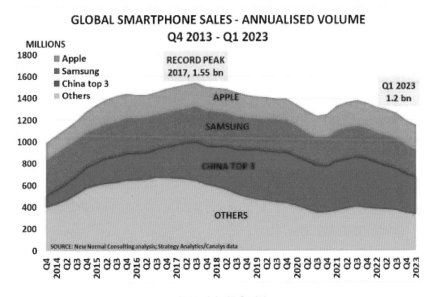

스마트폰 시장 점유율 이력

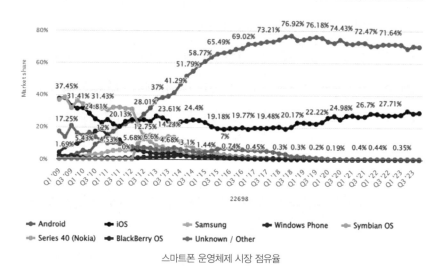

스마트폰 운영체제 시장 점유율

스마트폰은 손 안의 컴퓨터이다. 컴퓨터는 기본적으로 운영체제, 약어로 O/S가 필요하다. 컴퓨터 하드웨어와 이 위에서 동작하는 여러 가지 소프트웨어 사이에서 운영을 책임지는 소프트웨어이다. O/S는 컴퓨터의 연산이나 메모리 능력을 워드와 같은 각종 응용 소프트웨어들에게 할당한다. 여러 소프트웨어가 최적의 성능으로 동작되도록 환경을 제공하는 것이다. 개인용 컴퓨터에 쓰이는 운영체제로 성장한 회사가 마이크로소프트이다. 우리가 컴퓨터를 켜면 윈도즈 운영체제가 동작한다. 초기 경쟁이 있었지만 지금은 독점적 지위를 갖고 있다.

스마트폰 운영체계도 독점적이다. 위 그림은 2009년부터 2023년까지의 스마트폰 운영체제 시장 점유율 데이터이다. 흥미롭게도 PC 때와 달리 이 시장에서 마이크로소프트는 힘을 쓰지 못했다. 빨간색으로 표현된 윈도즈폰이라는 운영체제를 내 놓았으나 낮은 점유율을 보이다가 금방 사라졌다.

그래도 마이크로소프트의 윈도즈 폰 운영체제를 포함해 스마트폰 초반인 2009년에는 다양한 운영체제가 경쟁했다. 이 가운데 파란색으로 표시한 구글 안드로이드 운영체제는 초기에 아주 낮은 점유율을 보였다. 하지만 무료 제공 등 여러 마케팅과 기술적 장점을 바탕으로 급격히 성장했다. 지금은 부동의 1위이다. 검은색으로 표시된 iOS는 애플 기기에만 사용되는 운영체제이다. 당연히 아이폰, 아이패드 등 다양한 기기가 팔리는 만큼 어느 정도의 시장 점유율을 갖게 된다.

결과적으로 경쟁하던 많은 운영체제는 도태되고 안드로이드와 iOS 두 운영체제만 남았다. 완전히 과점 체제이다. 특히 구글의 안드로이드는 70%를 넘는다. 애플의 아이폰을 제외하고 대부분의 스마트폰이 이 운영체제를 쓴다는 말이다. 삼성, 모토롤라 등 스마트폰 제조 회사가 구글의 영향력 안에 있는 이유이다. 최근 구글이 갑작스러운 앱 통행세 인상을 할 수 있는 것도 독점적 지위 때문이다.

독점이라고 해서 타 산업처럼 규제하기는 어렵다. 운영체제가 없어지면 스마트폰 산업도, 그 위에 돌아가는 수많은 앱 소프트웨어 산업도 사라진다. 모든 중요한 산업 분야를 운영체제가 좌우하고 있다. 이처럼 디지털 하드웨어는 치열한 경쟁을 하는 어려운 시장이지만, 탁월한 소프트웨어 제품은 독점적 지위로 수익을 독점해 왔다.

여담이지만 삼성전자도 타이젠이라는 운영체제로 이 시장에 도전했었다. 삼성전자가 세계 1위 스마트폰 제조 회사기 때문에 이 힘을 활용할 수 있다고 보았다. 하지만 곧 경쟁에서 도태되었다. 우리나라가 소프트웨어로 세상에 영향력을 끼치기 힘들다는 것을 보여준 사례이다. 디지털 제품의 제조에 능했지, 디지털 소프트웨어 경쟁력은 취약한 것이다. 소프트웨어를 장악하면 제품 제조보다 더 큰 독점적 지위를 누릴 수 있음을 알지만 말이다. 역량이 부족함을 인정해야 한다.

제조 분야의 디지털 역량을 키우고자 노력하다

운영체제나 클라우드 등 핵심 소프트웨어 산업에서 우리가 뒤쳐진 것은 맞다. 이렇게 된 것은 빠른 것을 추구하고 남들보다 앞서기 위해 경쟁하는 DNA에 기인한다고도 이야기했다. 운영체제나 클라우드 같은 디지털 산업은 많은 사람이 사용하는 것을 감안하여 만들어야 한다. 산업 전체를 조망할 수 있는 넓은 시야와 다양한 기업을 포괄하는 생태계 구축 능력이 요구된다. 우리나라와 조금 맞지 않는 역량이다.

그런 관점에서 기반 소프트웨어 분야에 투자하기보다 우리가 강한 제조에 필요한 소프트웨어를 육성하고자 한 전략이 있었다. 바로 스마트팩토리 전략이다. 제조 기업 내에서는 다양한 디지털소프트웨어가 필요하다. 이런 소프트웨어를 구축하도록 도와주는 것이 정부의 전략이었다. 국내에 많은 제조 기업이 있어, 소프트웨어 시장은 충분했다. 스마트팩토리는 제조에 디지털 역량을 결합시키는 것이다. 사람이 아니라 디지털 소프트웨어에 의해 정확한 계획과 실행이 되는 공장을 지향한다. 제조의 경쟁력이 디지털 기술로 강화되면 중국, 인도 등 경쟁국과의 격차를 조금이라고 키울 수 있다.

우리나라 중소기업의 반 정도를 스마트팩토리화하겠다는 정부의 목표가 3만 개 공장의 스마트팩토리화 전략으로 진행되었다. 다년간의 노력으로 지금 숫자는 달성되었다. 많은 공장이 디지털 데이터와 소프트웨어 결과물을 기반으로 운영되고 있다. 이를 통해 제조 경쟁력이 커진 것은 부인할 수 없다. 아울러 환경 규제에 대응할 수 있는 데이터 수집 체계도 만들어졌다. 하지만 스마트팩토리 사업을 거친 기업들의 수준 통계는 다소 실망스럽다. 아래 그림은 국내에서 스마트팩토리 과제를 진행한 기업의 수준 통계이다.

정부는 스마트팩토리 수준을 4단계 혹은 5단계로 구분한다. 아래 그림은 4단계 구분 기준으로 만들어진 통계이다. 기초 단계는 디지털로 데이터를 수집하는 수준의 공장이다. 이런 체계를 갖추는 것도 큰 투자가 필요하다. 중간 1단계는 취합된 데이터를 분석하여 추가적인 가치를 창출하는 수준의 공장이다. 실시간 상황을 파악하여 문제가 생기면 대응할 수 있는 단계라고 볼 수 있다. 중간 2단계는 공장 효율화까지 디지털로 만드는 단계이다. 데이터를 기반으로 기계학습 즉 인공지능 기술을 접목한다. 앞서 설명한 대로 이를 통해 미래 방향성을 파악할 수 있다. 이와 같은 공장은 소프트웨어를 통해 자동적인 제어까지 가능하다. 마지막 고도화 단계는 현장의 모든 상황을 디지털 세상에서 관리하는 자율 운영 공장이다. 자동차로 말

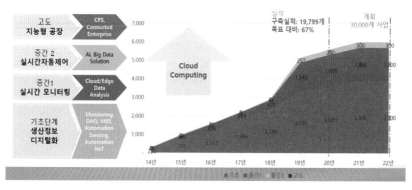

국내 스마트 팩토리 수준 통계 자료

하면 자율 주행차와 마찬가지다. 사람의 개입 없이도 최적의 운영이 가능한 디지털 수준을 가진다.

스마트팩토리 사업은 중간 2단계 이상, 즉 디지털 기술을 통해 미래 예측과 자율 운영까지 가능한 공장을 지향했다. 하지만 95%의 회사는 파란색의 기초와 빨간색의 중간 1단계에 머물고 있다. 대부분 기업이 데이터를 간신히 수집해 현 상황을 파악하는 수준이다. 정부가 많은 예산을 투입하고 노력했지만 제조 분야의 디지털화가 쉽지 않았다. 그동안 우리가 이야기한 환경 규제 대응을 위한 디지털과 표준 전략은 이 수준으로 달성하기 어렵다. 우리는 보다 빠르게 혁신하는 전략이 필요하다.

한국의 희망, 경쟁보다 응용을 통한 혁신

띠는 쥐띠부터 시작해 돼지띠로 끝난다. 동물들이 경주를 해서 순서를 정하는데, 앞서 가는 소 위에 쥐가 타고 편히 가다가 마지막 결승선에서 먼저 뛰어 들었다는 이야기가 있다. 우리의 전략도 이와 같을 필요가 있다. 우리만의 것을 만들어 서구 선진국의 소프트웨어와 경쟁하기는 어렵다. 운영체제 경쟁에서 타이젠이 실패한 것을 이미 보았다. 앞서 가는 글로벌 소프트웨어나 클라우드를 최대한 활용하며 차별화를 만들어 가는 것이 현명하다.

앞서 유럽이 취했던 방법이다. 유럽은 우리보다 디지털 소프트웨어 역량이 앞선다. 친숙하지 않은 사람들도 있겠지만 독일 SAP와 같은 회사가 대표적이다. 이 회사는 기업용 전사적 자원 관리(ERP) 소프트웨어 절대 강자이다. 현재도 미국 빅테크 소프트웨어 업체들과 어깨를 겨누고 있다. 이외에도 지멘스, 슈나이데어 등 다양한 디지털 강자들이 있다. 하지만 앞서 설명한대로 클라우드 산업을 어떻게 해야 하는지에 대해서 자신들의 역량을 냉정히 판단했다. 미국보다 늦게 시작하면서 미국과 비슷한 수준 이상으로 클라우드 인프라를 확장하는 것은 무리임을 알았다. 그래서 기존 클라우드를 활용하고, 대신 표준 기술을 통해 데이터와 서비스를 독립시키는 Gaia-X 전략을 채택했다고 했다.

우리도 EU와 같이 선진 기술을 활용하되 이를 뛰어 넘는 혁신 전략을 찾으면 된다. 이런 혁신의 시작은 비판력이다. 무조건 선진 기술이 옳은 것은 아님을 알고 더 나은 혁신 방향을 고민하는 자세이다. 이런 관점에서 Catena-X가 추구하고 있는 환경 규제 대응 디지털 전략이 가진 어려움을 생각해 보자.

아래 그림은 206쪽 그림에서 나타낸 Catena-X가 가진 어려움을 표현한 그림이다. Catena-X는 공급망의 모든 기업이 데이터를 이해하는 기술의 표준인 EDC와 이해하는 기술의 표준인 AAS를 품는다는데 핵심이 있다. 폭스

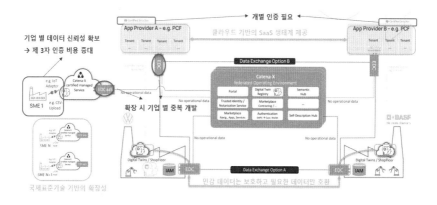

Catena-X가 극복하기 어려운 이슈

바겐을 비롯해 각 기업들이 이 기술을 다 갖고 있다. 여기서 첫 번째 문제가 생긴다. 자동차 부품이 2만 개가 된다고 한다. 그럼 폭스바겐은 2만 개의 협력 업체와 이와 같은 데이터 소통을 해야 한다. 206쪽 그림은 몇 개의 기업만을 표시했기에 가능해 보인다. 하지만 연결되는 기업의 숫자가 늘어날수록 모든 기업이 표준 기술을 품고 데이터를 주고받는 방식은 비용이 높고 비효율적이다.

두 번째 문제는 인증이다. 협력 업체는 자신들의 민감한 데이터는 보호하고 싶어 한다고 했다. 따라서 Catena-X에서는 각자 민감 데이터를 기반으로 계산하고 결과만 고객에 보내도록 하고 있다. 탄소 발생량 같은 환경 규제 대응 목적이라면 탄소 발생량 정보만 보내는 것처럼 말이다. 폭스바겐과 같은 최종 제조 업체는 부품 협력 업체의 데이터를 모아 신고한다. 여기서 협력 업체 중 누구 하나의 데이터가 틀려도 최종 폭스바겐 완성차 탄소 발생량 데이터는 오류가 생긴다. 결국 폭스바겐은 협력사 모두가 정확한 데이터를 보낸다는 보증을 받기 원하다. 이와 같은 보증을 해 주는 것을 제3자 인증이라고 한다. 양사 외에 별도의 3자가 데이터가 맞다고 보증서를 제공하는 것이다. 이와 같이 보증 사업을 하는 회사들이 많이 있다. 이들은 통상 회사를 방문해서 제출한 데이터가 맞는지 꼼꼼히 살펴보고 인증서를 준다. 문제는 Scope 3 환경 규제는 모든 부품 업체 인증이 필요하다는 점이다. 자동차 한 대를 위해 2만 곳을 다녀야 하는데 그럴 인력이 없다. 인증심사원이라는 사람의 힘을 중심으로 제3자 인증을 하는 현재 사업 모델에서는 대응이 불가능하다.

이와 같이 EU가 표준 기술 기반으로 환경 규제 대응 전략을 짠 것은 방향성 측면에서 옳았다. 하지만 실제 산업에 적용하기 위해 만든 Catena-X

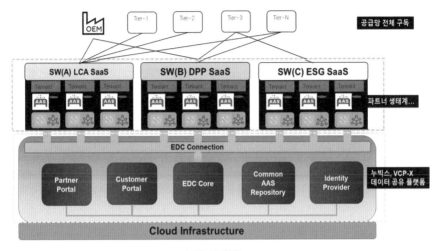

VCP-X 개념도

실증은 숙제가 많다. 복잡한 공급망 기업에 적용하기 위해서는 보다 쉬운 방법론이 필요하다. 결국 디지털 소프트웨어 기술과 표준에서 경쟁하는 것이 아니라 적용하는 방법론에서 경쟁하는 것이 한국에 유리하다. 위 그림은 최근 한국에서 적용 방법론으로 도출된 VCP-X 플랫폼 개념도이다.

디지털 기술과 표준을 취하는 것은 같지만 기업 입장에서 최대한 편리하게 사용하자는 취지이다. Catena-X처럼 모든 참여 기업이 중복된 데이터 호환 표준 기술을 품는 것은 비효율적이다. 기업은 디지털 기술에 신경쓸 필요가 없게 만들어야 한다. 그리고 SaaS, 즉 구독형 소프트웨어를 구독하여 규제에 대응하자는 개념이다. 앞서 설명한대로 클라우드 기반의 구독형 소프트웨어가 디지털 전환의 최신 트렌드이다.

VCP-X에서는 기업 모두 중복으로 품어야 했던 표준 데이터 기술은 클라우드 위에 공통 인프라로 구축했다. 위 그림의 중간에 있는 주황색의 라인이 이것을 의미한다. 일종의 데이터 고속 도로이다. EDC가 쓰여있듯이

이 인프라는 글로벌 표준 기술을 기반으로 되어 있다. 이 위에 파트너 생태계라고 되어 있는 것이 구독형 소프트웨어, 앞서 설명한 SaaS 생태계이다. 각종 환경 규제에 대응 가능한 소프트웨어들이 데이터 호환 인프라와 묶여서 개발되었다. 이 SaaS는 기업의 데이터를 받아 규제에 맞게 신고할 수 있는 데이터로 변환하고 리포트 생성까지 해 준다. 공급망 기업이 같이 구독하면 기업 간 데이터를 노란색의 데이터 호환 인프라를 통해 모아 주는 것도 SaaS가 해 준다. Scope3 문제를 해결하고자 한 Catena-X의 목표를 플랫폼과 소프트웨어로 묶어서 서비스화한 것이다. 이와 같은 공통의 소프트웨어 구독은 인증 문제도 단순화한다. 이 소프트웨어 내용만 사전에 검증하면 구독하는 다양한 기업의 인증이 빠르고 정확해지기 때문이다. 앞서 Catena-X의 복잡한 숙제를 해결한 것이다. 기업은 구독만으로 복잡한 환경 규제 이슈를 해결할 수 있다. 중요한 것은 우리나라의 혁신이 글로벌 선

디지털 ESG 얼라이언스 발대식

진 국가와 기업에서 주목받는 사례가 된 부분이다. 우리나라도 소프트웨어 분야에서 앞서 나갈 수 있다는 자신감을 갖게 된다.

VCP-X와 같은 혁신 디지털 솔루션 구조를 통해 환경 규제에 대응하자는 신학연 얼라이언스도 발족되었다. 디지털 ESG 얼라이언스이다. 한국이 중심이 되어 디지털 방식의 환경 규제 및 ESG 솔루션을 리드하자는 취지이다. 효율적인 디지털 표준 기술의 활용이라는 공통 비전 아래에 수출 기업, 솔루션 기업, 연구소, 학교 등이 한 마음을 모은 보기 드문 사례라 하겠다.

디지털 ESG 얼라이언스와 같은 새로운 시도가 표준 기술이나 클라우드 등 핵심 기술에 경쟁해서 주목받은 것은 아니다. 클라우드나 표준 기술은 미국이나 EU의 것을 사용했다. 그러면서 이것을 어떻게 조합하여 효율적으로 활용할지에 집중한 부분이 핵심이다. 마치 디지털 기기의 제조에서 우리나라가 치고 나간 것과 일치한다. 디지털 소프트웨어와 이를 활용한 환경 규제 분야에서 우리나라의 전략은 이처럼 글로벌 디지털 표준 기술의 적극적 활용과 이의 재구성에 있다고 하겠다.

PART 5

함께
만드는
녹색 미래

CHAPTER 1. 지구 온도를 낮추는 작지만 큰 노력들

CHAPTER 2. 환경도 지키고 돈도 벌고 – 탄소배출권의 이해

지금까지 우리는 지구 전체 기후 위기와 이를 극복하기 위한 글로벌 국가들의 노력을 살펴 보았다. 각국은 지구 온도 상승을 억제하기 위해 2050년까지 탄소 배출량의 넷 제로를 합의했다. 하지만 여전히 목표에 미달인 상황에서, 이를 달성하기 위해 법적 규제를 강화하고 있다. 규제가 있는 국가에 수출하기 위해서는 법이 요구하는 수준의 측정과 보고가 의무 사항이다. 생산 중 환경에 위해를 주는 요소가 많은 제품은 관세 외에 별도 벌금이 부과된다. 어떤 규제는 아예 시장 퇴출을 명문화했다. 가격과 품질이 좋아도 규제의 벽을 넘지 못하면 시장에서 사라질 위기이다.

기업 활동에 큰 위협이 되는 환경 규제를 대응하고 지구 온도를 낮추기 위한 핵심 요소는 디지털 기술과 표준이다. 특히 공급망 기업까지 포함하여 대응해야 하는 Scope 3 규제를 감안할 때, 공급망 디지털화와 표준의 중요성은 더 말할 필요가 없다. 관련된 기술 트렌드와 사례, 그리고 한국이 나아갈 미래 모습까지를 4장에서 자세히 다루었다.

이렇게 전체를 조망한 상황에서 5장은 일종의 보너스 장이다. 하지만 가볍지 않다. 디지털 기술과 표준 등을 활용하여 기업과 국가 차원의 전략을 수립해 가는 것과 함께 탄소를 줄이기 위한 다양한 실천 전략을 제시하기 때문이다. CHAPTER 1에서는 탄소 포집과 같은 기술적 내용보다는 개인, 기업과 사회가 빠르게 실천하고 있는 다양한 사례들을 살펴본다. 우리 모두 함께 지구를 식히는 데 동참할 수 있는 아이디어를 확장하는 데에 도움이 될 것이다.

CHAPTER 2에서는 탄소 배출권 거래에 대한 정보도 제공한다. 기업과 사회가 열심히 탄소 발생을 낮추는 것이 당위의 문제로 끝나면 지속하기 어렵다. 노력의 결과가 또 다른 이익 창출로 이어진다면 기후 위기 대응에 더 적극적으로 참여하는 선순환이 가능하다. 이런 창구가 탄소 배출권 거래이다. 특히 자발적 탄소 감축을 공인된 기관에서 인정받아 크레딧화 하여 거래하는 자발적 탄소 시장이 미래에는 커질 전망이다. PART 5의 내용을 통해 단순 규제 대응을 넘어 탄소 저감에 모두가 동참하는 미래의 모습을 이해하게 될 것이다.

CHAPTER 1

지구 온도를 낮추는
작지만 큰 노력들

지구 온도, 모두가 함께 낮춰야 한다

2021년 5월, 한 예술작품이 "Climate is everything(기후가 전부다)"라는 제목과 함께 타임지의 표지를 장식했다. 기후변화의 심각성을 상징적으로 보여주는 말레이시아 예술가 홍 이(Hong Yi)의 작품이었다. 한 지역에 문제가 생기면 전 지구가 영향을 받는다는 것을 불타는 성냥개비로 표현하였다.

이처럼 중요한 기후 변화 억제 노력은 더 이상 글로벌 기관이나 국가 단위에서만 풀어갈 것이 아니다. 개인, 공공기관, 사기업들까지 모두의 관심과 의지 그리고 실천이 모여야만 해결된다. 그리고 아래에서부터의 노력이 일어나고 있다.

2021년 5월 3일자 타임지 표지(출처: https://time.com/5953374/climate-is-everything)

대표적으로 주목을 끈 예가 있다. 영국, 프랑스, 캐나다 등 세계 여러 도시에서 매년 열리는 세계 나체 자전거 타기(World Naked Bike Ride) 행사이다. 이 행사는 2004년부터 수천 명이 참가하고 있는데, 일반인의 자발적 참여를 위해 자전거 타는 행사로 기획되었다. 조금 다른 점은 사람들의 주목을 끌 수 있게끔 나체로 자전거를 탄다는 데 있다. 물론 이것이 환경 주장을 넘어 다른 논쟁 거리가 될 수는 있다. 하지만 자전거가 자동차보다 더 지속 가능한 운송 수단 중 하나임을 강조하며 환경 오염에 대한 경각심을 널리 알리는 측면에서 효과적일 수 있다. 아무리 환경에 대해 외쳐도 신문에 기사 한 줄 나기 힘든데, 이 행사는 전세계 매스컴에 토픽으로 나가기 때문이다.

기업들도 많은 노력들을 하고 있다. 제조기업들이 신제품을 기획할 때, 자연스럽게 저에너지 고효율 성능을 기반으로 설계한다. 건설사들은 최근에 자연친화적이며 고효율의 단열재를 사용한다거나 자연채광만으로 건물의 온습도가 조절될 수 있는 건물 설계에 노력을 기울인다.

2024년 6월 22일, 멕시코 과달라하라에서 열린 세계 나체 자전거 타기 행사 중에 참가자들이 자전거와 함께 도로에 누워 환경에 대한 경각심을 호소하고 있다. (출처: 조선일보)

서울시 신청사 내 에코프라자. 서울시 신청사는 에너지효율 1등급으로 설계되어 전체 에너지 사용량의 약 28% 이상을 친환경 신재생 에너지로 활용해 사용하는 국내 최대 수준의 신재생 에너지 활용 건축물이다. (출처: https://news.seoul.go.kr/citybuild/archives/205773)

공해의 주범으로 불리는 전통적 내연기관 및 관련 에너지 제조·활용 기업들도 탄소 저감에 관심을 갖는 사회적 분위기에 따라 발전 설비 고도화 및 효율성 증대를 위해 힘쓰고 있다. 각종 환경 관련 규제들이 국가나 기업의 정책에 중요하지만, 실제 환경 문제 해결에는 개개인부터 시작된 사회 전체의 의지와 실천이 모이는 것이 기본이고 시작이다. 그래야 규제나 정책들의 영향력이 커질 수 있고 빠르게 자리를 잡아갈 수 있다. 지금부터 우리 모두 함께 만들어가는 녹색 미래 노력에 대한 구체적인 사례들을 살펴보고자 한다.

친환경 제품 사용, 이제는 기본

에너지소비효율 등급 표시는 꽤 오래 전부터 있었다. 일반적으로 에너지 효율 등급이 1등급에 가까울수록 제품 구매 비용은 비싸진다. 인버터 등 효율을 높이는 추가 기술이 들어가기 때문이다.

과거에는 비용 때문에 값이 싼 저효율 제품을 고려하는 소비자가 많았다. 하지만 과거와 달리 친환경 에너지 비율이 높아지면서 제품 구매의 더 큰 고려 사항은 에너지 가격이 될 상황이다. 고효율 제품을 사용하면 얻을 수 있는 혜택이 점점 증가하는 인프라가 갖춰지고 있을 뿐 아니라, 에너지 효율이 높은 제품을 쓸 때 탄소 배출량 저감 효과가 크다는 명분과 환경보호에 대한 사회적 인식이 형성되었기 때문이다.

가전제품의 경우, 1등급의 고효율 제품을 사용했을 때 2등급 제품보다 연간 약 207kg의 이산화탄소를 감축할 수 있다. 물론 전기 요금도 연간 약

82,533원 절약된다. 가전제품 국내 보급대수 중 10%만 2등급에서 1등급으로 바꾼다고 하면 연간 315,573톤의 이산화탄소를 절감할 수 있다. 이는 약 78억 원의 경제적 효과로 이어진다. (출처: 한국기후·환경 네트워크)

우리에게 너무나 익숙한 에너지 소비효율 등급 표시

또한, 한국전기공사에서는 에너지 소비효율이 높은 가전제품을 구매하여 등록했을 경우에 전기료를 할인해 주기도 한다. 이런 서비스들이 조금씩 알려져 많은 사람들이 활용하고 있다.

한편, 기업들은 탄소 저감 자체를 글로벌 사업화로 승화하기도 한다. CHAPTER 2에 탄소배출권 관련해 자세한 설명이 있다. 여기서는 탄소를 줄인 부분이 사업화된다는 것만 이해하면 된다. 간단히 이해를 위해, 2017년부터 온실가스 사업을 하고 있는 에코아이(2005년 설립)의 해외 탄소배출권 사업을 한 예로 살펴 보자. 에코아이는 한국중부발전과 협력하여 방글라데시 CDM(청정개발체제; Clean Development Mechanism) 사업 계약을 체결한 바 있었다. 여기서 CDM이란, 선진국이나 우리나라처럼 기술력을 갖춘 나라가 개발도상국에서 온실가스 감축 사업을 했을 때, 줄어드는 온실가스 만큼의 탄소배출권을 받아 오는 제도이다. 기술력을 인정받은 선진국은 온실가스 감축 목표 달성과 수익 창출을 할 수 있고, 개발도상국은 지속 가능한 발전을 할 수 있으니 서로 Win-Win이다. 에코아이가 배출권(KOC) 발급

한국중부발전 클린 쿡스토브 보급사업 방송 영상 중(출처: 한국중부발전, www.monthlypeople.com, www. etnews.com, www.ecopeaceasia.org)

을, 한국중부발전은 CDM사업의 유엔기후변화협약(UNFCCC: United Nations Framework Convention on Climate Change) 등록과 발생된 배출권 구매를 맡는다. 이 사업에 따른 온실가스 감축량은 연간 약 100만 톤에 달하며, 그에 해당하는 배출권을 국내로 가져온다.

또한, 이 기업의 쿡스토브 보급 사업도 온실가스 감축 사업의 상당 부분을 차지한다. 쿡스토브는 나무 땔감과 숯 등을 연료로 하여 기존 재래식 취사도구 대비 연료 사용량을 20~30% 이상 절감한 에너지 고효율 조리기구이다. 아열대와 열대지방 개발도상국의 에너지 사용은 대부분 취사와 관련되어 있고 나무 등을 사용해 탄소를 발생시킨다. 이들 국가가 쿡스토브를 도입하면 조리 시간, 연료 비용, 산림 보호 등 해결에 도움이 된다. 쿡스토브 한 대가 연간 1톤 이상의 온실가스 감축 효과를 낸다고 인증되었다.

온실가스 흡수와 탄소 고정효과가 탁월하기로 알려진 맹그로브

에코아이는 한국전력과도 공통 투자로 미얀마 맹그로브 조림 사업도 진행한다. 해외 조림 분야에서는 우리나라 기업이 시행한 첫 CDM사업 케이스였다. 해당 사업으로 50ha 규모의 해안 지역에 맹그로브 숲을 조성했고 이를 통해 20년간 17만 톤의 탄소배출권을 확보한다는 계획이다. 맹그로브는 온실가스 흡수량이 높은 나무숲이다. 열대우림보다 탄소를 2~5배 더 고정시키는 효과가 있다. 맹그로브 1,000ha당 연간 최소 3만 톤의 이산화탄소를 흡수하는데, 이는 대한민국 사람 약 1,300여 명의 1년간 배출량이라고 한다.

그렇다면 이러한 기업들의 해외 사업은 우리에게 어떤 도움이 될까? 국토개발을 필요로 하는 해외에서 조림 사업을 수행하면, 그 숲이 흡수한 온실가스만큼의 탄소배출권을 얻을 수 있다. 앞서 설명한 맹그로브 조림 사업과 그로 인한 탄소배출권을 금액으로 환산하면 대략 매년 6만 달러 규모의 경제적 이익이 창출되는 것과 같다고 한다.

식물성 유사고기(대체육), 다이어트 할 때만 먹는 게 아니야

몇 년 전부터 식물성 유사고기(대체육)를 찾는 사람들이 많아졌다. 식물성 유사고기란 식물(주로 콩)을 주원료로 고기처럼 단백질을 섭취할 수 있도록 한 음식이다. 원래 식물성 유사고기는 최근 건강이나 다이어트를 원하는 사람들로부터 관심을 많이 받았었지만, 지금은 환경을 위해 식물성 고기를 섭취하는 경우가 늘고 있다.

비욘드미트(Beyond Meat, Inc.)는 대표적 식물성 유사고기 생산업체이다. 축산을 위한 토지가 전 세계 농업용 토지 이용의 약 77%를 차지하는 부분에 착안했다. 기후 변화에 대처한다는 사명으로 2009년에 설립된 회사다. 식물성 유사고기가 글로벌 온실가스 배출량 감소 노력에 부합된다는 점과 사람들의 건강에 대한 관심 증가가 맞물리면서 비욘드미트는 폭발적으로 성장하기 시작했다. 2019년에는 미국 나스닥 거래소 상장에 성공할 정도였

점차 확산되어 가고 있는 식물성 유사고기(출처: 비욘드미트)

다. 비욘드미트의 버거는 고기 버거보다 물을 약 99%까지, 토지를 약 93%까지 적게 사용한다. 그 결과 온실가스 배출(GHGE)을 약 90%까지 적게 발생시키며, 에너지를 약 46%까지 적게 사용하는 것으로 알려졌다.

미국 환경컨설팅업체인 First Environment사는 비욘드미트에 대한 LCA(Life Cycle Assessment, 전과정평가)를 진행했다. LCA는 제품을 만드는 전 과정 가운데 이산화탄소 발생량을 측정하는 평가이다. 그 평가 결과는 충격적이었다. 미국인들은 매년 약 500억 개의 햄버거를 먹는다. 평균적으로 일주일에 버거 3개를 먹는 꼴이다. 이 버거들 중 하나만 식물성 버거로 바꾼다면, 이는 도로에서 1,200만 대의 자동차를 없애는 효과가 있다고 분석된 것이다. 이것은 230만 가구가 사용하는 에너지를 절약하는 것과도 같다. 어쩌면 자동차나 집에 있는 전구를 바꾸는 것보다, 식물성 유사 고기를 먹는 것이 환경에 더 큰 영향을 미칠 수도 있다는 이야기다.

출처: Poore, J.; Nemecek, T. (June 2018). "Reducing food's environmental impacts through producers and consumers". Science, 360 (6392): 987–992.
출처: SPE International Polyolefins Conference, February 18–21, 2024, Galveston, TX.

한편, 마트나 패스트푸드점과 같이 식음료 판매나 유통을 비즈니스 아이템으로 하는 업체들이 탄소 저감 식품을 직접 판매 또는 기존 식음료에 적용하는 것도 확대되고 있다. 그럴 경우, 식물성 유사고기의 확대는 농업 비중이 높은 국가들에게 유리하게 작용할 것이다. 앞서 에코아이의 경우처럼 탄소배출권을 확보할 수 있고 이를 통해 이익을 낼 수 있을 것이기 때문이다.

지역경제와 연계한 탄소 저감 마일리지

지금까지 기업 중심의 저감 노력에 대한 것을 이야기했는데, 개인도 실생활에서 가볍게 탄소 저감에 참여할 수 있도록 도와주는 디지털 기술들이 있다. 그 면면을 들여다 보면, 너무 가깝거나 나랑 상관 없는 것이라고 여겨질 수도 있을 만한 것들이다. 하지만 별것 아니라고 생각했던 행위나 노력에 작은 보상이 생긴다면 어떨까? 그리고 그 보상을 지역 경제 발전으로 선순환할 수 있다면 조금은 더 즐겁게 탄소 저감 노력을 할 수 있지 않을까?

서울시 도봉구의 앱 "탄소공(Zero)감(減)". 시민들의 탄소 저감 노력을 유도하고 있다.

아직은 자치구 차원의 공공 앱이지만, 탄소 저감 노력을 장려할 만한 다양한 앱들이 존재한다.

한 예로, 서울시 도봉구에서는 탄소를 zero까지 감소시킨다는 뜻을 가진 탄소 공감 앱을 만들었다. 이 앱을 사용하는 구민들이 탄소 저감 노력을 할 때마다 마일리지를 모을 수 있다. 이 마일리지를 모으면 지역화폐 등으로 전환하여 사용할 수 있고, 탄소 저감 노력에 대한 보상이 되어 사람들의 참여를 독려하여 선순환을 이룬다. 또한, 앱 내에서 탄소 저감을 위한 여러 가지 아이디어를 공유할 수 있다. 이런 공유는 상호 학습 효과도 있을 뿐 아니라, 지역 경제에도 이바지할 수 있다. 실제로 해당 앱에서는 많은 아이디어들이 공유되며 마일리지를 받을 수 있는 실천 가능 항목들이 점차 늘어가고 있다. 탄소 저감 마일리지를 얻을 수 있는 항목들은 현재 47개로 아주 다양하다. 고전적(?)인 걷기, 자전거 타기, 계단 이용하기 등은 물론이고, '이것도 마일리지가 되어 돈으로 쓸 수 있다고?' 싶은 것들이 많다. 예를 들어, 녹색 건물 카테고리에는 온도계를 설치하고 매주 인증샷을 찍는 것이 있다. 집에서 키우는 화분 사진을 업로드하거나, 손수건을 사용해도 마일리지를 받는다. 절수기기나 고효율 창호 교체처럼 집수리나 인테리어를 하는 것도 앱에서 마일리지를 쌓을 수 있다. 이뿐만이 아니다. 환경에 관심이 있는 사람은 관련 교육을 들어도 마일리지를 받는다. 초급/중급/고급으로 단계가 나뉘어 있어 누구나 쉽게 환경에 관심을 갖고 접근할 수 있다. 이처럼 공부를 하며 마일리지도 쌓을 수 있고, 쌓은 마일리지를 지역화폐로 전환하여 사용할 수 있다.

소개한 앱 이외에도 기업이나 단체에서 만든 것들이 다양하게 있으니, 자신의 라이프 스타일에 맞는 앱과 탄소 저감 노력이 있는지 찾아보는 것도 색다른 재미가 될 수 있을 것이다.

개인도 탄소를 거래할 수 있는 탄소 크레딧

개인과 개인간에 탄소 거래가 가능한 플랫폼도 있다. '탄소 크레딧'이라는 형태로 탄소를 거래할 수 있는데 현재는 조금씩 알려지고 있는 수준이며, 아직 사람들에게 익숙하지 않다. 그 이유에는 탄소 경제에 대한 인식 부족과, 비트코인이나 게임 아이템같이 무형의 거래가 이루어진다는 것에서 오는 의구심이나 거부감도 분명 있었을 것이다. 하지만, 탄소 거래는 앞으로 다가올 필연적 미래이니, 우선은 어떻게 탄소 크레딧이 생겨나며 개인 간 거래에서의 탄소 가격 차이가 무엇을 의미하는지부터 알아보자.

친환경 대체 에너지로 관심을 받으며 최근 뉴스에서 자주 볼 수 있는 수소를 생각해보자. 수소는 그 생산방식과 친환경성 정도에 따라 구분할 수

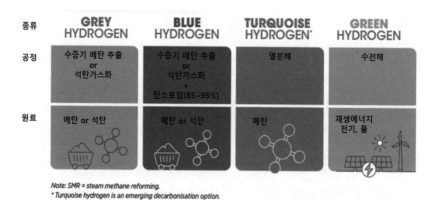

공정 및 원료에 따른 수소의 종류 (출처: World economic forum)

있는데 그레이 수소, 그린 수소 등이 그런 것들이다. 그리고 가장 친환경적으로 생산되는 그린 수소에 매겨지는 탄소 가격은 과거에 가장 대중적인 방법으로 생산되던 그레이 수소에 매겨지는 탄소 가격보다 비싸게 거래될 것이다. 이 한 가지 예시에서만 보아도 탄소 거래를 할 수 있는 아이템이 2가지가 생겨난 것이다. 더하여 그레이 수소, 블루 수소, 그린 수소, 청록 수소 등으로 세분화하면 할수록 탄소를 거래할 수 있는 아이템은 더 많이 생겨날 수 있다.

이렇게 탄소를 거래할 수 있는 다양한 아이템이 곧 탄소 크레딧이 될 수 있다. 그리고 이런 다양한 크레딧을 개인들도 거래할 수 있도록 중개하는 플랫폼들이 생겨나고 있는데, 우리나라에는 대표적 플랫폼으로 팝플(POPLE)이나 마이카본 같은 앱이 있다. 이를 통해 탄소 크레딧 중개 거래가

PA010822110802
**목질계 바이오매스 연료전환을 통한
온실가스 감축사업**
12,000원 / VRC

PC020522110701
강원도 인제군 산림경영사업
18,000원 / VRC

탄소 저감 방식과 대상에 따라 가격이 서로 다른 탄소 크레딧 (출처: 그리너리(www.greenery.im),
팝플(https://www.pople.kr))

가능하니 한 번씩 이용해 보자. 종류도 다양할 뿐더러, 거래 규모에 따라 새로운 즐길거리가 되어줄 것이다. 또한, 공익적 측면을 본다면 크레딧을 통해 얻은 개인의 탄소배출권 인증서는 마치 헌혈 후 받는 헌혈증서처럼 생각할 수 있다. 앞으로는 이런 부분들이 공익을 지향하는 기업들에 취직할 때 가산점으로 작용할 날이 올지도 모른다.

상생을 꾀하는 기업들의 노력

탄소 저감에 대한 사회적 분위기에 동참하며 상생을 꾀하는 기업들이 많아지고 있는데, 원유를 정제하여 내연기관의 원료를 공급하는 정유사들의 사례를 살펴보고자 한다.

간혹 정유사들의 탄소 저감 노력을 각종 규제에 대응하기 위해 불가피한 비즈니스적 대응으로만 보는 시각도 있다. 하지만 기업의 임직원들도 결국에는 소비자인 동시에 우리 사회를 이루는 구성원들이다. 그 구성원들이 기업을 이끌어가는 주체이다. 그렇기에 기업들은 단순히 이윤만을 추구하는 것이 아니라 사회와 상생하기 위한 경영 원칙을 갖고 있다. 이런 경영 원칙들에는 임직원들의 바람과 책임이 반영되어 있다. 관심과 노력들이 녹아들어 있으며, 기업의 기술 개발 또는 투자의 방향에 영향을 미치게 되는 것이다.

우선, 장기적 ESG 로드맵 수립 및 일관된 추진으로 모범적 성과를 인정받고 있는 에쓰-오일을 살펴보자. 이 기업은 아시아 정유사 최초로 14년 연속으로 다우존스 지속가능경영지수(DJSI) 기업에 선정되었다. 이런 ESG 노

에쓰-오일 울산 공장 샤힌프로젝트 기공식(좌), 서울 연구소(우) (출처: https://www.s-oil.com)

력은 다양한 방법으로 확대 중이다. 대표적으로 폐열 재활용 자가발전, 원유에서 화학원료로 직접전환(TC2C) 등 기존의 비즈니스에 다양하고 고도로 집약된 신기술들을 접목하고 있다. 사업 포트폴리오 다각화와 탄소 저감이라는 두 마리 토끼를 모두 잡기 위해 무려 9조 원 이상의 초거대 프로젝트(샤힌프로젝트; Shaheen project)를 진행 중이다. 친환경 바이오 원료(폐식용유, 팜 부산물)나 폐플라스틱 열분해유 등을 기존 정유 공정에 같이 투입하기도 했다. 친환경 국제인증 ISCC(International Sustainability & Carbon Certification)으로 유럽연합 재생에너지지침에 따른 지속가능항공유(SAF)를 생산 및 판매할 수 있게 되었다. 특히, 미래 역량 확보와 기반 기술을 위한 기술개발센터를 추가로 짓기도 하였다. 해당 기업의 임직원들이 탄소 저감의 필요성을 얼마나 중요하게 받아들이고 있는지, 그리고 사회와의 상생을 위해 많은 노력을 한다는 것을 알 수 있는 부분이다.

또 다른 예로 우리나라 주요 그룹사 중 하나인 SK가 있다. RE100(Renewable Electricity 100%)에 동참하며 계열사들을 통해 다양한 탄소 저감 노력을 하고 있다. SK의 계열사 중 하나인 SK온(SK이노베이션에서 분할)은 총

전라남도 해남 솔라시도의 태양광 발전소(좌), 강원도 정선 정암풍력발전단지(우) (출처: 전기저널)

에너지 배출량의 70%나 차지하는 전력 사용을 2030년까지 신재생에너지로 전환하겠다는 로드맵을 발표했다. 즉, 기업의 활동에 필요한 전력을 태양광, 풍력, 지열 등으로 변화시키겠다는 것이다.

RE100의 특이한 점은 규제가 아니라 자발적 캠페인에서 시작된 것이다. 그럼에도 이윤을 추구함이 기본인 기업들의 RE100 참여가 점점 늘어가는 것은 고무적인 일이다. 실제로, 2023년 RE100 연간 보고서에 따르면 RE100에 가입한 글로벌 기업들의 수가 403개에 달했다. 그리고 2022년에 215개 회사는 전년도인 2021년에 사용한 전기의 무려 45%를 RE100(재생에너지 사용)으로 조달했다고 한다.

한편, 2022년 신규 회원사 중 최다 전력사용 기업 10곳 중 7곳이 한국 기업이다. RE100 회원사들 중 재생에너지 조달에 가장 많은 어려움을 겪는다고 응답한 국가 역시 우리나라다. 응답에 따르면 '부족한 조달 옵션', '비싼 가격', '한정된 물량' 등이 이유이다. 이들은 모두 신재생에너지 생산 인프라 부족에서 비롯된 것들이다. 우리나라가 재생에너지 사용 확대를 위해서는, 챙겨 나아가야 할 것들이 많음을 시사하는 부분이다.

탄소 정량화, 그리고 디지털 기술 표준

탄소 배출을 감소시키거나 저장함을 이야기할 때 중요한 것은 탄소 저감량이나 저장량을 정량화하는 것이다.

한 예로, 탄소배출권 관련해 전문용어들 때문에 제목부터 이해가 어려운 기사 하나를 들고자 한다. "Planetary, 세계 최초의 해양 기반 이산화탄소 제거(CDR) 프로토콜(MRV) 공개"라는 제목의 기사이다. 아래 그림이 이 기사에 포함되어 있었는데, 일반인이 받아들이기 어려운 그림이다. 해양 지질과 생물의 복잡한 먹이사슬을 반영하여 해양 알카리도 측정을 위한 요소와 변수들을 계산하여 나타낸 것이라고 한다. 쉽게 요약하면 바닷물이 CO_2를 얼마나 제거하는지를 계산하는 방법에 대한 내용이다.

그렇다면 왜 여러 기업과 기관들은 이런 계산법을 개발하려고 하고, 그

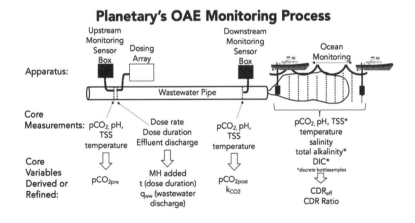

Planetary의 해양 알카리도 강화 프로세스 (출처: https://carboncredits.com)

런 계산법으로 바닷물의 CO_2 제거량을 정량하려는 것일까? 그 이유는 간단하다. 탄소의 증감을 객관적인 숫자로 나타낼 수 있어야만 열심히 모은 Data를 다자간에 쉽게 비교할 수 있고 거래를 할 수 있다. 그리고 이것이 더 나아가 국가 간 거래가 된다면, 탄소가 국가 전략 차원의 핵심 도구 내지는 무역전쟁에서의 무기가 될 수도 있을 것이다.

꼭 바다뿐만이 아니다. 지구가 인간에게 선물해 준 자원의 종류는 아주 다양하다. 국가의 땅의 생김새, 높이, 넓이, 풍량, 강수량 같은 지리적 특성들은 물론이고 인구 수나 그들의 문화 또는 사회적 분위기도 무형의 자원이 될 수 있다.

어떤 나라가 이런 유무형의 자원을 잘 활용하여, 거기에서 창출되는 탄소 저감량과 저장량을 잘 정량할수록 탄소를 돈으로 환산하기 쉬워질 것이다. 그리고 여기에 디지털 기술과 표준을 합하여 이해관계자들 간 거래나 협상에서 우위를 차지한다면 이를 바탕으로 펼쳐지는 기업 전략은 정교해질 것이고 국가 정책들은 국민들의 지지를 얻어 탄탄해질 것이다. 그리고 이런 것들이 반복될수록 탄소 저감에 모두가 동참하는 선순환의 동력은 점점 강력해질 것이다.

환경도 지키고 돈도 벌고 – 탄소배출권의 이해

불과 수십 년 전까지도 쓰레기나 나무를 불태우며 타오르는 불꽃, 연기 나는 가정집과 공장 굴뚝을 보면서 이산화탄소를 줄이면 돈이 되는 세상이 올 것을 생각한 사람이 얼마나 될까? 우리는 지금 기후 변화와 기후 위기를 넘어서 기후 재앙으로 일컬어지는 시대를 살고 있다. 전 세계인이 이에 대응하기 위해서 앞서 언급한 강력한 환경규제의 시행이 눈앞에 다가왔다. 규제가 일부 효과가 있지만 만능은 아니다. 그래서 시장경제의 메커니즘을 적용하여 지구 온난화를 해결하려는 시도가 있다. 바로 탄소배출권 거래이다. 이 장에서는 탄소배출권이 무엇인지 알아보고 기후 변화 대응에 있어 어떤 역할을 하는지 살펴보고자 한다.

탄소배출권 거래의 개념

앞서 다양한 분야에서 탄소 배출을 감축하려는 사례를 살펴보았다. 국가별로 수립된 NDC(국가 온실가스 감축 목표, Nationally Determined Contribution) 하에 각 나라의 정부는 탄소 배출 감축 목표를 달성하기 위해서 규제를 강화하고 있다. 이는 주로 기업을 규제하는 방식으로 제도화되고 있다. 기업에 대한 탄소 배출 규정이 강화되면서 탄소 배출량을 감축하는 기업과 그렇지 못한 기업이 나타나고 있다. 탄소 배출량을 목표치만큼 줄이지 못한 기업은 탄소 배출량 목표치를 초과하여 줄인 기업으로부터 탄소배출권을 구매함으로써 목표치 달성을 인정받을 수 있게 하는 것이 탄소배출권 거래의 기본적인 개념이다. 탄소 배출권 거래의 목적은 온실가스 총량을 효과적으로 줄이는 것이다. 탄소 배출량이 많은 기업은 탄소배출권 구입에 비용이 들어가기 때문에 경제적인 패널티를 받게 되고, 반대로 탄소 배출량을 줄인 기업은 탄소배출권 판매를 통해서 경제적 인센티브를 얻게 된다. 이러한 탄소배출권 거래 시스템을 통해서 기업들은 자신의 탄소 발자국을 관리하며, 환경 보호에 기여할 수 있다. 탄소배출권 거래 제도는 기업을 중심으로 한 다양한 경제 주체들에게 자유를 주되, 전체적인 환경 목표 달성을 위한 시스템을 제공하는 것이다.

탄소배출권 거래 시스템은 기업이 탄소 배출을 줄이도록 경제적 인센티브를 제공한다. 배출권의 가격이 상승하면 탄소를 적게 배출하는 기술에 투자하는 것이 더 경제적으로 이득이 되며, 이는 전체 온실가스 배출량 감소로 이어진다. 따라서 탄소배출권 거래는 탄소 배출량 감축을 위한 강력한 동기부여를 제공한다.

기존에 경제성이 없어서 외면받던 산업도 탄소배출권 거래 시스템을 통해서 유망한 산업이 될 수 있다. 앞장에서 소개된 테슬라, 대체육 등이 좋은 예이다. 대체육의 경우 대부분의 사람이 일반 식육에 비해 저렴할 것이라고 생각하지만 실제로는 저렴한 편은 아니다. 하지만 탄소배출권 거래를 통해서 얻어진 경제적 이익을 대체육의 단가를 낮추는 데 사용한다면 저렴하게 친환경 단백질 공급원을 이용하는 것이 가능하게 된다. 또한 저렴해진 대체육을 이용하는 소비자가 늘어나면 대체육의 소비량 증가에 비례해서 판매할 수 있는 탄소배출권도 늘어난다. 탄소배출권 거래 시스템을 통해서 친환경적인 식품 산업의 지속가능한 성장이 가능하게 되는 것이다.

이와 같이 탄소배출권 거래 시스템은 지구 온난화와 기후 변화라는 글로벌한 도전에 대응하기 위한 실질적인 방안을 제공한다. 이 시스템을 통해 경제적 인센티브를 활용하여 기업과 국가들이 환경 보호에 적극적으로 참여할 수 있는 동기를 제공할 수 있을 것이다.

글로벌 기후 변화 위기와 탄소배출권 거래

지구 온난화는 극단적인 기후 현상, 해수면 상승, 생태계 변화 등 글로벌한 문제를 야기한다. 지구 온난화의 주요 원인으로 지목되고 있는 이산화탄소를 포함한 온실가스의 지속적인 배출은 지구의 평균 온도를 상승시켜 기후 변화 문제를 가속화한다. 이러한 기후 변화의 심각성을 인식하고 전 지구적인 관점에서 대응하는 것은 매우 중요하다.

기후 위기에 대응하는 다양한 방법 중에서 탄소배출권 거래 제도는 시장

경제 메커니즘으로 문제를 해결하고자 한 시도이다. 탄소배출권은 기업이나 국가가 일정 기간 동안 일정량의 이산화탄소(CO_2)를 배출할 수 있는 권리를 의미한다. 이 권리는 '탄소 시장'에서 거래될 수 있으며, 주로 국제적인 기후 협약과 정책에 의해 규제된다. 탄소배출권 거래 시스템은 기업들이 자신의 탄소 배출을 줄이도록 유도하기 위한 수단이 된다. 수익이나 비용이 되기 때문이다. 그래서 탄소배출권 거래제는 기후 변화 대응을 위한 핵심 전략 중 하나라고 할 수 있다. 이 시스템은 환경적 책임을 경제적 인센티브와 결합한 스마트한 접근이다. 배출권 가격이 상승하면 기업은 탄소 배출을 줄이는 기술에 적극적으로 투자하게 될 것이다. 실질적으로 탄소 배출량을 감축할 수 있는 기술이 없으면 산업에 따라서 엄청난 비용을 부담해야 되기 때문이다. 과거의 기업 경제활동이 품질과 성능으로 평가 받았다면 이제 탄소 배출이 고려된 경제성을 생각하는 시대가 되었다. 기업 경제활동의 패러다임이 바뀌고 있는 것이다.

탄소배출권 거래의 역사적 배경과 형성 과정

탄소배출권 거래 시스템은 전 세계적으로 중요한 환경과 경제가 결합된 시장으로 자리 잡았다. 이 시장은 기업과 국가가 탄소 배출량을 줄이는 동시에 경제적 효율성을 추구할 수 있게 하는데, 몇 가지 주요한 단계를 거치며 발전해 왔다.

'탄소배출권 거래'라는 당시로서는 신선한 논의가 시작된 것은 1990년대 초반으로 거슬러 올라간다. 이 시기에 환경 보호와 온실가스 감축에 대한 국제적 관심이 증가했다. 이를 실현할 수 있는 효율적인 방법으로 탄소배출권 거래가 제안되었다. 리우 정상회의(1992년)는 현대적 탄소배출권 거래의 기초를 마련한 주요 이벤트 중 하나다. 이 회의에서는 기후 변화에 대응하기 위한 국제적 노력의 필요성이 강조되었다.

교토의정서(1997년)는 리우 정상회의 5년 후에 탄소배출권 거래에 대한 국제적 합의를 최초로 명시했다. 탄소배출권 시장의 형성에 있어 중요한 이정표가 된 합의다. 교토의정서는 온실가스 배출을 줄이기 위한 국제적 목표를 설정했으며 국가 간의 탄소배출권 거래를 허용하는 최초의 법적으로 구속력 있는 합의였다. 또한 탄소 배출권 거래, 공동 이행(Joint Implementation, JI), 그리고 청정개발체제(Clean Development Mechanism, CDM)와 같은 '유연성 메커니즘'을 도입해 국가들이 온실가스 감축 목표를 달성할 수 있는 다양한 방법을 인정했다. 이 방법 중 핵심이 바로 탄소배출권 거래다. 교토의정서의 영향으로 유럽연합은 세계 최대의 탄소 배출권 시장인 유럽연합 탄소배출권 거래 시스템(EU ETS, 2005년)을 시작했다. 이 거래 시스템은 탄소배출권 거래의 실질적인 실행을 보여주는 선례가 되었다.

이후 진행된 파리기후협약(Paris Agreement on Climate Change)은 기후 위기에 대응하는 196개 국가가 참여한 국제 협정이다. 파리기후협약에서 지구 온난화를 1.5도 초과하지 않도록 노력하는 데 합의한 후, 이를 달성하기 위한 주요한 수단으로 탄소배출권 거래 제도가 부각되었다. 이처럼 1990년대에 시작해 지금까지 국제적인 노력을 걸쳐 탄소배출권 거래 제도는 확대 발전을 거듭해 왔다.

리우 정상회의	교토의정서	파리기후협약
1992년 탄소배출권 거래 시스템 제안	1997년 탄소배출권 거래에 최초의 국제적 합의	2015년 탄소배출 감축의 구체적 목표 제시

탄소배출 거래시장 형성과정에 영향을 끼친 주요 국제협약.

다양한 종류의 탄소배출권과 탄소시장

탄소배출권을 거래하는 시장은 크게 '규제 시장'과 '자발적 시장'의 두 가지 구조를 가지고 있다. 규제 시장과 자발적 시장은 각 시장에서 다시 '할당량 시장'과 '프로젝트 시장'으로 나눌 수 있다. 목적과 특징에 따라 시장을 분류할 수 있으며 이를 이해하는 것은 탄소 거래의 전반적인 구조를 파악하는 데 유용할 것이다.

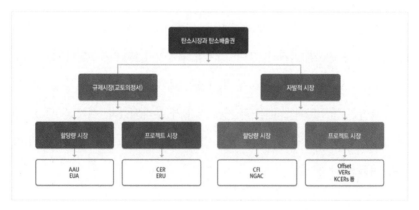

탄소시장과 탄소배출권(한국거래소 배출권 시장 정보 플랫폼)

규제 탄소시장

규제 시장은 교토의정서와 같은 국제 협약에 기반을 두고 있다. 교토의정서는 전 세계적으로 탄소 배출을 줄이기 위해 각 국가별로 탄소 배출 한도를 설정하고, 이를 초과하지 않도록 규제하는 것을 목표로 한다. 교토의정서는 지구 온난화를 막기 위해 1997년에 체결된 국제 협약으로, 국가들이 온실가스 배출을 줄이기 위한 구체적인 목표를 설정하고 이를 달성하기 위한 다양한 방법을 제시하고 있다. 이러한 교토의정서 내용을 반영한 규제 시장은 할당량 시장과 프로젝트 시장으로 나뉜다.

먼저 할당량 시장은 '캡 앤 트레이드(Cap and Trade)'라는 원칙에 따라 운영된다. '캡'은 전체 배출 가능한 탄소의 양에 상한선을 설정하는 것을 의미하며, '트레이드'는 이 한도 내에서 기업들이 필요에 따라 배출권을 사고팔 수 있도록 하는 개념이다. 예를 들어 한 기업이 할당된 배출 한도를 초과하여 배출해야 할 경우, 다른 기업으로부터 배출권을 구매할 수 있다. 반대로 배출 한도보다 적게 배출한 기업은 남은 배출권을 팔아서 수익을 올릴 수 있다. 이렇게 함으로써 기업들은 경제적 인센티브를 통해 더 효율적으로 배출을 관리할 수 있다.

할당량 시장에서는 주로 두 가지 배출권이 거래된다. 첫 번째는 AAU(Assigned Amount Unit)로, 이는 각 국가가 교토의정서에 따라 할당받은 배출 한도를 의미한다. 예를 들어, 일본이 1억 톤의 CO_2를 배출할 수 있는 권한을 받았다면, 이 권한이 바로 AAU이다. 국가 간 거래를 통해 한 국가가 남은 배출 한도를 다른 국가에 판매할 수 있으며, 이를 통해 전체적인 배출량을 조절할 수 있다. 두 번째는 EUA(EU Allowance)로, 유럽연합의 배출권 거래제도(EU-ETS)에 참여하는 국가의 기업들이 거래하는 배출권이다. EU-ETS는 유럽 내에서 탄소 배출을 줄이기 위한 주요 수단으로, 각 기업에게 일정량의 배출권을 할당하고, 이를 초과할 경우 시장에서 추가로 구매할 수 있게 한다. 이 시스템을 통해 유럽연합은 배출량을 효과적으로 관리하고, 온실가스 배출을 줄이는 데 큰 기여를 하고 있다.

프로젝트 시장에서는 CER(Certified Emission Reduction)과 ERU(Emission Reduction Unit)가 거래된다. CER은 청정개발체제(CDM)에 의해 발생한 배출권으로, 주로 개발도상국에서 시행된 프로젝트를 통해 탄소 배출을 줄이는 인증을 받는다. 예를 들어, 인도에서 새로운 태양광 발전소를 건설하여 탄소 배출을 줄였을 경우, 그 감축된 양만큼의 CER을 받을 수 있다. 이는 개발도상국이 기술적, 경제적으로 선진국의 지원을 받아 탄소 배출을 줄이는 방식으로, 선진국은 이를 통해 자국의 배출량을 상쇄할 수 있다. 이러한 방식은 국제적인 협력과 지원을 통해 전 세계적으로 탄소 배출을 줄이는 데 큰 역할을 한다.

반면, ERU는 공동이행제도(JI)에 의해 발생한 배출권으로, 주로 선진국 간의 협력을 통해 탄소 배출을 줄이는 프로젝트에서 발행된다. 예를 들어, 독일과 폴란드가 공동으로 탄소 포집 및 저장 프로젝트를 시행하여 배출을 줄인 경우, 그 감축된 양만큼의 ERU가 발행된다. 이는 선진국들이 서로 협력하여 더 효과적인 배출 감축을 이루는 방식으로, 각국의 기술력과 자원을 효율적으로 활용할 수 있게 한다.

자발적 탄소시장

자발적 시장은 기업이나 개인이 자발적으로 탄소 배출을 줄이기 위해 참여하는 시장이다. 이 시장은 규제 시장과는 다르게 법적 의무가 아닌 자발적인 참여에 의해 운영된다. 자발적 시장 역시 할당량 시장과 프로젝트 시장으로 나뉜다.

자발적 시장의 할당량 시장에서는 CFI(Carbon Financial Instrument)와 NGAC(NSW Greenhouse Abatement Certificates)가 거래된다. CFI는 미국 시카고기후거래소(CCX)에서 거래되는 배출권으로, 주로 미국 내에서 자발적으로 탄소 배출을 줄이기 위한 거래가 이루어진다. NGAC는 호주의 탄소배출권거래소(ACX)에서 거래되는 배출권으로, 호주 내에서 자발적인 탄소 감축 노력이 반영된 배출권 거래가 이루어진다.

자발적 시장 내 프로젝트 시장에서는 다양한 프로젝트를 통해 발생한 탄소 감축분을 거래한다. 여기에는 Offset, VERs, KCERs 등이 포함된다. Offset은 다양한 자발적 탄소 시장에서 발생한 감축분으로, 프로젝트를 통해 얻어진 탄소 배출 감축량을 거래한다. VERs는 자발적 탄소 시장에서 인증받은 탄소 감축분으로, 다양한 프로젝트를 통해 발생한 감축량을 인증받아 거래된다. KCERs는 한국에서 발생한 탄소 감축분으로, 한국 내에서 다양한 프로젝트를 통해 얻어진 감축량을 거래한다.

이처럼 탄소 시장은 규제 시장과 자발적 시장으로 구분되며, 각각의 시장은 다양한 메커니즘과 도구를 통해 탄소 배출량을 줄이는 데 기여하고 있다. 규제 시장은 국제 협약에 기반하여 국가별 배출 한도를 설정하고 이를

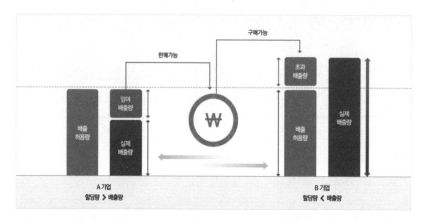

할당량 시장의 탄소배출권 거래(한국거래소 배출권 시장 정보 플랫폼)

준수하도록 하며, 자발적 시장은 기업이나 개인이 자발적으로 탄소 배출을 감축하려는 참여자를 확대함으로써 탄소 배출을 줄이고 기후 변화를 완화하기 위한 중요한 역할을 하고 있다.

거래 과정과 주요 이해관계자

탄소배출권 거래 시장은 여러 단계가 포함되며 다양한 이해관계자가 관련되어 있다. 먼저 할당시장의 거래 과정에 대해서 살펴보자.

정부나 규제 기관은 특정 기간 동안 국가 또는 지역 내에서 배출할 수 있는 온실가스의 총량, 즉 배출 상한선을 설정한다. 이 상한선은 국가의 온실가스 감축 목표와 일치하도록 과학적 데이터와 정책 목표에 기반하여 결정된다. 설정된 상한선 내에서 배출권이 발행되며, 이 배출권은 기업들에게 할당된다. 할당 방식은 무료 할당과 경매를 포함하며, 초기 단계에서는 주로 무료 할당이 많지만 점차 경매 방식이 늘어나는 추세이다.

할당된 배출권은 기업들이 일정 기간 동안 배출할 수 있는 온실가스의 양을 나타낸다. 배출권은 각 기업의 과거 배출량, 산업 특성, 경쟁력 등을 고려하여 할당된다. 기업들은 이 배출권을 사용하여 규제 기간 동안 운영하면서 온실가스를 배출할 수 있다.

또한 할당된 배출권은 시장에서 자유롭게 거래될 수 있다. 기업들은 자신의 배출 한도를 초과하지 않기 위해 추가 배출권을 구매하거나, 온실가스를 효과적으로 감축하여 남은 여분의 배출권을 판매할 수 있다.

각 기업은 정해진 기간 동안 실제로 배출한 온실가스를 정확하게 측정하고 보고해야 한다. 이를 위해 기업들은 배출량을 측정할 수 있는 장비를 설치하고, 정기적으로 데이터를 기록하여 규제 기관에 제출한다. 보고된 데이터는 독립적인 제3자에 의해 검증되며, 이 과정에서 부정확한 데이터나 부정 행위가 발견될 경우 벌금이나 기타 제재가 부과될 수 있다.

만약 기업이 할당된 배출권보다 더 많은 온실가스를 배출하게 되면, 부족한 배출권을 다른 기업으로부터 구매해야 한다. 반대로, 할당된 배출권보다 적게 배출한 기업은 남은 배출권을 시장에 판매할 수 있다. 배출권 거래는 주로 배출권 거래소를 통해 이루어지며, 거래소는 거래의 투명성과 효율성을 높이기 위해 다양한 서비스를 제공한다. 기업들은 거래소에서 배출권의 시장 가격을 실시간으로 확인하고, 이를 기반으로 거래를 결정한다.

규제 기간이 끝나면 각 기업은 실제 배출량과 할당된 배출권을 비교하여 부족한 배출권을 정산해야 한다. 이 과정에서 배출권이 부족한 기업은 추가로 배출권을 구매해야 하며, 배출권이 남은 기업은 이를 다음 규제 기간으로 이월하거나 판매할 수 있다. 모든 기업은 규제 기관에 최종 배출량과 사용된 배출권에 대한 보고서를 제출해야 한다. 규제 기관은 이를 검토하고, 규정을 준수하지 않은 기업에 대해서는 벌금이나 제재를 부과한다.

단계	설명
배출 상한선 설정	정부가 국가 또는 지역 내 전체 배출 가능한 온실가스의 양을 설정
배출권 할당	기업들에게 배출권을 할당, 무료 할당과 경매 방식 포함
배출 모니터링 및 보고	기업들이 실제 배출량을 측정하고, 규제 기관에 보고하며, 독립적인 검증을 받음
배출권 거래	부족한 배출권을 구매하거나 남은 배출권을 판매, 거래소를 통해 거래 진행
정산 및 규제 준수	규제 기간 종료 후 최종 배출량과 배출권을 정산, 규정을 준수하지 않은 기업에 벌금 또는 제재 부과

다음으로 거래 과정에 참여하는 다양한 이해관계자에 대해서도 알아보자.

정부 및 규제 기관은 탄소배출권 시장을 설계하고 규제하는 주체로, 배출 상한선을 설정하고 시장의 투명성과 공정성을 보장한다. 이들은 배출권의 할당 방식과 절차를 결정하며, 기업들이 규정을 준수하는지 모니터링하고, 불법 행위나 규정 위반에 대해 벌금을 부과한다.

산업 및 에너지 부문의 기업들은 탄소배출권 시장의 주요 참여자로, 배출권을 구매하고 판매하며 자신의 배출량을 관리한다. 이들은 온실가스 배출량을 줄이기 위해 저탄소 기술을 도입하고, 에너지 효율을 개선하는 등의 조치를 취한다. 기업들은 배출권을 구매할 때 비용을 절감하기 위해 효율적으로 배출량을 관리하며, 이를 통해 경제적 인센티브를 얻는다.

투자자 및 금융 기관은 탄소 시장에 투자하고, 배출권 거래를 통해 수익을 창출하려는 목적을 갖고 있으며, 탄소배출권 거래 시장에서 중요한 역할을 한다. 은행, 투자 회사, 브로커 등 금융 기관은 배출권의 거래를 중개하고, 거래를 위한 자금을 조달하는 역할을 한다. 또한, 금융 기관은 배출권 가격의 변동성을 관리하고, 시장의 유동성을 높이는 데 기여한다.

비정부기구(NGO) 및 환경 단체는 기후 변화 대응 및 온실가스 감축 목표 달성을 촉진하기 위해 정책 제안과 시장 감시 활동을 수행한다. 이들은 정부와 기업이 규정을 준수하고, 실제로 온실가스 배출을 줄이는지 감시하며, 관련 정책에 대한 조언을 제공한다. 비정부기구와 환경 단체는 탄소배출권 거래 시스템의 투명성과 공정성을 확보하는 데 중요한 역할을 한다.

유엔 기후변화협약(UNFCCC)과 같은 국제 기구는 글로벌 탄소배출권 시장의 형성과 발전을 지원하고, 국가 간 협력을 촉진한다. 이들은 국제적인 규범과 기준을 설정하고, 각국의 탄소배출권 거래 시스템이 상호 연계될 수 있도록 조정 역할을 한다.

이해관계자	역할 및 책임
정부 및 규제기관	배출 상한선 설정, 배출권 할당, 배출량 모니터링, 규제 및 감독
기업	배출권 구매 및 판매, 저탄소 기술 도입, 에너지 효율 개선
금융기관	배출권 거래 중개, 자금 조달, 가격 변동성 관리, 시장 유동성 확보
비정부 기구 및 시민단체	투명성과 공정성 감시, 기후 변화 대응 촉진, 정책 제안
국제기구	글로벌 시장 형성, 국가 간 협력 촉진
일반 시민	감시 및 인식 제고, 기후 변화 대응 참여

일반 시민도 탄소배출권 거래 시스템의 이해관계자 중 하나이다. 시민들은 탄소 배출을 줄이기 위한 정부와 기업의 노력을 감시하고, 기후 변화 대응에 대한 인식을 높이는 역할을 한다. 또한 점차 국가에서는 개인 투자자

들도 배출권 거래에 참여할 수 있도록 제도를 개선해 나가고 있다. 일반 시민들은 탄소 관련 금융 상품를 소비하고, 에너지 효율이 높은 제품을 선택하고, 일상 생활에서의 탄소 발자국을 줄이기 위해 노력함으로써 기후 변화 대응에 기여한다.

국가 주도의 탄소배출권 시장의 등장

탄소배출권 시장은 기후 변화 대응과 온실가스 감축 목표 달성을 위한 중요한 수단으로 자리 잡아가고 있다. EU ETS의 성공 이후 캘리포니아, 중국, 호주, 한국 등 여러 국가와 지역에서 자체적인 탄소배출권 시장을 도입하기 시작했다. 각국의 주식과 현물을 취급하는 자본시장을 모태로 탄소배출권도 빠르게 거래 안정성을 갖추었다. 이는 탄소 배출을 측정하는 기술과 방법론이 고도화되면서 거래의 신뢰성이 확보된 덕분이다.

전 세계적으로 다양한 국가와 지역에서 기후 변화에 대응하고 온실가스 배출을 줄이기 위해 국가 주도로 탄소배출권 시스템을 도입하고 있으며, 각국의 경제와 환경 상황에 맞춰 설계되었다. 따라서 그 운영 방식과 범위에는 개별적으로 차이가 있다. 국가 주도의 탄소배출권 시장이 등장하면서 시장 간의 연계를 통해 글로벌 탄소 가격의 일관성을 확보하려는 노력이 진행되고 있다. 주요 국가 및 지역의 탄소배출권 시스템에 대해서 알아보자.

1. 유럽연합 탄소배출권 거래 시스템, EU ETS

유럽연합의 탄소배출권 거래 시스템인 EU ETS는 2005년에 시작되었으며, 세계에서 가장 크고 오래된 탄소배출권 거래 시스템이다. 27개 EU 회원국과 아이슬란드, 노르웨이, 리히텐슈타인을 포함한 유럽경제지역(EEA)에서 운영되고 있다. 교토의정서의 합의 사항을 기초로 환경 보호와 경제적 효율성을 동시에 추구하는 혁신적인 시스템이다. 주로 전력, 산업 전반, 항공 분야를 포함하는 폭넓은 범위를 갖고 있는데, 유럽연합 내 약 11,000개 공장과 발전소 등을 대상으로 하고 있다. 이 시스템은 유럽연합 전체 온실가스 배출량의 약 45%를 차지하는 주요 산업 부문의 배출량을 관리하며, 온실가스 배출량을 줄이고 저탄소 경제로의 전환을 촉진하는 것을 목표로 한다.

EU ETS는 총 배출량에 상한선을 두고, 단계별로 추진해 나가며 이 상한선을 점진적으로 낮춰 온실가스 감축 목표를 달성하도록 설계되었다.

단계	설명
1단계(2005~2007)	시범 단계로, 시스템의 기초를 다지고 초기 문제점을 파악하기 위한 시도. 이 기간 동안 주로 전력 및 일부 산업 부문이 포함
2단계(2008~2012)	교토의정서 첫 번째 약속 기간과 일치하며, 더 많은 산업 부문과 항공 부문이 포함되었으며 배출 상한선이 처음 도입
3단계(2013~2020)	배출 상한선이 더 엄격해지고 경매를 통한 배출권 할당이 도입 대부분의 배출권이 무료 할당에서 경매로 전환
4단계(2021~2030)	배출 상한선이 매년 2.2%씩 감소 탄소중립 목표 달성을 위해 더 강력한 조치들이 도입 이 단계는 산업계와 항공 부문 외에도 해운 부문을 포함할 예정

현재 유럽은 전 세계 환경 규제를 주도하고 있으며 EU ETS는 세계에서 가장 큰 탄소 시장으로서 유럽연합 내 온실가스 배출을 관리하고 감소시키기 위한 중요한 수단으로 자리잡았다. EU ETS는 '캡 앤 트레이드(Cap and Trade)' 원칙에 기반하고 있다. 이는 전체 배출 가능한 탄소의 양에 상한선

(Cap)을 설정하고, 이 한도 내에서 기업들이 필요에 따라 배출권을 사고팔 수 있도록 하는(Trade) 개념이다. 각 기업은 연간 할당된 배출권을 초과하여 배출할 경우, 추가 배출권을 구매해야 한다. 반대로 할당량보다 적게 배출한 기업은 남은 배출권을 다른 기업에게 판매할 수 있다.

EU-ETS의 초기 단계는 여러 도전을 겪었다. 가장 큰 문제는 배출권의 과잉 할당으로 인한 탄소 가격 급락이었다. 2007년, 배출권 가격이 톤당 30유로에서 1유로 이하로 급락하는 사건이 발생했다. 이는 배출권이 과다하게 발행되어 수요보다 공급이 많아졌기 때문이었다. 이로 인해 시장에서 배출권의 가치는 거의 없어졌고, 기업들은 배출량을 줄일 동기를 상실했다.

이 문제를 해결하기 위해 EU는 여러 차례 개혁을 단행했다. 2013년부터 '시장 안정화 준비금' 제도를 도입하여 배출권의 공급과 수요를 조절했다. 이 제도는 배출권 가격이 너무 낮아지면 일부 배출권을 시장에서 제거하고, 가격이 너무 높아지면 다시 배출권을 시장에 투입하는 방식으로 작동한다. 이를 통해 배출권 가격의 안정성을 확보하고, 시장의 신뢰를 회복할 수 있었다.

EU-ETS는 2021년에 '유럽 그린딜'의 일환으로 대규모 개혁을 단행했다. '유럽 그린딜'은 유럽연합이 2050년까지 탄소 중립을 달성하기 위해 마련한 종합적인 계획이다. 이 개혁의 일환으로 'Fit for 55' 패키지가 도입되었는데, 이는 2030년까지 배출량을 1990년 대비 최소 55% 줄이겠다는 목표를 설정하고 있다. 이를 위해 배출권 할당량을 줄이고 가격을 인상하는 등의 조치를 포함한다. 이러한 조치들은 기업들이 배출량을 줄이기 위한 기술적 혁신을 적극적으로 추진하게 한다.

EU-ETS와 관련된 또 다른 중요한 용어는 '탄소국경세(CBAM, Carbon Border Adjustment Mechanism)'이다. CBAM은 유럽연합 외부에서 수입되는 제품에 대해 탄소 배출에 따른 세금을 부과하는 제도이다. 이는 유럽 기업들이 탄소 배출을 줄이기 위해 노력하는 반면, 외국 기업들이 이를 무시하고 저렴하게 생산하는 것을 방지하기 위한 것이다. CBAM은 EU-ETS의 효과를 강화하고, 글로벌 차원에서 탄소 배출 감축을 촉진하는 데 기여한다.

또한 EU-ETS는 여러 가지 유럽 환경 규제 및 법률과 연계되어 있다. 예를 들어, '재생 가능 에너지 지침(RED, Renewable Energy Directive)'과 '에너지 효율 지침(EED, Energy Efficiency Directive)'은 EU-ETS와 함께 작동하여 전체적인 온실가스 감축 목표를 달성하는 데 기여한다. RED는 유럽연합 내에서 재생 가능 에너지의 사용을 확대하는 것을 목표로 하고, EED는 에너지 소비를 줄이고 효율성을 높이는 것을 목표로 한다. 이러한 지침들은 EU-ETS와 상호 보완적으로 작용하여 탄소 배출을 줄이는 데 중요한 역할을 한다.

EU-ETS의 성공적인 운영 사례는 여러 가지가 있다. 예를 들어, 독일의 철강회사인 잘츠기터(Salzgitter)는 배출권 가격 상승에 대응하여 공정 개선과 에너지 효율화를 통해 배출량을 크게 줄였다. 이 회사는 배출권 판매를 통해 추가 수익을 창출하였고, 이를 다시 친환경 기술 개발에 투자하는 선순환 구조를 만들어냈다. 또 다른 예로, 스웨덴의 에너지 기업 바텐폴(Vattenfall)은 재생 가능 에너지로 전환하여 배출량을 줄였고, 남은 배출권을 판매하여 수익을 올렸다. 이러한 사례들은 EU-ETS가 기업들로 하여금 환경 보호와 경제적 이익을 동시에 추구할 수 있는 동기를 부여하고 있음을 보여준다.

EU-ETS는 다른 지역에도 큰 영향을 미쳤다. 중국은 2021년에 국가 차원의 탄소배출권 거래 시스템을 시작하였으며, 이는 세계 최대 규모의 탄소 시장이 되었다. 또한, 미국의 캘리포니아 주는 자체적인 탄소배출권 거래 시스템을 운영하고 있으며, 이는 미국 내 다른 주와도 연계되어 있다. 이처럼 EU-ETS는 전 세계적으로 탄소 배출 감축을 위한 중요한 모델이 되고 있다.

2. 중국의 탄소배출권 거래 시스템

중국의 탄소배출권 시장은 비교적 늦은 2021년에 시작되었다. 이 시스템은 주로 전력 부문에 초점을 맞추고 있으며, 세계에서 가장 많은 온실가스를 배출하는 국가에서 시작되었다는 점에서 큰 의미가 있다. 중국은 이 시스템을 모든 산업 부문으로 확장할 계획을 가지고 있다. 중국 탄소배출권 거래 시스템의 출범 배경은 2011년으로 거슬러 올라간다. 당시 중국 정부는 7개 지역에서 시범 프로그램을 시작했다. 이 시범 프로그램은 베이징, 상하이, 톈진, 충칭, 선전, 후베이성, 광둥성에서 시행되었으며, 각 지역은 자체적인 탄소배출권 거래 시스템을 운영했다. 이러한 시범 프로그램을 통해 중국은 다양한 배출권 거래 모델을 테스트하고, 최적의 방식을 모색했다.

2021년에 중국은 국가 단위의 탄소배출권 거래 시스템을 출범시켰다. 이 시스템은 국가 발전 개혁 위원회(NDRC)에 의해 관리되며, 처음에는 전력 부문을 대상으로 시작되었다. 전력 부문은 중국의 온실가스 배출에서 큰 비중을 차지하기 때문에, 초기 단계에서 이 부문을 타겟으로 한 것이다. 전력 부문에서의 성공적인 경험을 바탕으로, 중국은 향후 철강, 시멘트, 화학 등 다른 산업 부문으로 거래 시스템을 확장할 계획이다.

중국 탄소배출권 거래 시스템도 배출 상한(cap)과 거래(trade) 원칙을 기반으로 하고 있다. 중국 정부는 각 발전소에 배출 상한을 설정하고, 이를 초과하는 배출량에 대해서는 배출권을 구매하도록 요구한다. 배출권은 정부가 할당하거나 경매를 통해 제공되며, 기업들은 배출권을 거래 시장에서 사고팔 수 있다. 중국 탄소배출권 거래 시스템은 정부의 강력한 규제와 감독 하에 운영된다. 각 기업은 온실가스 배출량을 정기적으로 보고해야 하며, 정부는 이를 검증하고 감시한다. 또한, 배출권 거래의 투명성을 높이기 위해 모든 거래 기록은 공개된다. 이를 통해 시장의 신뢰성을 높이고, 기업들이 규정을 준수하도록 유도한다.

중국은 탄소배출권 거래 시스템의 효과적인 운영을 위해 다양한 기술적 지원을 도입하고 있다. 예를 들어, 온실가스 배출량을 정확하게 측정하고 보고할 수 있도록 고급 측정 장비와 데이터 관리 시스템을 사용하고 있다. 또한, AI, IoT, 빅데이터 등 혁신적인 기술을 활용하여 거래의 효율성과 투명성을 높이고 있다. 중국의 탄소배출권 거래 시스템은 글로벌 탄소 시장에도 큰 영향을 미치고 있다. 중국의 참여로 인해 글로벌 탄소 시장의 규모가 크게 확대되었으며, 이는 탄소 가격의 일관성과 안정성을 높이는 데 기여하고 있다. 또한, 중국의 경험은 다른 개발도상국들이 탄소배출권 거래 시스템을 도입하는 데 중요한 참고 자료가 되고 있다.

중국 탄소배출권 거래 시스템의 도입은 중국이 온실가스 감축 목표를 달성하고, 기후 변화에 대응하는 데 중요한 역할을 하고 있다. 앞으로 중국은 이 시스템을 통해 지속적으로 온실가스 배출을 줄이고, 저탄소 경제로의 전환을 가속화할 것이다. 이와 같은 중국의 탄소배출권 거래 시스템이 정상적으로 작동한다면 중국은 글로벌 기후 변화 대응에 중요한 역할을 할 것으로 기대된다.

3. 미국 캘리포니아의 탄소배출권 거래 시스템

미국의 캘리포니아 주는 2013년에 광범위한 산업 부문에서 탄소배출권 거래 시스템을 도입하였다. 캘리포니아의 탄소배출권 시스템은 미국 내에서 가장 야심찬 프로그램 중 하나로, 다양한 산업 부문을 아우르고 있다. 이 시스템은 캐나다의 퀘벡 주와 연계되어 있으며, 북미에서 탄소 가격을 설정하는 데 중요한 역할을 한다.

캘리포니아의 탄소배출권 거래 시스템(California Cap-and-Trade Program)은 주 내 온실가스 배출을 줄이기 위한 핵심 전략 중 하나이다. 마찬가지로 '캡 앤 트레이드' 원칙에 기반을 두고 있다. 이 프로그램은 2006년 캘리포니아 글로벌 워밍 솔루션 법(AB 32)*에 따라 설립되었으며, 2013년부터 전력 생산과 주요 산업 부문에서 시행되기 시작했다. 이후 2015년에는 프로그램이 전 경제에 걸쳐 확대되었다.

이 프로그램은 특히 환경 정의와 연계된 정책을 통해 지역 사회에 긍정적인 영향을 미치고 있다. 예를 들어, 탄소배출권 경매를 통해 발생한 수익은 주로 환경 개선 프로젝트와 저소득층 커뮤니티를 지원하는 데 사용된다. 2012년에 통과된 SB 535* 법안에 따르면, 경매 수익의 최소 25%는 저소득층 커뮤니티에 혜택을 주는 프로그램에 할당되어야 한다.

또한 캘리포니아는 탄소배출권 거래 시스템의 효과를 극대화하기 위해 캐나다의 퀘벡 주와 프로그램을 연계하였다. 이로 인해 두 지역은 공동으로 탄소 경매를 실시하고, 동일한 탄소 가격을 유지하며, 더 큰 시장을 형성하여 안정적인 탄소 가격을 설정할 수 있었다. 캘리포니아 탄소배출권 거래 시스템은 미국 내 다른 주들에게도 영향을 미쳤다. 워싱턴 주와 오리건 주는 캘리포니아의 모델을 참고하여 자체적인 탄소배출권 거래 시스템을 개발하고 있으며, 이는 미국 전역으로 확산되고 있다. 캘리포니아의 프로그램은 또한 연방 정부의 기후 정책에도 영감을 주어, 보다 광범위한 탄소 배출 감축 목표를 설정하는 데 기여하였다.

＊AB 32
공식 명칭은 'California Global Warming Solutions Act of 2006'로 캘리포니아 주가 기후 변화에 대응하기 위해 제정한 법률. 이 법안은 주 전체의 온실가스 배출을 2020년까지 1990년 수준으로 줄이기 위한 목표를 설정.(https://www.c2es.org/content/california-cap-and-trade/)

＊SB 535
공식 명칭은 'California Global Warming Solutions Act of 2006: Greenhouse Gas Reduction Fund'로 AB 32의 일환으로 제정된 법안. 이 법안은 탄소배출권 경매 수익을 어떻게 사용할지에 대한 지침을 제공. (https://www.c2es.org/content/california-cap-and-trade/)

4. 호주의 탄소배출권 거래 시스템, Safeguard Mechanism

호주는 2016년 대규모 배출자를 대상으로 '안전장치 메커니즘(Safeguard Mechanism)'이라는 탄소배출권 거래 시스템을 구축했다. 이 시스템의 주요 목표는 호주의 온실가스 배출량을 관리하고 점진적으로 감축하는 것이다. 이를 통해 호주는 2030년까지 2005년 대비 온실가스 배출량을 43% 줄이고, 2050년까지 탄소 중립을 달성하려 한다.

안전장치 메커니즘은 연간 100,000톤 이상의 이산화탄소 상당량(CO_2-e)을 배출하는 대형 산업 시설을 대상으로 한다. 여기에는 광업, 석유 및 가스 생산, 제조업, 운송, 폐기물 관리 등의 산업 부문이 포함된다. 각 시설에는 배출량 기준선(baseline)이 설정되며, 이는 시설의 생산량과 배출 강도를 기준으로 매년 조정된다. 기준선을 초과하는 배출에 대해서는 추가 허용량을 구매하거나 탄소 상쇄 크레딧을 사용하여 상쇄해야 한다.

예를 들어, 호주 내에서 배출량이 많은 시설들은 매년 기준선이 4.9%씩 줄어드는 규제를 받는다. 이는 지속적인 배출 감축을 유도하기 위한 조치이다. 배출량이 기준선 이하인 시설은 '안전장치 메커니즘 크레딧(SMCs)'을 발급받아 다른 시설에 판매할 수 있다. 이는 배출 감축을 장려하는 동시에 경제적 인센티브를 제공하는 시스템이다.

이 시스템은 초기 시행 이후 몇 가지 문제를 겪었다. 특히, 일부 기업들은 배출 기준선을 초과해도 큰 페널티 없이 새로운 기준선을 설정받는 경우가 있었다. 이는 시스템의 신뢰도를 떨어뜨리는 요인이었다. 그러나 2023년 개혁을 통해 이러한 문제를 해결하고, 더욱 엄격한 배출 규제를 도입하여 시스템의 효과를 강화했다. 이제는 배출 기준선을 초과하는 시설은 엄격한 페널티를 받게 되어, 실제로 배출을 줄이기 위한 노력을 기울이도록 유도되고 있다.

또한, 이 시스템은 경매 수익을 통해 다양한 기후 변화 대응 프로젝트와 저소득층 커뮤니티 지원 프로그램에 자금을 제공한다. 예를 들어, 탄소배출권 경매를 통해 발생한 수익은 주로 환경 개선 프로젝트와 저소득층 커뮤니티를 지원하는 데 사용된다. 이는 환경 보호와 사회적 형평성을 동시에 추구하는 중요한 정책적 도구로 작용하고 있다.

안전장치 메커니즘은 국제적인 기후 변화 대응 노력과도 연계되어 있다. 특히, 새로운 가스 프로젝트는 국제적으로 검증된 기준과 방법을 적용하도록 요구받고 있으며, 이는 넷 제로 목표를 달성하는 데 중요한 요소로 작용하고 있다. 향후 개혁을 통해 호주는 배출 감축 목표를 더욱 강화하고, 글로벌 기후 변화 대응에 기여할 계획이다.

5. 영국의 탄소배출권 거래 시스템

영국의 탄소배출권 거래 시스템은 2021년에 시작되었으며, 주로 전력, 산업, 항공 분야를 다루고 있다. 이 시스템은 브렉시트 이후 유럽연합과 분리되면서 독자적인 형태로 운영되고 있으며, 유럽연합의 탄소배출권 거래 시스템(EU ETS)과 유사하게 실세되었나.

영국의 탄소배출권 거래 시스템은 온실가스를 많이 배출하는 주요 산업 부문을 대상으로 한다. 전력 생산 부문에서는 석탄, 가스, 바이오매스 발전소가 포함되며, 산업 부문에서는 철강, 시멘트, 화학 공장이 포함된다. 항공 부문에서는 영국 내에서 출발하는 항공편이 대상이 된다. 이러한 각 부문은 연간 일정량의 배출 허용량(allowance)을 부여받으며, 이를 초과하는 배출량에 대해서는 추가 허용량을 구매해야 한다.

이 시스템의 주요 목표는 영국의 온실가스 배출량을 줄이는 것이다. 이를 위해 각 부문별로 배출 기준선을 설정하고, 매년 이 기준선을 점진적으로 낮추어 가는 방식을 취한다. 예를 들어 전력 생산 부문의 경우 석탄 발전소의 배출량을 줄이고 재생 가능 에너지로 전환하는 것을 장려한다. 이는 온실가스 배출을 줄이기 위한 중요한 전략 중 하나로 작용한다.

브렉시트 이후 영국은 독자적인 탄소배출권 거래 시스템을 운영하게 되면서, EU ETS와는 별도의 경매와 가격 설정 메커니즘을 도입하였다. 그러나 두 시스템은 여전히 유사한 구조를 가지고 있어 기업들이 두 시스템 간에 큰 혼란 없이 적응할 수 있도록 하였다. 영국의 시스템은 매년 경매를 통해 배출 허용량을 판매하며, 수익은 기후 변화 대응 프로젝트와 저탄소 기술 개발에 투자된다.

영국의 탄소배출권 거래 시스템은 브렉시트 이후 독자적인 형태로 운영되면서도 EU ETS와 유사한 구조를 유지하고 있다. 이는 온실가스 배출을 줄이고, 기후 변화 대응 목표를 달성하기 위한 중요한 도구로서의 역할을 한다. 시장 기반의 접근 방식을 통해 기업들이 자발적으로 배출을 줄이고, 이를 통해 영국의 경제적 효율성과 환경 보호를 동시에 달성하는 시스템으로 자리 잡고 있다.

6. 그 외 국가들의 탄소배출권 거래 시스템

일본은 탄소배출권 거래 시스템을 도입하여 주요 산업 부문에서 온실가스를 감축하고 있다. 일본의 시스템은 각 기업이 자발적으로 목표를 설정하고 이를 달성하기 위한 방법을 선택할 수 있는 방식으로 운영된다. 이는 기업의 자율성을 보장하면서도 실질적인 온실가스 감축을 유도한다.

동남아시아 국가들 역시 탄소배출권 시장을 구축하려는 노력을 기울이고 있다. 예를 들어, 싱가포르는 탄소세와 함께 탄소배출권 거래 시스템을 도입하여 기후 변화 대응에 적극적으로 나서고 있다. 싱가포르의 시스템은 주요 산업 부문과 에너지 생산 분야를 대상으로 하며, 엄격한 규제를 통해 온실가스 배출을 효과적으로 줄이고 있다. 말레이시아와 태국 역시 탄소배출권 거래 시스템을 준비 중이며, 자국의 환경 정책에 맞추어 탄소 배출 감축 목표를 설정하고 있다.

아프리카에서는 남아프리카 공화국이 탄소배출권 거래 시스템을 운영하고 있다. 남아프리카 공화국의 시스템은 주요 산업 부문과 에너지 생산 부문을 대상으로 하며, 탄소 배출량을 줄이기 위한 다양한 정책을 시행하고 있다. 이는 아프리카 대륙에서 기후 변화 대응을 위한 중요한 모델로 자리 잡고 있다.

브라질, 멕시코, 칠레 등 중남미 국가들도 탄소배출권 거래 시스템을 도입하거나 도입을 검토하고 있다. 이들 국가들은 풍부한 자연 자원을 활용하여 탄소배출권 시장을 발전시키고, 기후 변화 대응에 기여하고 있다. 브라질의 경우, 아마존 열대우림 보호를 위한 프로젝트를 통해 탄소배출권을 발행하고 있으며, 이는 글로벌 탄소 시장에서 큰 관심을 받고 있다.

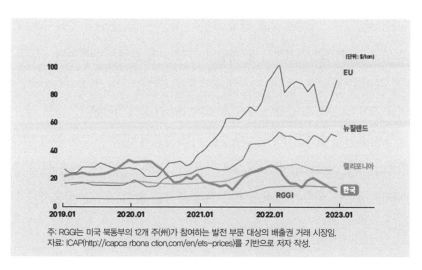

주: RGGI는 미국 북동부의 12개 주(州)가 참여하는 발전 부문 대상의 배출권 거래 시장임.
자료: ICAP(http://icapca rbona ction.com/en/ets-prices)를 기반으로 저자 작성.

국내외 배출권 월별 가격 변화 (출처: 배출권거래제의 시장기능 개선방안, KDI FOCUS, 윤여창 연구위원)

다양한 국가와 지역에서 도입된 탄소배출권 거래 시스템은 각기 다른 방식으로 운영되지만, 공통적으로 온실가스 감축을 목표로 하고 있다. 이러한 시스템은 기후 변화 대응에 중요한 역할을 하며, 글로벌 온실가스 감축 노력에 큰 기여를 하고 있다. 앞으로도 각국의 탄소배출권 거래 시스템은 기술 발전과 국제 협력을 통해 더욱 효과적이고 효율적으로 발전할 것이다.

탄소배출권 가격의 변동과 시장 특성

탄소배출권 가격의 변동 메커니즘과 시장 특성을 이해하기 위해서는 먼저 탄소 시장의 기본 원리와 그 영향을 받는 요인들을 파악해야 한다. 탄소배출권 시장은 기본적으로 공급과 수요의 법칙에 따라 운영되며, 다양한 경제적, 정치적, 환경적 요인에 의해 가격이 결정된다.

탄소배출권의 가격의 주요 결정 요인은 시장에서의 공급과 수요이다. 정부 또는 규제 기관이 설정한 총 배출량 상한(캡)이 공급을 결정한다. 그리고 기업의 배출량 감축 능력과 의지가 수요를 결정한다. 수요가 공급을 초과하면 가격이 상승하고, 공급이 수요를 초과하면 가격이 하락한다.

정부의 기후 변화 정책, 탄소배출권 시장 규제의 변경, 새로운 환경 법규의 도입 등은 탄소배출권의 가격에 직접적인 영향을 미친다. 예를 들어 총 배출량 상한을 낮추는 정책은 배출권의 공급을 줄여 가격을 상승시킬 수 있다.

경제 성장률, 산업 활동의 변화, 에너지 가격의 변동 등 경제 전반의 상황은 탄소배출권의 수요와 가격에 영향을 준다. 경제가 호황일 때는 산업 활동이 증가하여 탄소 배출량과 배출권의 수요가 증가한다. 이는 탄소배출권의 가격 상승으로 이어질 수 있다.

저탄소 기술의 발전과 채택도 탄소배출권 시장에 중요한 영향을 끼친다. 효율적인 배출 감축 기술의 도입은 기업의 탄소 배출을 줄이고, 이로 인해 탄소배출권의 수요와 가격을 하락시킬 수 있다.

또한 투기적 거래, 시장 참여자들의 기대와 예측 등도 탄소배출권 가격에 영향을 줄 수 있다. 예를 들어 투자자들이 미래에 가격이 상승할 것으로 예상하여 대량으로 배출권을 구매하면 단기적으로 가격이 상승할 수 있다.

탄소배출권 가격은 이와 같이 다양한 요인에 의해 큰 변동성을 보이므로 이런 변동성이 희석될 수 있게 하는 것이 중요하다. 다양한 지역 및 국가와 연계하는 시장 시스템을 구축하고 시장 참여자를 확대하는 것은 탄소시장에 유동성을 제공해서 변동성을 낮추는 데 기여할 수 있다. 해외 탄소시장과의 연계 추진과 ETF 등의 간접투자상품을 통해 개인들의 시장 참여가 확대되는 것은 변동성을 낮춘다는 측면에서 고무적인 일이다. 또한 탄소배출권 시장은 지역별로 구성되어 있으므로 각각의 시장은 해당 지역의 경제적, 환경적, 정책적 특성에 따라 다른 가격과 거래 패턴을 보인다. 시장 참여자들은 이러한 정책 변화, 기술 발전, 경제 지표 등 다양한 정보에 근거하여 결정을 내려야 한다. 이 때문에 정보의 접근성과 투명성이 시장의 효율성에 큰 영향을 미친다. 탄소배출권 시장은 변동성을 줄이고, 지역적 균형과 정보의 접근성, 투명성이 보장되는 방향으로 발전시키기 위해 노력해야 할 것이다.

탄소배출권 거래가 미치는 영향

탄소배출권 거래 시스템의 효과를 살펴보기 위해 탄소배출권 거래 시스템이 도입되기 전과 후를 살펴볼 필요가 있다. 탄소배출권 거래 시스템의 도입은 국가와 기업, 사회 전반에 걸쳐 주목할 만한 변화가 가져왔다. 탄소배출권 거래가 도입되기 전과 후의 주요 변화와 앞으로 보완해야 할 사항을 살펴보자.

탄소배출권 거래 시스템이 도입되기 전에는 기업들이 주로 자발적인 기준이나 국가별 규제에 따라 온실가스 배출을 관리했다. 이 방식은 종종 비효율적이었으며, 온실가스 감축 목표를 일관되게 달성하기 어려웠다. 예를 들어, 한 기업은 자사의 기준에 따라 온실가스 배출을 줄이려 노력했지만, 다른 기업은 같은 목표를 갖지 않았기 때문에 전체적인 감축 노력에 일관성이 없었다.

또한, 온실가스 감축에 대한 경제적 인센티브가 제한적이어서 기업들이 저탄소 기술로 전환하거나 혁신을 추구하는 데 필요한 동기를 얻기 어려웠다. 탄소 감축에 따른 동기가 부족하여 기술 개발과 혁신이 이루어지지 않으면, 탄소를 줄이려는 노력은 위축될 것이고 장기적으로 지속가능성이 낮아진다. 더 나아가 탄소 배출에 대한 직접적인 비용 부과가 없기 때문에 탄소 배출을 줄이기 위한 시장 기반의 노력이 제한적이었다. 이는 기업들이 단기적인 비용 절감에만 집중하게 만들고, 장기적으로 환경에 미치는 부정적인 영향을 고려하지 않게 하는 문제를 야기했다.

탄소배출권 거래 시스템이 도입되면서 기업들은 탄소 배출에 대한 명확한 비용을 지불하게 되었다. 이 시스템은 기업들이 탄소 배출을 줄이기 위해 보다 효율적이고 체계적으로 노력하게 만든다. 예를 들어, 탄소 배출량이 많은 기업은 배출권을 구매해야 하기 때문에, 비용을 절감하기 위해 배출량을 줄이는 기술을 도입하게 된다.

탄소 배출에 대한 경제적 비용이 도입되면서, 기업들은 비용을 절감하고 경쟁력을 유지하기 위해 저탄소 기술과 혁신에 투자하게 되었다. 이는 결과적으로 기술 혁신을 촉진하고, 새로운 저탄소 기술이 빠르게 도입되도록 만든다.

구분	탄소배출권 거래 도입 전	탄소배출권 거래 도입 후
탄소 배출 관리	-자발적 기준이나 국가별 규제 -비효율적	-명확한 비용 부과 -효율적이고 체계적인 관리
기술 혁신	-경제적 인센티브 부족 -저탄소 기술 전환 어려움	-경제적 비용 도입 -기술 혁신 촉진
시장 메커니즘	-직접적인 비용 부과 없음 -시장 기반 노력 부족	-시장 기반 메커니즘 제공 -효율적이고 유연한 접근
국제 협력	-국제 협력 부족 -국가별 독립적 대응	-국제 협력 촉진 -글로벌 감축 노력 강화

또한, 탄소배출권 거래는 탄소 배출을 줄이기 위한 시장 기반의 메커니즘을 제공한다. 이는 온실가스 감축 목표 달성을 위한 효율적이고 유연한 접근 방식을 가능하게 한다. 기업들은 필요한 만큼 배출권을 사고팔 수 있기 때문에, 전체적인 배출량을 효과적으로 관리할 수 있다.

마지막으로 탄소배출권 거래는 국경을 넘는 문제인 기후 변화에 대응하기 위한 국제적인 협력을 촉진한다. 여러 국가와 지역에서 비슷한 시스템을 도입함으로써 글로벌 온실가스 감축 노력이 강화된다. 예를 들어, 유럽연합의 배출권 거래제도(EU-ETS)는 유럽 내 여러 국가들이 공동으로 온실가스 배출을 줄이는 데 큰 역할을 하고 있다.

탄소배출권 거래 시스템의 문제점과 개선 방안

탄소배출권 거래 시스템은 기후 변화 대응과 온실가스 감축 목표 달성을 위한 중요한 시장 기반 메커니즘이다. 탄소배출권 거래 시스템의 문제점을 생각해보고 극복하고 발전시키기 위한 방안을 모색하면, 이 시스템은 기후 변화 대응과 지속 가능한 발전을 위한 더욱 강력한 도구가 될 수 있을 것이다. 여기서는 기존의 탄소배출권 거래 시스템의 주요 문제점과 그에 대한 개선 방안을 생각해보고 탄소배출권 거래 시스템이 나아갈 수 있는 발전 가능성을 살펴보자.

먼저, 탄소배출권 시스템의 핵심 요소인 상한선 설정의 정밀성이 있다. 현재 상한선이 너무 높게 설정되면 시장에서 탄소 가격이 낮아져 감축 노력이 약화되는 문제가 발생한다. 정밀한 상한선 설정을 위해 과학적 연구와 데이터 분석을 기반으로 보다 엄격하게 설정하고, 기술 발전 등을 고려하여 주기적으로 검토하여 조정하는 것이 필요하다. 이렇게 하면 시장에서 탄소 가격을 적절한 수준으로 유지하고, 실질적인 감축 노력을 유도할 수 있다.

상한선 설정의 정밀성을 개선하기 위해서는 지속적인 과학적 연구와 실시간 데이터 모니터링을 통해 온실가스 배출 현황을 정확하게 파악하고, 이를 기반으로 상한선을 조정해야 한다. 국제 기준에 맞추어 상한선을 설정하고, 필요에 따라 조정하는 유연성을 갖추어야 한다. 이는 상한선의 정밀한 설정과 조정을 통해 탄소배출권 시장을 더욱 효과적으로 만들며, 실제 온실가스 감축 목표 달성에 기여할 것이다.

또한, 배출권 할당 방식의 문제도 있다. 무료 할당이나 부적절한 배분 방식은 시장 효율성을 저해하고, 특정 기업에게 불합리한 이익을 제공할 수 있다. 배출권 할당 방식의 공정성을 강화하기 위해서는 경매를 통한 배출권 할당을 확대하고, 이 과정에서의 투명성을 보장해야 한다. 경매에서 발생한 수익은 공공의 이익과 지속 가능한 발전을 위해 재투자해야 한다. 이를 통해 시장의 신뢰도를 높이고, 모든 참여자에게 평등한 기회를 제공할 수 있을 것이다.

더 나아가 시장 감시 및 규제의 부족은 탄소배출권 거래의 투명성과 신뢰성을 저하시킨다. 이는 시장 참여자들 사이의 신뢰를 저하시키고, 시장 조작의 가능성을 증가시킨다. 시장 감시 및 규제의 효율성을 제고하기 위해서는 강화된 시장 감시 체계와 투명한 거래 기록의 공개를 통해 시장의 투명성과 신뢰성을 높여야 한다. 페이퍼 방식의 탄소배출량 측정을 대신하여 AICBM(AI, IoT, Cloud, Big data, Mobile)과 같은 고도화된 기술을 활용하여 실측 기반의 측정, 보고, 검증(MRV)하는 것이 대안이 될 것이다. 천문학적인 경제적 이익과 손실을 가르는 결과를 낳기 때문이다. 또한 규제기관은 시장 조작이나 부정 행위에 대해 엄격한 처벌을 시행해야 한다. 강화된 시장 감독과 규제는 탄소배출권 거래의 효율성과 신뢰성을 보장하며, 장기적으로 시장의 안정성을 강화할 것이다.

국제 협력의 부족도 문제이다. 탄소배출권 거래 시스템은 국가별로 운영되며, 각 시스템 간의 연계 부족은 글로벌 온실가스 감축 노력의 비효율성을 초래한다. 국가 간 탄소배출권 시스템의 연계를 강화하고, 국제적인 탄소 가격 책정 메커니즘을 개발함으로써 글로벌 온실가스 감축 노력의 효율성을 높이고, '탄소 누출'을 방지할 수 있다. 국제 협력과 시장 통합은 전 세계적인 기후 변화 대응 역량을 강화하고, 글로벌 온실가스 감축 목표 달성에 기여할 것이다. 기후 변화는 국경을 넘어 세계적인 문제로, 이에 대응하기 위해서는 글로벌 차원의 협력이 필수적이다. 탄소배출권 거래 시스템의 효과적인 구현과 확장을 위해 국제 협력은 중요한 역할을 한다.

마지막으로 사회적 공평성의 증대가 필요하다. 탄소배출권 거래 시스템이 사회적 공평성에 미치는 영향이 종종 간과된다. 저소득층과 취약 계층은 탄소 가격 상승의 부담을 더 크게 느낄 수 있다. 이를 해결하기 위해서는 탄소배출권 거래로 발생하는 수익을 사회적 공평성을 증진하는 데 사용해야 한다. 이는 저소득층의 에너지 접근성 개선, 지역 사회의 지속 가능한 발전 프로젝트 지원 등 다양한 형태로 이루어질 수 있다. 예를 들어 저소득층에게 에너지 효율 개선을 위한 보조금을 제공하거나 공공 교통 시스템을 개선하는 데 자금을 사용할 수 있다. 사회적 공평성을 중심으로 한 탄소배출권 거래 시스템은 지속 가능한 발전을 실현하는 데 중요한 역할을 할 것이다.

이러한 극복 방안과 발전 가능성을 통해 탄소배출권 거래 시스템은 기후 변화 대응과 지속 가능한 발전의 중요한 도구로서 그 역할을 더욱 확대할 수 있을 것이다. 지속적인 개선을 통해 여러 문제점을 해결해 나간다면 탄소배출권 거래 시스템은 향후 글로벌 온실가스 감축 노력에 있어 핵심적인 기여를 할 것으로 기대된다.

문제점	해결방안
상한선 설정의 정밀성	-과학적 연구와 데이터 분석을 기반으로 상한선을 엄격하게 설정 -과학 기술의 발전 등을 고려하여 주기적으로 조정
배출권 할당 방식	경매를 통한 배출권 할당으로 투명성과 공정성 강화
시장 감시 및 규제	-강화된 시장 감시 체계와 투명한 거래 기록 공개 -부정행위에 대한 엄격한 처벌
국제적 협력 정책 공조	파리기후협약 등 국제적 협력으로 설정된 공통 목표와 기준이 시장의 확장과 통합을 촉진 -국가 간 탄소배출권 시스템 연계 강화 -국제적 탄소 가격 책정 메커니즘 개발
사회적 공평성	저소득층 지원 및 공공 교통 시스템 개선 등 사회적 공평성 증진을 위한 수익 사용

신기술과 혁신의 역할

탄소배출권 거래 분야에서 신기술과 혁신은 온실가스 감축 목표 달성과 지속 가능한 발전을 가속화하는 데 중요한 역할을 한다. 기술 혁신은 탄소배출권 시장의 효율성을 높이고, 온실가스 감축 비용을 절감하며, 새로운 감축 기회를 창출함으로써 기후 변화 대응에 필수적이다. 이를 통해 신기술과 혁신이 탄소배출권 거래에 미치는 영향과 잠재력을 알아보자.

먼저 시장 효율성과 투명성 향상 측면에서 디지털 전환 없이는 거의 불가능하다. 블록체인 기술의 도입은 탄소배출권 거래의 투명성과 신뢰성을 크게 향상시킨다. 거래 기록이 불변의 분산 원장에 기록되어 조작이 불가능하게 되며, 이는 시장의 효율성을 높이고 부정 행위를 방지한다. 또한 데이터 분석과 인공지능(AI)은 탄소배출권 시장에서의 거래 패턴 분석, 가격 예측, 온실가스 감축 효과 분석 등에 활용될 수 있다. 이는 투자자와 참여 기업에게 유용한 정보를 제공하고, 보다 정보에 기반한 결정을 가능하게 한다.

두 번째로 온실가스 감축 비용 절감을 통한 경제적 이익이 탄소 감축을 위한 강력한 동기부여를 제공한다는 점이다. 건물, 제조, 운송 분야에서의 에너지 효율성 향상은 온실가스 배출을 대폭 줄이는 동시에 운영 비용을 절감한다. 이는 탄소배출권 거래 시장에서 추가적인 감축 기회를 창출하며, 감축 비용의 절감을 가능하게 한다. 태양광, 풍력, 수력과 같은 재생 가능 에너지 기술의 발전과 통합은 온실가스 배출 감축을 위한 핵심적인 수단이다. 재생 가능 에너지의 비용 효율성 향상은 탄소배출권 시장에서 감축 비용을 더욱 낮추는 데 기여한다.

세 번째로 신기술과 혁신은 새로운 감축 기회를 창출할 수 있다. 탄소 포집 및 저장(CCUS) 기술의 발전은 산업 공정과 발전소에서 발생하는 탄소 배출을 직접적으로 감축하는 새로운 기회를 제공한다. 이러한 기술의 상용화는 탄소배출권 거래 시장에서의 추가적인 감축 옵션을 제공함으로써 탄소 중립을 실현하는 데 큰 도움이 된다. AICBM(AI, IoT, Cloud, Big data, Mobile), 스마트 그리드 같은 디지털 기술은 빌딩, 산업 현장 등에서 에너지 관리, 탄소 감축 활동 등의 효율성을 극대화하고 무결성을 보장 가능하게 함으로써 온실가스 배출을 줄이는 데 기여한다. 이는 탄소배출권 시장에서 발생된 경제적 이익이 다시 기술 개발과 혁신에 투자된다면 탄소중립을 앞당길 수 있을 것이다.

신기술과 혁신은 탄소배출권 거래 분야에서 중요한 변화를 가져오고 있으며, 이러한 변화는 온실가스 감축 목표 달성과 지속 가능한 발전을 가속화하는 데 필수적이다. 기술 혁신을 통한 시장 효율성과 투명성의 향상, 온실가스 감축 비용의 절감, 새로운 감축 기회의 창출은 탄소배출권 거래 시장의 발전과 확장에 긍정적인 영향을 미친다. 또한 국제 협력을 통해 탄소배출권 거래 시장은 기후 변화 대응에 있어 더욱 중요한 역할을 할 것으로 기대된다.

자발적 탄소시장의 등장과 지속 가능성

자발적 탄소시장은 기업이나 개인이 자발적으로 탄소 배출을 줄이기 위해 탄소 크레딧을 구매하고 거래하는 시장이다. 이러한 시장은 정부의 규제를 넘어서 자발적인 기후 행동을 장려하며, 기업들이 탄소 중립 목표를 달성하기 위한 도구로 활용되고 있다. 대표적인 국제 자발적 탄소시장으로는 Verra와 Gold Standard가 있다. 이들은 프로젝트의 진정성과 환경적 영향을 보장하기 위해 엄격한 기준을 적용하여 탄소 크레딧을 인증하고 있다. 하지만 한국에서는 아직 자발적 탄소시장이 활성화되지 못하고 있다. 앞으로 규제 탄소시장과 함께 다양한 계층의 참여를 이끌어낼 자발적 탄소시장이 아직 한국에서는 활성화되지 않은 것은 아쉬운 대목이다. 자발적 탄소 시장의 필요성과 활성화되지 못하는 이유, 그리고 그 해결 방안에 대해서 살펴보자.

한국에 자발적 탄소 거래소가 만들어져야 하는 이유는 분명하다. 첫째, 글로벌 기후 변화 대응 노력에 동참하기 위해서이다. 자발적 탄소 거래소는 기업들이 자발적으로 탄소 배출을 줄이는 데 기여할 수 있는 중요한 플랫폼을 제공한다. 이는 한국이 국제 사회에서 기후 리더십을 발휘하는 데 도움이 될 것이다.

둘째, 국내 기업들이 탄소중립 목표를 효과적으로 달성하는 데 도움이 된다. 자발적 탄소 거래소는 기업들이 다양한 탄소 저감 프로젝트에 투자하고, 이를 통해 얻은 탄소 크레딧을 활용하여 탄소중립 목표를 달성할 수 있도록 지원한다. 이는 기업의 사회적 책임을 강화하고, 환경적으로 지속 가능한 경영을 추구하는 데 기여할 것이다. 또한 규제 탄소시장에 국한되지 않고 다양한 참여를 이끌어 탄소 경제 주도권을 확보할 수 있는 핵심적인 도구이다.

셋째, 경제적 측면에서도 긍정적인 효과가 있다. 자발적 탄소 거래소는 새로운 시장을 창출하여 관련 산업의 성장과 일자리 창출을 도모할 수 있다. 이는 한국 경제에 새로운 동력을 제공할 수 있으며, 지속 가능한 경제 성장을 촉진할 수 있다. 앞서 설명한 대체육, 전기자동차 등 제품 본연의 가치로 평가받던 것들이 탄소라는 새로운 바로미터를 만나 탄소경제가 탄생할 수 있게 될 것이다.

이러한 자발적 탄소시장의 여러 긍정적인 효과에도 불구하고, 활성화되지 않는 이유에 대해서 살펴볼 필요가 있다. 첫째, 한국거래소의 탄소배출권 시장에서 거래가격이 낮아 기업들이 자발적 탄소시장에 대한 유인이 부족하다. 탄소 저감을 통해 발생되는 경제적 이익이 크지 않아서 기술 개발이나 투자에 대한 유인이 떨어진다. 낮은 거래 가격은 시장의 유동성과 투명성을 저해하여 기업들이 자발적 탄소시장에서 참여하기 어렵게 한다. 이를 해결하기 위해서 자발적 탄소시장에 대한 인식 제고와 지속적인 교육이 필요하다. 기업과 대중이 자발적 탄소시장의 중요성을 이해하고, 이를 활용할 수 있도록 교육 프로그램을 마련해야 한다.

둘째, 자발적 탄소시장에 대한 인식 부족과 법적, 제도적 지원의 부재도 중요한 요인이다. 한국에서는 아직 자발적 탄소시장에 대한 이해와 관심이 부족하며, 관련 법규나 인프라가 미비하여 기업들이 자발적 탄소 거래를 시도하는 데 어려움을 겪고 있다. 이는 기업들이 자발적 탄소시장에 대한 불확실성을 키워서 시장 참여를 어렵게 만든다. 정부와 입법기관은 자발적 탄소시장이 원활히 운영될 수 있도록 관련 법규를 정비하고, 투명하고 신뢰할 수 있는 거래 시스템이 갖춰지도록 지원해야 한다. 이를테면 초기 시장 활성화를 위한 인센티브 제공을 들 수 있다. 정부와 민간이 협력하여 초기 시장 참여 기업들에게 세제 혜택이나 보조금을 제공함으로써 시장 진입 장벽을 낮추고, 거래 활성화를 촉진해야 한다. 이제라도 국제사회의 움직임과 우리의 대응 방안을 면밀히 검토하여 법적, 제도적 지원을 서둘러야 할 것이다.

셋째, 탄소 배출량의 측정치에 대한 불신이다. 측정하고, 보고하고, 검증하는(MRV) 일련의 과정이 아직 체계적으로 기업에 내재화되지 않아서 데이터 수집, 기록 관리, 정확도 등 많은 과정에서 어려움을 겪고 있다. 탄소국경조정제도, 공급망 실사 지침 등 국제 사회는 그 어느 때보다 환경 규제를 강화하는 움직임을 보이고 있다. 국제 사회의 요구에 제대로 대응하지 못한다면 수출 중심 국가인 한국의 미래는 어두울 것이다. 다행히 한국은 정부의 지원과 민간의 노력으로 산업 분야에서 괄목할 만한 디지털 역량을 쌓아 왔다. 높은 수준의 디지털 역량을 환경 규제를 대응하는 수단으로 활용한다면 빠르게 대응 역량을 갖출 수 있을 것이다.

넷째, 전문성의 파편화이다. 앞서 글로벌 규제 대응이 어려운 이유 중 하나로 데이터의 파편화를 언급했는데 자발적 탄소시장에서는 전문성의 파편화를 발견할 수 있다. 환경, 규제법률, 표준, ICT, 자본시장 등 수 많은 분야의 전문적인 지식이 필요하지만 일부 목소리만 들리는 경우가 자주 보인다. 어느 한두 개의 목소리만 반영되는 것은 지속가능성을 담보하기 어려울 것이다. 복잡하고 시간이 걸리는 일이지만 여러 전문적인 영역이 논의를 거듭하며 발전시켜 나간다면 지속 가능한 자발적 탄소시장이 한국의 탄소중립을 견인할 것이라 믿는다.

지속 가능한 탄소배출권 시장

지속 가능한 탄소배출권 시장의 구축은 기후 변화에 대응하고 온실가스 배출을 효과적으로 감소시키기 위한 전 지구적 노력의 핵심이다. 이러한 시장은 환경적 지속 가능성을 촉진하는 동시에 경제적 효율성을 높이고, 사회적 공정성을 보장하는 방식으로 운영되어야 한다. 지속 가능한 탄소배출권 시장을 향한 방법을 살펴보자.

첫째, 탄소배출권 시장은 실질적인 온실가스 감축을 목표로 해야 한다.

이를 위해 설정된 배출 상한선은 과학적 근거에 기반하여 점진적으로 강화되어야 하며, 탄소배출권의 가격 책정은 감축 노력에 대한 충분한 인센티브를 제공해야 한다. 충분한 인센티브의 제공은 재생 가능 에너지, 에너지 효율 개선, 탄소 포집 및 저장(CCUS) 기술과 같은 저탄소 기술로 전환되는 강력한 동기 부여가 될 것이다.

탄소배출권 시장은 온실가스 감축을 위한 가장 비용 효율적인 방법을 찾도록 유도하는 시장 기반 메커니즘을 활용하고 있는데 다소 안타까운 것은 우리나라의 경우 자발적 시장이 활성화되지 않았다는 것이다. 다른 나라에 비해 자발적 탄소배출권 거래 시장은 일부 준비 단계에 머물며 아직 기능을 담당해 내지는 못하고 있다. 다양한 경제 주체들이 자발적으로 참여하여 탄소중립을 달성하는 데 공헌할 수 있도록 자발적 탄소배출권 시장을 위한 과감한 규제 개혁과 국가 차원의 로드맵이 필요하다.

또 하나 중요한 점은 다양한 국가 더 나아가 궁극적으로는 모든 지역과 국가의 탄소배출권 시장을 연계하여 국제적인 탄소 가격을 형성하고, 온실가스 감축 노력의 효율성을 극대화해야 한다는 것이다. 현재 각 지역과 국가에 위치한 탄소배출권의 가격은 제각각이다. 하지만 아프리카에서 발생한 탄소와 서울에서 발생한 탄소는 똑같이 지구 온난화를 촉진하기 때문에 전 지구적인 관점에서 접근할 필요가 있다.

마지막으로 사회적 공정성을 보장할 필요가 있다. 탄소 가격의 도입은 저소득층에게 더 큰 경제적 부담을 줄 수 있다. 간단히 난방 연료를 살펴봐도 탄소 가격 도입으로 인한 난방 시스템을 제때 교체하지 못한다면 저소득층에게는 이중 삼중의 고통이 될 것이다. 이를 완화하기 위해 탄소배출권 거래로 발생하는 수익의 일부를 취약 계층에 지원하고, 에너지 전환을 위한 사회적 비용을 분담하는 데 사용되어야 한다. 또한 저탄소 경제로의 전환 과정에서 영향을 받는 지역사회와 산업에 대한 지원과 재교육 프로그램을 제공하여, 모든 이해관계자가 변화에 능동적으로 대응하고 그 혜택을 공유할 수 있도록 해야 한다.

지속 가능한 탄소배출권 시장을 향한 노력은 기후 변화 대응을 위한 국제적인 목표 달성에 있어 필수적이다. 환경적 지속 가능성, 경제적 효율성, 사회적 공정성을 균형 있게 고려하는 탄소배출권 시장의 구축과 운영은 지구와 그 안에 살고 있는 인류의 미래를 위한 중요한 과제이다. 이를 위해 각국 정부, 기업, 시민 사회가 함께 협력하고, 지속적인 혁신과 개선을 추구해야 할 것이다.

디지털과 표준을 통한
지속 가능한 미래 구현

지금까지 우리는 다양한 이야기를 했다. 심각해지는 환경 문제, 이를 해결하기 위한 환경 운동의 역사, 최근의 환경 규제 그리고 이를 해결하기 위한 전략까지 알아보았다. 여러 번 강조했지만, 수출 국가인 우리 입장에서 글로벌 환경 규제 대응은 큰 어려움으로 다가오고 있다. 최신 디지털 기술과 표준을 활용하면 극복 가능하다는 대안 제시까지 했다. 그리고 탄소를 줄이는 모두의 노력과 배출권 거래까지 함께 만드는 녹색 미래 청사진을 설명했다. 지금까지 여정을 통해 환경 문제와 대응 관련한 최신의 트렌드를 이해하게 되었을 것이다. 이제 이야기를 마치며 앞으로 우리가 살아가야 할 태도를 함께 고민해보고자 한다.

하나밖에 없는 지구, 갈 곳이 없다

영화 마션은 화성에서 생존하는 모습을 그렸다. 황량한 붉은 사막의 모습이 그려졌다. 그곳에서 주인공은 감자를 키워 먹으며 생존했다. 화성의 환경은 지구의 어떤 사막 지역보다 열악하다. 화성이 처음부터 이렇게 된 것은 아니다. 과거 물이 흘렀던 흔적이 있다. 아직도 땅 아래에 물이 있을 것으로 기대하고 있다. 그 많던 물이 다 어디로 갔을까?

화성이 지구와 다른 점이 있다. 지구는 고체인 내핵을 액체인 외핵이 감 싼 구조이다. 철 성분의 회전으로 인해 강력한 자기장이 있다. 반면 화성은 다 식어서 자기장이 없다. 자기장은 태양에서 오는 강력한 태양풍을 막아 준다. 자기장이 없는 화성은 태양풍을 그대로 맞는다. 그 결과 물이 수소와 산소로 분리되었다. 수소는 우주로 날라가고 남은 산소는 화성 표면을 산화 시켰다. 화성의 표면이 붉은 색으로 바뀐 이유이다. 머스크가 화성 이주를 이야기한다. 지구 외 행성에 우리 거처가 있으면 지구에 무슨 일이 생겨도 인류가 살 수 있다는 이상은 의미가 있다. 이를 위해 화성을 지구처럼 바꾸 는 이른바 테라포밍의 꿈도 꾼다. 하지만 검증된 물도 없고 태양풍을 막는 자기장도 없는 화성을 변화시키기 쉬울까? 거기에 들어가는 비용과 노력이 지구 환경 개선 비용보다 작을지는 의문이다.

지구와 가장 닮은 금성도 환경이 열악한 것은 마찬가지다. 태양에서의 거 리가 지구와 큰 차이가 없어 1960년대까지는 생물이 살 수 있는 환경일 것 이라 기대했다. 태양과 조금 더 가깝기 때문에 플로리다 정도의 아열대 기온일 것으로 추측했다. 과학적 추론으로도 40~60도 정도로 예측되었다. 이 정도면 약간 더워도 사람이 충분히 살 수 있다. 하지만 실제 탐사가 되면 서 확인한 금성은 지옥이었다. 태양과 가장 가까운 수성의 표면 평균 온도 가 179도인 반면 금성은 지표 기온이 459도에 달했다. 아울러 대기압이 92 기압에 달한다. 지구의 90배 이상의 압력을 받는다는 말이다. 강한 대기압으로 대류운동도 강해 평균 풍속은 360m/s에 달한다. 지구에서 강력한 태풍이 불 때 풍속의 7배 이상이다. 금성 구름의 성분은 황산이다. 그래서 금성에는 모든 것을 부식시키는 황산비가 내릴 수 밖에 없다. 물론 황산의 끓는 점 337도보다 지면 온도가 높아 비는 내리다가 다 기화된다. 그래서 땅까지 도달하지도 못한다.

이와 같이 지옥이 된 것은 온실효과 때문이다. 기후 위기를 방치할 때 지구가 금성 같이 될 수 있다는 경고로 자주 언급되는 이유다. 금성 대기의 대부분은 이산화탄소이다. 지구의 이산화탄소 농도가 417ppm 즉 0.04% 정도 되므로 직접 비교는 어렵다. 하지만 아열대 기후로 예상한 금성 온도가 지옥처럼 뜨거운 이유는 이산화탄소가 온실처럼 에너지를 가두었다는 것이다. 지구도 안심할 수는 없다. 지금 지구의 이산화탄소 농도는 산업화 이전보다 50% 올라 갔으며 매년 증가 중이다. 지금과 같은 속도로 가면 미래 지구는 금성과 점점 닮아 가게 될 것이다.

결국 우리는 지구 외에 대안이 없다. 지구의 환경은 신이 주신 축복이다. 현재 조건에서 뭐라도 하나만 틀어지게 되면 지구는 금방 화성이나 금성이 될 수 있다. 모든 우연이 겹쳐 만들어진 지구 외에 우리가 옮겨서 살 행성은 찾기 힘들다. 유일한 살 곳인 지구 환경을 지키는 것은 우리의 절대적 사명이다.

공짜 점심은 없다

이 말은 노벨 경제학상 수상자 밀턴 프리드먼이 자주 이야기했다. 하지만 1930년대부터 사용되던 말이다. 단순히 해석하면 누가 나를 대접할 때 나도 대접해야 한다는 의미로 이해할 수 있다. 하지만 프리드먼을 비롯해 경제학자들은 기회 비용의 개념으로 자주 사용한다.

기회 비용은 내가 어떤 것을 할 때 눈에 보이지 않게 지불하는 비용을 의미한다. 예를 들어, 주민들이 사용하는 공원을 개발하여 사무실 빌딩을 만든다고 하자. 빌딩을 통해 창출되는 경제적 가치는 쉽게 계산이 가능하다. 여기서 함께 계산해야 할 것이 기회비용이다. 주민들 휴식 공간이 사라질 때 문제와 그것을 해결할 비용이다. 주민들의 피로가 생산성 저하로 나타날 수 있다. 공원에 대체가 될 수 있는 공간 제공 요청도 있을 수 있다. 당장은 아니지만 공원을 없앤 비용은 지속적으로 들어갈 것이다. 그래서 빌딩을 세울 때 얻는 이익만 계산하면 안 된다. 기회 비용도 포함해야 한다. 기회 비용과 빌딩의 이익을 비교해서 개발 여부를 결정할 필요가 있다. 이처럼 모든 경제 행위에 기회 비용이 따른다는 것을 강조하기 위해 공짜 점심은 없다라는 말이 이용된다.

지금까지 우리는 환경 문제를 공짜 점심처럼 대했다. 무분별한 플라스틱 사용, 쓰레기의 무단투기, 불필요한 에너지 낭비 등이다. 이대로 했기에 우리 삶은 편안했다. 하지만 이와 같은 행동을 통해 우리와 후손이 쓸 지구 환경은 망가졌다. 망가진 것을 복구하기 위해 눈에 안보이는 수많은 비용이 지출될 상황이다. 결국 지금까지의 우리 삶은 더 큰 기회 비용 위에서 얻은 안락함이었다. 더 이상 기회 비용을 방치할 수 없어 세계 각 나라가 환경 규제를 법제화하고 있는 것이다.

이 책에서 자세히 설명했지만, 각국의 환경 규제는 점점 강화되고 있다. 규제의 핵심은 제품 생산 중에 발생하는 탄소 발생과 같은 환경 영향 인자에 대한 대가를 치루는 것이다. 세금 형태로 부가되거나 제품을 시장에서 퇴출하도록 하고 있다. 그 결과 소비자는 더 비싸게 제품을 구매해야 한다. 기업의 문제만이 아니라 현재 지구를 사는 모든 사람들이 과거와 달리 기회 비용을 지불하게 되는 것이다.

이것이 문제라고 생각한다면 여전히 우리는 공짜 점심을 갈구하며 사는 것이다. 우리가 다시금 알아야 할 것은 그 동안도 공짜 점심이 없었다는 것이다. 내가 싸게 샀던 모든 것들은 더 비싼 환경 기회 비용을 만들었다. 그리고 그것이 누적되어 지금의 기후 위기를 초래했다. 이미 2050년 달성을 목표로 했던 1.5도를 초과했다. 환경 기회 비용의 빠른 확대를 보여준다. 지금부터 우리는 점심 값을 내고 살아야 한다. 최소한 우리 세대가 발생시킨 것은 우리가 내자. 그리고 우리가 올바른 마음을 가진다면 자식을 위하는 마음으로 밥 값을 더 내도 된다. 이 책에 나온 내용이 우리가 치러야 할 부채가 있음을 깨닫게 하면서, 더 나아가 새로운 기회의 창출과 자발적 비용 지불 의지로 이어지기를 소망한다.

부록

부록 A. 환경 규제 용어

부록 B. 디지털 표준 기술 관련 용어

부록 C. 각종 환경 교육 자료 링크

부록 A. 환경 규제 용어

환경 규제에 관련된 용어는 다양하며, 환경 보호 및 지속 가능한 발전을 위해 설정된 규제와 정책을 포함한다. 기본적인 용어는 다음과 같다.

- **배출 허용 기준(Emission Standards):** 환경 오염을 줄이기 위해 정부나 관련 기관이 설정한 특정오염물질의 최대허용 배출량을 의미함. 주로 대기오염, 수질오염, 토양오염 등 다양한 환경 오염을 규제하기 위한 기준으로 사용됨. 배출 허용 기준은 산업체, 발전소, 차량 등 오염원에서 발생하는 배출물의 종류와 양에 따라 다르며, 각 국가와 지역의 법률에 따라 규정됨. 이러한 기준은 오염 물질의 농도를 제한하여 환경 보호와 공공 건강을 유지하는 데 중요한 역할을 함.
- **환경영향평가(Environmental Impact Assessment, EIA):** 개발사업이나 프로젝트가 환경에 미칠 잠재적 영향을 사전에 평가하는 절차를 의미함. EIA는 사업이 진행되기 전에 환경에 미칠 부정적인 영향을 최소화하고, 자연환경을 보호하기 위한 방안들을 마련하기 위해 실시됨.
- **지속 가능성(Sustainability):** 현재 세대의 필요를 충족하면서도 미래 세대가 그들의 필요를 충족할 수 있는 능력을 저해하지 않도록 자원을 관리하고 사용하는 개념임. 이는 환경적, 경제적, 사회적 측면에서 균형을 이루는 것을 목표로 함. 지속 가능성의 주요원칙은 다음과 같음.
  - **환경적 지속 가능성:** 천연 자원(물, 토양, 에너지, 생물 다양성 등)을 남용하지 않고, 오염을 줄이며, 생태계를 보호하는 방식으로 사용하는 것.
  - **경제적 지속 가능성:** 장기적으로 경제 성장이 가능하도록 자원과 인프라를 관리하고, 경제 활동이 사회와 환경에 긍정적인 영향을 미치도록 하는 것.
  - **사회적 지속 가능성:** 공정한 분배와 기회를 통해 사회적 평등을 촉진하고, 사람들의 삶의 질을 높이는 것.
  즉, 지속 가능성은 기후 변화, 자원 고갈, 생물 다양성 손실 등과 같은 글로벌 도전 과제에 대한 해결책을 찾는 데 핵심적인 개념임. 기업, 정부, 개인 모두가 지속 가능한 방식을 채택함으로써 환경 보호, 경제 번영, 사회적 형평성을 추구할 수 있음.

- **탄소세(Carbon Tax)**: 온실가스, 특히 이산화탄소(CO_2) 배출을 줄이기 위해 부과되는 세금. 탄소세는 화석연료(석유, 석탄, 천연가스 등)를 사용하여 발생하는 이산화탄소 배출량에 따라 비용을 부과하는 제도로, 기후 변화 대응 정책의 일환임. 이는 시장 기반 접근 방식으로 정부가 직접적인 규제를 가하는 대신 경제적 유인으로 배출량을 줄이려는 정책임.
- **온실가스 배출권 거래제(Emissions Trading System, ETS)**: 국가 또는 지역에서 설정한 온실가스 배출 총량(총 배출량)을 기준으로, 각 기업이나 단체가 할당받은 배출권 내에서 온실가스를 배출하거나, 초과 또는 미달된 배출량을 거래할 수 있는 제도임. ETS는 탄소 배출을 줄이기 위한 시장 기반 접근 방식 중 하나임.
- **환경기준(Environmental Standards)**: 인간 건강과 환경을 보호하기 위해 정부나 규제 기관이 설정한 특정 오염 물질이나 환경 요소의 허용 가능한 수준을 의미함. 이러한 기준은 공기, 물, 토양, 소음, 방사선 등 다양한 환경 요소에 대해 설정되며, 인간과 생태계에 유해한 영향을 미치는 것을 방지하기 위해 고안되었음.
- **자원 효율성(Resource Efficiency)**: 경제 활동에서 사용되는 자원을 가능한 한 효율적으로 활용하여, 더 적은 자원으로 더 많은 제품과 서비스를 생산하는 것을 목표로 하는 개념임. 이는 자원의 사용량을 줄이면서도 경제적 가치를 극대화하고, 동시에 환경에 미치는 부정적 영향을 최소화하려는 접근 방식임.
- **생물 다양성(Biodiversity)**: 지구상의 모든 생명체의 다양성과 그 상호 관계를 나타내는 개념으로, 종의 다양성, 유전적 다양성, 생태계의 다양성을 포함함. 생물 다양성은 생태계의 건강과 안정성, 그리고 인간을 포함한 모든 생명체의 생존에 필수적인 요소임.
- **환경보호법(Environmental Protection Law)**: 환경을 보호하고 자연 자원을 지속 가능하게 관리하기 위해 제정된 법률과 규정을 총칭함. 이러한 법들은 환경 오염을 방지하고 생태계를 보호하며, 인간의 건강과 복지를 향상시키는 것을 목표로 함. 각 국의 환경보호법은 그 국가의 환경 정책과 관련된 다양한 측면을 다루며, 규제 대상에 따라 대기, 수질, 토양, 생물 다양성 등 여러 분야로 나뉨.
- **녹색성장(Green Growth)**: 경제 성장을 이루는 동시에 환경을 보호하고 지속 가능성

을 촉진하는 것을 목표로 하는 발전 전략임. 전통적인 경제 성장 모델이 환경 오염과 자원 고갈을 초래한 것과 달리, 녹색성장은 저탄소, 자원 효율성, 생태계 보호를 강조하는 성장 방식임. 이 개념은 지속 가능한 발전의 일부로, 경제 발전과 환경 보호가 상호 배타적이지 않다는 것을 보여주며, 환경에 미치는 부정적 영향을 최소화하면서도 경제적 번영을 추구하는 것임.

- **탄소국경조정제도(Carbon Border Adjustment Mechanism, CBAM)**: 유럽연합(EU)이 도입한 제도로, 수입 제품에 내재된 탄소 배출량에 따라 추가적인 비용(탄소세)을 부과하는 방식임. CBAM은 자국 내에서 강화된 탄소 배출 규제에 따른 경쟁력 약화를 방지하고, 글로벌 탄소 배출을 줄이는 데 목표를 두고 있음.

- **Catena-X**: 독일을 중심으로 한 유럽 자동차 산업의 디지털화와 데이터 연결성을 촉진하기 위한 협력 네트워크임. 주로 자동차 산업의 공급망에 디지털 생태계를 구축하는 것을 목표로 하며, 산업 간의 데이터 공유와 협력을 통해 효율성을 높이고 지속 가능성을 촉진하려는 목적을 가지고 있음.

- **EDC(Eclipse Dataspace Connector)**: 데이터와 디지털 자산의 안전하고 신뢰할 수 있는 교환을 지원하기 위해 개발된 오픈 소스 소프트웨어 컴포넌트. 이 프로젝트는 Eclipse Foundation의 일환으로 진행되며, 산업, 조직, 국가 간의 데이터를 안전하게 교환하기 위한 표준화된 방법을 제공하는 것을 목표로 함.

- **AAS(Asset Administration Shell)**: 산업 4.0 및 디지털 트윈의 개념에서 중요한 역할을 하는 개념으로, 물리적 자산(Asset)에 대한 디지털 표현임. AAS는 자산의 모든 관련 데이터를 구조화하고 표준된 형식으로 제공하는 디지털 인터페이스로서, 물리적 자산과 그 자산을 관리, 통제, 상호작용하는 소프트웨어 사이의 연결 역할을 함.

- **RE100(Renewable Energy 100%)**: 전 세계 기업들이 사용하는 전기의 100%를 재생 가능한 에너지로 전환하겠다는 목표를 세운 글로벌 캠페인이자 이니셔티브임. 이 이니셔티브는 글로벌 기업들이 100% 재생 가능한 에너지로 운영되는 것을 목표로 하는 자발적 협약임. 참여 기업들은 일정 시점까지 자신들의 전력 사용량을 전부 태양광, 풍력, 수력 등 재생 가능한 에너지로 전환하겠다는 약속을 하고 있음. 이는 탄소 배출을 줄이고, 지속 가능한 미래를 위한 기업의 책임을 강조

하는 중요한 단계임. 이 프로그램은 국제 비영리 기구인 The Climate Group과 CDP(Carbon Disclosure Project)가 공동으로 추진하고 있으며, 기업들이 재생 가능 에너지로 전환하는 것을 촉구하고 있음.

- **GHG Protocol**(Greenhouse Gas Protocol): 전 세계적으로 널리 사용되는 온실가스 (Greenhouse Gas, GHG) 배출량 계산 및 보고 표준임. 이 프로토콜은 기업, 정부, 그리고 조직들이 온실가스 배출을 체계적으로 측정하고 보고할 수 있도록 가 이드라인을 제공하여, 기후 변화에 대응하기 위한 중요한 도구로 작용함. GHG Protocol은 세계자원연구소(WRI, World Resources Institute)와 세계지속가능발전기 업협의회(WBCSD, World Business Council for Sustainable Development)가 공동으로 개 발함.

- **기업 표준**(Corporate Standard): GHG Protocol에서 제공하는 온실가스 배출량 측 정과 보고를 위한 핵심 프레임워크로, 기업들이 자신의 온실가스 배출을 체계적 으로 평가하고 공시할 수 있도록 돕는 표준임. 이 표준은 기업들이 전 세계적으 로 일관성 있게 온실가스를 측정하고 보고할 수 있도록 하는 국제적으로 인정된 기준을 제공함. 기업 표준은 온실가스 배출원을 Scope 1, Scope 2, Scope 3로 구분하여 기업이 배출량을 명확히 보고할 수 있도록 함. 각 범위는 다음과 같은 배출 유형을 다룸.
  - **Scope 1**: 기업이 직접적으로 배출하는 온실가스 (예: 공장 운영, 차량 사용).
  - **Scope 2**: 기업이 구매한 전기, 열, 증기 등의 에너지를 생산하는 과정에서 발 생하는 간접 배출.
  - **Scope 3**: 기업의 가치 사슬에서 발생하는 기타 간접 배출로, 제품 사용, 물류, 출장, 공급업체 배출 등을 포함.

- **프로젝트 표준**(Project Standard): 특정 온실가스 감축 또는 흡수 프로젝트의 온실 가스 영향을 측정하기 위한 표준이다 이 표준은 프로젝트에 의해 발생하는 온실 가스 감축량 또는 흡수량을 정량화하고, 이를 검증하고 보고하는 데 사용된다. GHG Protocol은 전 세계적으로 온실가스 배출량을 줄이기 위한 노력의 기반을 마 련하며, 투명하고 일관된 방식으로 온실가스 배출과 감축 노력을 보고하고자 하는 조직에 필수적인 가이드라인을 제공한다.

- **이산화탄소 제거(Carbon Dioxide Removal, CDR)** : 대기 중의 이산화탄소(CO_2)를 제거하고, 이를 저장하거나 활용하는 기술 및 방법을 의미함. CDR은 기후 변화 완화를 위한 중요한 전략으로, 전 세계적으로 탄소 배출을 줄이는 것 외에도 대기 중 이미 존재하는 CO_2 농도를 낮추는 데 목표를 둠. 이는 온실가스를 감소시켜 지구 온난화를 억제하고, 기후 목표(예: 파리 협정의 목표) 달성에 기여함.
- **측정, 보고, 검증(Measurement, Reporting, and Verification, MRV)**: 온실가스 배출 관리와 기후 변화 대응 정책의 투명성과 신뢰성을 확보하기 위한 체계적 프로세스를 의미함. MRV의 주요요소는 측정(Measurement), 보고(Reporting), 검증(Verification)으로 다음과 같음.

  ▢ **측정(Measurement):**

  - **온실가스 배출량 측정:** MRV의 첫 번째 단계는 온실가스 배출량을 정량화하는 것임. 이를 위해 다양한 방법론과 기술이 사용되며, 데이터 수집은 특정 활동이나 시설에서 발생하는 배출량을 기준으로 이루어짐. 예를 들어, 산업 공정, 에너지 사용, 운송, 농업 등에서 배출되는 이산화탄소(CO_2), 메탄(CH_4), 아산화질소(N_2O) 등을 측정함.
  - **기준 설정:** 측정 기준과 방법론은 일관성과 정확성을 확보하기 위해 국제 표준(예: GHG Protocol) 또는 국가별 기준을 따름.

  ▢ **보고(Reporting):**

  - **배출량 보고:** 측정된 온실가스 배출량은 정해진 형식과 일정에 따라 정부, 규제 기관 또는 국제 기구에 보고됨. 보고는 주기적으로 이루어지며, 기업이나 국가의 배출량 추이를 평가하고 기후 목표를 달성하기 위해 필요한 정보를 제공함.
  - **투명성 확보:** 정확하고 일관된 데이터를 공개함으로써 이해관계자와 정책 입안자들에게 신뢰할 수 있는 정보를 제공하고, 기후 변화 대응을 위한 의사결정에 기여함.

  ▢ **검증(Verification):**

  - **독립적 검토:** 보고된 배출량 데이터는 독립적인 제3자 또는 인증 기관에 의해 검증됨. 검증 과정에서는 데이터의 신뢰성, 정확성, 일관성을 평가하며,

필요한 경우 개선 사항을 제안함.

- **정확성 보장**: 검증은 데이터 오류나 불일치를 식별하고 시정함으로써 보고된 정보의 신뢰성을 높임. 이는 국제적으로 합의된 기후 목표 달성에 기여하는 중요한 요소임.

  MRV는 정부, 기업, 조직이 온실가스 배출량을 측정하고 보고하며, 그 데이터의 정확성을 검증하는 과정을 통해 효과적인 기후 변화 완화 및 적응 전략을 세우는 데 중요한 역할을 함.

- **해양 알카리도 강화**(Ocean Alkalinity Enhancement, OAE): 대기 중의 이산화탄소(CO_2)를 제거하고, 해양의 산성화를 완화하기 위해 인위적으로 해양의 알칼리도를 증가시키는 방법임. 이 과정은 해양의 탄산염 시스템을 조절하여 대기 중 이산화탄소를 더 많이 흡수하고, 바다의 산성화를 줄이는 데 기여하는 것을 목표로 함.

- **그린 리모델링**(Green Remodeling): 기존 건축물을 친환경적이고 에너지 효율적으로 개선하는 작업을 의미함. 이 과정은 건물의 에너지 성능을 높이고, 환경에 미치는 영향을 줄이는 것을 목표로 하며, 재료와 기술을 사용하여 건물의 에너지 소비를 줄이고 지속 가능성을 향상시킴.

- **해외 외부사업 감축량**(International-Korean Offset Credits, I-KOC): 국제적으로 발생한 온실가스 감축 실적을 한국의 온실가스 감축 목표에 활용할 수 있도록 한 메커니즘을 의미함. 이는 국제 탄소배출권 거래제 및 온실가스 감축 협력에 기반한 개념으로, 기업이나 국가가 해외에서 시행한 온실가스 감축 프로젝트를 통해 발생한 탄소배출권(Offset Credits)을 자국의 감축 목표에 적용하는 방식임.

- **청정 개발 체제**(Clean Development Mechanism, CDM): 교토의정서(Kyoto Protocol) 아래에서 도입된 메커니즘으로, 선진국이 개발도상국에서 온실가스 감축 프로젝트를 수행하고, 이를 통해 발생한 감축 실적을 자국의 온실가스 감축 목표에 반영할 수 있게 하는 제도임. CDM은 기후 변화 대응을 위한 국제 협력의 중요한 수단으로, 개발도상국의 지속 가능한 개발을 지원하는 동시에 선진국이 비용 효율적으로 온실가스를 감축할 수 있는 기회를 제공함.

- **교토의정서**(Kyoto Protocol): 1997년 일본 교토에서 열린 제3차 유엔기후변화협약 당사국총회(COP3)에서 채택된 국제 협정으로, 온실가스 감축을 법적으로 구속력

있게 규정한 최초의 기후 변화 대응 조약임. 이 의정서는 선진국에 온실가스 배출 감축 목표를 설정하고, 이를 달성할 의무를 부여했음. 교토의정서는 2005년 2월 16일에 발효되었으며, 주로 이산화탄소(CO_2), 메탄(CH_4), 아산화질소(N_2O) 및 수소불화탄소(HFCs), 과불화탄소(PFCs), 육불화황(SF_6)과 같은 온실가스를 줄이는 것을 목표로 함.

- **전과정평가**(Life Cycle Assessment, LCA): 제품, 서비스, 또는 시스템의 전체 생애 주기 동안 환경에 미치는 영향을 평가하는 방법론임. 전과정평가는 자원의 추출부터 생산, 사용, 폐기, 재활용에 이르기까지 모든 단계에서 발생하는 에너지 소비, 온실가스 배출, 물 사용량, 폐기물 발생 등의 환경적 영향을 종합적으로 분석함. 이는 지속 가능한 개발을 지원하고, 환경 친화적인 제품과 서비스 개발을 촉진하는 데 중요한 도구로 사용됨.

- **JSON**(JavaScript Object Notation): 경량 데이터 교환 형식으로, 인간이 읽기 쉽고 기계가 분석하고 생성하기 쉬운 텍스트를 기반으로 한다.
- **XML**(eXtensible Markup Language): 데이터의 구조화된 표현을 위해 널리 사용되며, 다양한 시스템 간 데이터 공유와 전송에 적합하다.
- **REST**(Representational State Transfer): 웹 서비스 설계에 있어 간결하고 유연한 방법을 제공한다. HTTP 프로토콜을 사용하여 리소스에 접근한다.
- **GraphQL**: 클라이언트가 필요한 데이터의 정확한 구조를 요청할 수 있게 해주는 쿼리 언어로, 데이터 요청의 효율성을 높인다.
- **HTTPS**(Hyper Text Transfer Protocol Secure): 웹 통신의 보안을 강화하기 위해 SSL/TLS 프로토콜을 사용하여 데이터를 암호화한다.
- **OAuth 2.0**: 인증 및 권한 부여를 위한 개방형 표준으로, 사용자가 자신의 정보에 접근할 수 있는 애플리케이션을 안전하게 승인할 수 있다.
- **GDPR**(General Data Protection Regulation): 유럽 연합에서 시행하는 데이터 보호 및 프라이버시를 위한 규정으로 사용자의 개인 정보 보호를 강조한다.
- **CCPA**(California Consumer Privacy Act): 캘리포니아 주민의 개인 정보 보호를 위한 법률로, 사용자의 데이터 접근, 삭제, 공유에 대한 권리를 부여한다.
- **IPv6**(Internet Protocol Version 6): 증가하는 인터넷 사용량과 장치의 연결성을 지원하기 위해 개발된 새로운 인터넷 프로토콜 버전이다.
- **5G**: 고속, 저지연성을 제공하는 차세대 모바일 네트워크 기술로, IoT(인터넷 오브 싱스)와 같은 기술의 발전을 지원한다.
- **디지털 표준 기술**: 디지털 데이터를 생성, 저장, 처리 및 전송하는 데 사용되는 표준화된 기술을 의미한다.
- **상호 운용성**: 다양한 시스템, 장치 및 플랫폼 간에 데이터를 교환하고 상호 작용할 수 있도록 한다. 통신 프로토콜은 인터넷에서 웹 브라우징, 이메일, 채팅 등을

가능하게 한다.

- **보안과 안정성**: 데이터 보안과 무결성을 유지하여, 암호화 기술, 인증 프로토콜, 방화벽 등은 디지털 환경에서 중요한 역할을 한다.
- **효율성**: 데이터 처리, 저장 및 전송을 효율적으로 수행할 수 있도록 하며, 데이터 압축 알고리즘, 데이터 포맷, 네트워크 프로토콜은 이러한 효율성을 제공한다.
- **통신 프로토콜**: 컴퓨터와 장치 간의 통신을 관리하는 규칙과 규약으로, 인터넷에서 사용되는 HTTP, HTTPS, TCP/IP 등이 있다.
- **데이터 압축 알고리즘**: 데이터를 효율적으로 저장하고 전송하기 위해 사용되는 알고리즘으로 예를 들어, JPEG, MP3, ZIP 등이 있다.
- **보안 기술**: 데이터의 기밀성과 무결성을 보호하기 위해 사용되는 기술로, 예를 들어, SSL/TLS, 암호화 기술 등이 있다.
- **데이터 포맷**: 데이터를 구조화하고 표현하는 방식으로 예를 들어, XML, JSON, CSV 등이 있다.
- **네트워크 프로토콜**: 컴퓨터 네트워크에서 데이터를 교환하는 데 사용되는 규칙과 규약으로, 예를 들어, Ethernet, Wi-Fi, Bluetooth 등이 있다.

부록 C. 각종 환경 교육 자료 링크

다음은 국내 환경 교육에 관한 다양한 자료를 제공하는 몇몇 웹사이트 링크이다.
- **국가환경교육 통합플랫폼**: 환경교육 관련 교구 대여, 환경교육시설 예약, 우수 환경교육 프로그램 정보 등을 제공함.
  https://www.keep.go.kr/
- **학교환경교육정보센터**: 기후위기 극복 및 탄소중립 실천을 위한 학교 기후·환경교육 자료를 제공함.
  https://www.seeic.kr/index.do
- **기후위기 대응 환경교육 프로그램**: 초등학생을 위한 기후위기 대응 교육 프로그램 및 관련 자료를 제공함.
  https://www.keep.go.kr/contents/netzero_edu/index.html
  이 사이트들은 교사, 학생, 일반 시민 등 다양한 대상자에게 환경 교육을 위한 자료를 제공하여 환경 보호의 중요성을 알리고, 지속 가능한 발전을 위한 교육을 지원한다.

다음은 해외에서 제공하는 몇 가지 환경 교육 자료 사이트이다.
- **UNEP(United Nations Environment Programme) 환경 교육 자료 가이드**: 주로 라틴 아메리카와 카리브해의 교사, 운영자, 홍보자를 대상으로 환경 교육에 대한 다학제적 접근을 개발하는 것을 목적으로 한다.
  https://www.unep.org/resources/toolkits-manuals-and-guides/environmental-education-resources-guide
- **EPA(Environmental Protection Agency) 환경 교육**: K-12 학생과 교육자를 위한 환경에 관한 교육 자원, 수업 계획, 프로젝트 아이디어를 제공한다. 환경 교육은 환경 문제에 대해 배우고, 비판적 사고 능력을 개발하는 다학제적 접근 방식이다.
  https://www.epa.gov/students

- **NAAEE**(North American Association for Environmental Education): 환경 교육을 통한 환경 리터러시와 시민 참여를 가속화하는 것을 목표로 한다. 자원, 기회를 제공하며, 환경 교육 분야에 대해 배울 수 있는 웹사이트이다.
  https://naaee.org/

- **NEEF**(National Environmental Education Foundation): 환경 교육을 통해 의미 있고, 지속 가능한 변화를 가능하게 하는 것을 목표로 한다. 교육 활동, 가이드, 자원을 제공하여 학생들을 환경과 연결시키는 데 도움을 준다.
  https://www.neefusa.org/explore/environmental-education

이 사이트들은 교사와 학생들이 환경 문제에 대해 배우고, 이해하며, 행동할 수 있도록 다양한 자료와 정보를 제공한다.